Bernd-Rüdeger/Sonnen

Kriminalität und Strafgewalt

Eine integrierte Einführung in
Strafrecht und Kriminologie

Verlag W. Kohlhammer
Stuttgart Berlin Köln Mainz

CIP-Kurztitelaufnahme der Deutschen Bibliothek

Sonnen, Bernd-Rüdeger
Kriminalität und Strafgewalt:
e. integrierte Einf. in Strafrecht u. Kriminologie.
– 1. Aufl. –
Stuttgart, Berlin, Köln, Mainz : Kohlhammer, 1978.
ISBN 3-17-002950-9

Alle Rechte vorbehalten
© 1978 Verlag W. Kohlhammer GmbH
Stuttgart Berlin Köln Mainz
Verlagsort: Stuttgart
Umschlag: hace
Gesamtherstellung: W. Kohlhammer GmbH
Grafischer Großbetrieb Stuttgart
Printed in Germany

Inhaltsverzeichnis

Lernzielbestimmung

Lerneineinheit (LE) 1: Kriminalität als soziale Erscheinung 13

Lernschritt (LS) 1: Problemaufriß 13

   LS 2: Kriminalität als Teilausschnitt abweichenden
         Verhaltens 13
   LS 3: Erfolgskontrolle 16
   LS 4: Motivationsversuch zum selbständigen forschenden
         Lernen 17

LE 2: Entstehen von Strafrechtsnormen 19

   LS 1: Problemaufriß 19
   LS 2: Recht und soziale Kontrolle 19
   LS 3: Strafrechtsnormen als Ergebnis rationaler Überlegungen
         oder als Folge von Machtkämpfen konkurrierender
         Gruppen? 20
   LS 4: Entkriminalisierung durch das 5. StrRG 21
   LS 5: Aufgabe des Strafrechts 26
   LS 6: Kriminalisierung und Entkriminalisierung in der
         Strafrechtsreform unter verfassungsrechtlichen
         Gesichtspunkten 28
   LS 7: Erfolgskontrolle 33
   LS 8: Motivationsversuch 34

LE 3: Umfang, Erscheinungsformen und Entwicklungstendenzen
     von Kriminalität 36

   LS 1: Problemaufriß 36
   LS 2: Dunkelfeld 36
   LS 3: Polizeiliche Kriminalstatistik und Strafverfolgungs-
         statistik als Sekundärstatistiken 39

LS 4: Entwicklungstendenzen der Gewaltkriminalität 45
LS 5: Amtlich bekanntgewordene Jugendkriminalität 47
LS 6: Negativer Ausleseprozeß 51
LS 7: Erfolgskontrolle 54
LS 8: Motivationsversuch 54

Original-Aktenfall

I. Anklageschrift gegen S und B vom 14. 3. 1973 57
II. Bericht der Jugendgerichtshilfe in der Strafsache gegen B vom 25. 7. 1973 60
III. Urteil gegen S und B vom 3. 12. 1973 63
IV. Urteil des Bundesgerichtshofes in der Strafsache gegen S und B vom 3. 9. 1974 77
V. Urteil gegen B vom 25. 9. 1975 82
VI. Anklageschrift gegen Z vom 2. 1. 1974 86
VII. Bericht der Jugendgerichtshilfe in der Strafsache gegen Z vom 21. 1. 1974 89
VIII. Urteil gegen Z vom 12. 3. 1974 95

LE 4: Instanzen sozialer Kontrolle 1: Polizei und Staatsanwaltschaft

LS 1: Problemaufriß 103
LS 2: Strafverfahren 103
    2.1 Ziele des Strafverfahrens 103
    2.2 Einleitung des Strafverfahrens 104
LS 3: Aufgaben von Polizei und Staatsanwaltschaft 105
    3.1 Polizei 105
    3.1.1 Vorläufige Festnahme 106
    3.1.2 Weitere Maßnahmen der Polizei im Vorverfahren 109
    3.2 Staatsanwaltschaft 110
LS 4: Strafrechtliches Gutachten 112
    4.1 Zur Methodik der Fallbearbeitung 113
    4.2 Ausgangsfall als Beispiel eines strafrechtlichen Gutachtens 115
LS 5: Erhebung der öffentlichen Klage 118
    5.1 Anklageschrift gegen S und B 119
    5.2 Anklageschrift gegen Z 121
LS 6: Die Rolle der Staatsanwaltschaft im Kriminalisierungsprozeß 121
    6.1 Empirische Daten zur Selektionsfunktion der Staatsanwaltschaft 123

| | | 6.2 | Freiburger Staatsanwaltschaftsuntersuchung ... | 124 |

        6.2   Freiburger Staatsanwaltschaftsuntersuchung ... 124
        6.3   Diskussion der Ergebnisse 125
LS 7: Erfolgskontrolle 126
LS 8: Motivationsversuch 126

LE 5: Instanzen sozialer Kontrolle 2: Jugendgerichtshilfe 128

LS 1: Problemaufriß 128
LS 2: Ergebnis der ermittelnden Tätigkeit der Jugendgerichtshilfe in den Verfahren gegen B und Z 130
        2.1   JGH-Bericht über Z 130
        2.2   JGH-Bericht über B 130
LS 3: JGH-Feststellungen im Vergleich zu empirisch gesicherten Ergebnissen über Entstehungsbedingungen von Kriminalität 131
        3.1   Familie 131
        3.1.1 Strukturell unvollständige Familie 131
        3.1.2 Funktional unvollständige Familie 133
        3.1.3 Berufstätigkeit der Mutter 134
        3.1.4 Häufiger Wechsel der Bezugsperson 135
        3.1.5 Erziehungsstil 135
        3.2   Wohnbereich 136
        3.3   Schul- und Berufsausbildung 137
        3.4   Schichtzugehörigkeit 138
        3.5   Kritische Würdigung 140
LS 4: Kriminalitätstheorien 141
        4.1   Theorie der unterschiedlichen Kontakte 143
        4.2   Theorie von der unterschiedlichen Sozialisation 144
        4.3   Kulturkonflikttheorie 144
        4.4   Anomietheorie 145
        4.5   Sündenbocktheorie 148
        4.6   »labeling approach« 149
        4.7   Marxistischer Ansatz 150
        4.8   Mehrfaktorenansatz (i. S. eines Modells krimineller Karriere) 152
        4.9   Folgerungen aus den unterschiedlichen Erklärungsansätzen 154
LS 5: Sanktionsvorschlag durch die JGH 154
        5.1   Überblick über die jugendstrafrechtlichen Sanktionen 155
        5.2   Zusammenfassende Beurteilung des Z 157
LS 6: Rollenkonflikt des Jugendgerichtshelfers 159
LS 7: Erfolgskontrolle 160
LS 8: Motivationsversuch 160

LE 6: Instanzen sozialer Kontrolle 3: Gericht 161

    LS 1: Problemaufriß 161
    LS 2: Erstinstanzliches Urteil gegen S und B 163
        2.1   Beweiswürdigung 164
        2.2   Bestimmung der Rechtsfolgen 166
        2.2.1 Überblick über die Rechtsfolgen einer Straftat 166
        2.2.2 Strafen und Maßregeln der Besserung und Sicherung 169
        2.2.3 Strafrechtliche Sanktionen und Schuldprinzip 170
        2.2.4 Überblick über die möglichen Begründungen strafrechtlicher Sanktionen 172
        2.2.5 Rechtsgrund und Zweck der Strafe in der Strafrechtsreformgesetzgebung 175
        2.3   Strafbemessung im Fall S 179
        2.4   Entscheidung im Fall B 183
    LS 3: Revisionsurteil 185
        3.1   Revision des S 185
        3.2   Revision des B 187
    LS 4: Urteil der Jugendkammer gegen B 190
        4.1   Arten und Anwendungsmöglichkeiten der Kriminalprognose 192
        4.2   Prognosemethoden 193
        4.3   Ausblick 196
    LS 5: Urteil gegen Z 197
    LS 6: Rolle des Richters 199
    LS 7: Erfolgskontrolle 200
    LS 8: Motivationsversuch 201

Lektüreplan und Literaturverzeichnis 203
Sachregister 214

Lernzielbestimmung

Der Student der Rechtswissenschaft beschäftigt sich im Rahmen der reformierten einphasigen Juristenausbildung mit strafrechtlichen Problemen unter Themenstellungen wie »Abweichendes Verhalten und soziale Kontrolle« [1], »Abweichendes Verhalten, Verbrechen und Sanktion« [2] oder »Sozialisation, Kriminalität und Resozialisation« [3]. Mit diesen Themenstellungen soll vor allem auf die Notwendigkeit der Einbeziehung sozialwissenschaftlicher Methoden und Erkenntnisse sowie auf die Forderung nach einer Integration von Theorie und Praxis hingewiesen werden. Die Modellversuche im Bereich der einphasigen Juristenausbildung beeinflussen auch die Reform der herkömmlichen, zweiphasigen Juristenausbildung. So ist z. B. in Berlin die Lehrveranstaltung »Einführung in das Strafrecht« bzw. »Grundzüge des Strafrechts« durch einen aus Vorlesung und begleitenden Arbeitsgemeinschaften bestehenden Block »Kriminalität und Strafgewalt« ersetzt worden, um sozialwissenschaftliche Ansätze in der Studieneingangsphase stärker zu betonen. Durch die Einführung der Wahlfachgruppe »Kriminologie, Jugendstrafrecht und Strafvollzug« besteht jetzt aber die Gefahr, daß bei der ersten Beschäftigung der Studenten mit Strafrecht die sozialwissenschaftlichen Ansätze zugunsten der Strafrechtsdogmatik wieder ausgeklammert werden und der Spezialisierungsphase vorbehalten bleiben. Eine solche Veränderung der strafrechtlichen Lehrinhalte würde jedoch der kriminalpolitischen Zielrichtung der bisher verabschiedeten Strafrechtsreformgesetze mit ihrer Fülle vor allem kriminologischer Fragestellungen nicht gerecht werden.

Das vorliegende Studienhilfsmittel versteht sich daher auch als ein praktischer Diskussionsbeitrag zur Frage der Entwicklung (noch weitgehend fehlender) integriert strafrechtlich-kriminologischer Curricula. Es wendet sich an Studenten der Rechtswissenschaft im Bereich der herkömmlichen Juristenausbildung, u. z. an Studenten im Grundstudium, die sich erstmals mit strafrechtlichen Fragen beschäftigen, sowie an Studenten höherer Semester, die eine Entscheidungshilfe für oder gegen die kriminologische Wahlfachgruppe suchen [4]. Das Studienhilfsmittel will dazu beitragen, daß die bisher erreichten Studienreformansätze in der Strafrechtsausbildung weiter ausgebaut und nicht wieder zugunsten der traditionellen Überbetonung der Strafrechtsdogmatik zurückgeschraubt werden. Dieses Ziel soll mit Hilfe folgender Leitprinzipien erreicht werden:

1. Durch den Einbau einer Originalakte wird der **Bezug zu juristischen Berufsfeldern** *hergestellt. Der Aktenfall erscheint deswegen besonders geeignet, weil am geschilderten Autostraßenraub ein Erwachsener (= S), ein Heranwachsender (= B) und ein Jugendlicher (= Z) beteiligt sind, so daß Unterschiede im Verfahren und bei den Sanktionen berücksichtigt werden können. Die acht Teile der Akte (2 Anklageschriften, 2 Berichte der Jugendgerichtshilfe, 3 erstinstanzliche Urteile sowie eine Revisionsentscheidung) dienen jedoch nicht nur als Anschauungsmaterial juristischer Praxis, sondern sollen zugleich zum Nachdenken über die Rolle des Strafjuristen im Bereich sozialer Kontrollinstanzen anregen.*

2. Mit dem Hinweis auf die Instanzen sozialer Kontrolle wird deutlich, daß in dem Studienhilfsmittel die **außerrechtlichen, insbesondere sozialwissenschaftlichen Bezüge des Strafrechts** *herausgearbeitet werden.*

3. Eine im spezifischen Sinne kriminologisch orientierte Betrachtung des Strafrechts kann hier nur nach dem **Prinzip des exemplarischen Lernens** *und nicht systematisch vermittelt werden. Im Vordergrund steht dabei die Orientierung an gesellschaftlich relevanten Problemstellungen, die in Form von Lerneinheiten, unterteilt in einzelne Lernschritte, behandelt werden. Ausgehend von dem in der Akte festgehaltenen, zeitlich geordneten rechtlichen Schritten und einer entsprechenden Betrachtung der juristischen Tätigkeit im strafrechtlichen Sanktionierungsprozeß gliedern sich die einzelnen Lerneinheiten regelmäßig wie folgt:*
- *Problemaufriß anhand einzelner Passagen des Aktenmaterials,*
- *Einordnung der einzelnen Fragestellungen in größere strafrechtliche und kriminologische Zusammenhänge (zum Teil mithilfe von Überblickskizzen)*
- *exemplarische Vertiefung in Gestalt einer Fallanalyse,*
- *Erfolgskontrolle mittels ausgewählter Literatur,*
- *Versuch einer Motivation des Studenten zum selbständig forschenden Lernen durch weiterführende Hinweise.*

Aus diesen drei Leitprinzipien ergibt sich als kognitives Lernziel, daß der Student strafrechtliche Kenntnisse nicht losgelöst von der sozialen Wirklichkeit erwirbt, sondern eingebettet in das Wissen um die Folgen juristischen Handelns. Affektives Lernziel ist die Kritikfähigkeit gegenüber der juristischen Berufspraxis, eine Einstellungsänderung gegenüber den von der strafrechtlichen Sozialkontrolle Betroffenen und das Bewußtsein um die Notwendigkeit der Entwicklung alternativer Handlungsstrategien. Wie sehr das Strafrecht einem Wandel unterliegt, zeigt der aktuelle Stand der Strafrechtsreform. In diesem Wandel liegen Chancen und Gefahren zugleich, Chancen zur Veränderung freilich nur für den, der über die Strafrechtsdogmatik hinaus die Probleme im Zusammenhang mit dem Entstehen von Strafrechtsnormen und die Fragen sozialer Kontrolle kennt.

Arbeitsanleitung:

In den Abschnitten »**Erfolgskontrolle**« *soll dem Leser Gelegenheit gegeben werden, die einzelnen Lernschritte und Gedankengänge noch einmal nachzuvollziehen, sie weiterzuentwickeln und kritisch zu überprüfen. Sie dürfen nicht ausgelassen werden, da sonst die Zusammenhänge zu den folgenden Lerneinheiten verloren gehen.*
Wegen des begrenzten Raumes können Probleme oft nur angerissen werden. Deswegen sollen die in den Abschnitten »**Motivationsversuch**« *aufgeführten Literaturhinweise den Leser zum selbständigen forschenden Lernen und damit zu einer Problemvertiefung motivieren. Die Literaturhinweise sind nach didaktischen Gesichtspunkten ausgewählt. Das heißt zunächst, daß sie auf ein Minimum beschränkt sind, um dem Leser die Angst vor einer zu langen Literaturliste zu nehmen. Außerdem ist in erster Linie zusammenfassende, neuere Literatur berücksichtigt, die den Zugang zu einem Literaturstudium eröffnet. Auch wenn Probleme in mehreren Lehrbüchern behandelt werden, wird nur jeweils ein Hinweis gegeben. Der Wechsel in den Hinweisen gewährleistet, daß der Student alle bekannten und leicht zugänglichen Lehr- und Kurzlehrbücher einmal zur Hand nimmt. Den relativ wenigen Literaturhinweisen muß freilich unbedingt nachgegangen werden. Die entsprechenden Passagen sind als Teil des vorliegenden Bandes anzusehen. Nur deswegen darf der ständige Hinweis auf die Notwendigkeit einer vertiefenden Darstellung unterbleiben.*
Bei der Literaturauswahl ist der Schwierigkeitsgrad berücksichtigt worden. Der Leser, der sich erstmalig mit den dargestellten Problemen beschäftigt, vor allem also der Student im Grundstudium, sollte zunächst nur die besonders gekennzeichneten Hinweise beachten (●).
Zum selbständigen forschenden Lernen gehört auch, daß der Leser das Studienhilfsmittel fortschreibt, indem er es um Literaturangaben, die nicht mehr berücksichtigt werden konnten (Literaturstand Mai 1977), und um kritische Anmerkungen ergänzt.

1. Hamburger Modell. Arbeitsgruppe »Einstufige Juristenausbildung«, Zweiter Bericht vom Mai 1974, 44.
2. Modell Hannover. Einstufige Juristenausbildung in Niedersachsen, Kommissionsbericht, hrsg. vom Niedersächsischen Ministerium der Justiz, 1972, 26 f.
3. § 17 Brem JAG. Vgl. auch »Der neue Jurist. Ausbildungsreform in Bremen als Planungs- und Lernprozeß«, 1973.
4. Zugleich könnte der Band die Diskussionsgrundlage in interdisziplinären Lehrveranstaltungen bilden und damit auch von Interesse für Studenten der Soziologie, Psychologie und Sozialpädagogik sein.

LE 1: Kriminalität als soziale Erscheinung

→ s. Eisenberg

LS 1: Problemaufriß

»24,5% mehr Raubdelikte – Brutalität nahm zu – Starke Jugendkriminalität bereitet ernste Sorgen«[1] und »Zunahme der Raubtaten war 1974 besorgniserregend und spektakulär«[2] lauteten im Mai 1975 Schlagzeilen in der Berliner Tagespresse zu der Berliner Kriminalstatistik für das Jahr 1974. Im Juni 1975 folgte dann die Schlagzeile »Kriminalität in der Bundesrepublik nahm um 7,1% zu«[3].
Raubdelikte und Fragen der Jugendkriminalität sind Gegenstand der in die Lerneinheiten (LE) 4 bis 6 eingearbeiteten Originalakte. Bevor wir uns den im Einzelfall angeschnittenen Problemen zuwenden können, müssen zwei sich durch die Schlagzeilen aufdrängende Vorfragen geklärt werden:
1. **Was ist Kriminalität?** Welche sozialen Erscheinungen werden von dem Begriff erfaßt?
2. **Läßt sich Kriminalität messen?** Welche Erscheinungsformen können beobachtet werden und welche Entwicklungstendenzen zeichnen sich ab?

LS 2: Kriminalität als Teilausschnitt abweichenden Verhaltens.

2.1 Die Zahlenangaben in den Pressemitteilungen stammen aus der vom Bundeskriminalamt jährlich herausgegebenen Polizeilichen Kriminalstatistik.

In ihr werden alle von der Polizei bearbeiteten Verstöße gegen das Strafgesetz (Verbrechen und Vergehen) nach Abschluß der polizeilichen Ermittlungen vor Abgabe der Akten an Staatsanwaltschaft bzw. Gericht registriert. Nicht enthalten sind Staatsschutz – und Verkehrsdelikte. Das Bundeskriminalamt arbeitet also mit einem Kriminalitätsbegriff, der sich wie folgt umschreiben läßt:

Kriminalität ist die Gesamtheit aller polizeilich registrierten Verstöße gegen das Strafgesetz (mit Ausnahme der Staatsschutz – und Verkehrsdelikte).

2.2 Durch die Beschränkung auf die polizeilich registrierten Verbrechen und Vergehen bleibt das Dunkelfeld ausgeklammert. Unter Dunkelfeld sind dabei die tatsächlich begangenen, der Polizei aber nicht bekanntgewordenen Straftaten zu verstehen. Will man auch diese erfassen, muß die Definition lauten:

Kriminalität ist die Gesamtheit aller Verstöße gegen das Strafgesetz.

2.3 Dieser formelle Kriminalitätsbegriff unterliegt wegen seiner Abhängigkeit vom jeweiligen Stand der Strafgesetzgebung ständig Veränderungen, die sich aus der Kriminalisierung bzw. Entkriminalisierung bestimmter Verhaltensweisen ergeben. Infolge unterschiedlicher nationaler Strafrechtsordnungen läßt er sich auch international nicht einheitlich verwenden. Hinzu kommt die Gefahr, die Kriminologie immer noch als strafrechtliche Hilfswissenschaft zu betrachten, wenn man den Gegenstandsbereich kriminologischer Wissenschaft mit Kriminalität umschreibt und wie *Mezger* (1951,4) formuliert:

». . . Deshalb bleibt es dabei: alle Kriminologie empfängt ihren Gegenstand bei der Gestaltung des Verbrechensbegriffs aus den Händen der Strafrechtswissenschaft.«

Wichtigstes Argument gegen den formellen Kriminalitätsbegriff ist die Tatsache, daß die Frage, warum bestimmte Verhaltensweisen strafbar sind, und damit das Problem des Entstehens von Strafrechtsnormen ausgeklammert bleibt. Gerade dieser Problembereich gehört aber zum Gegenstand moderner kriminologischer Forschung. Eine insoweit überzeugende Umschreibung des Gesamtgegenstandes von Kriminologie findet sich bei *Sutherland/Cressey* (1974, 3):

»Criminology is the body of knowledge regarding crime as a social phenomenon. It includes within its scope the processes of making laws, of breaking laws and reaction toward the breaking of laws.«

Die Entstehung von Gesetzen, die Gesetzesverletzung und die Reaktion auf die Verletzung von Gesetzen sind in ihrer wechselseitigen Beeinflussung (Interaktion) Gegenstand kriminologischer Betrachtung.

2.4 Einen einheitlichen Kriminalitätsbegriff, der alle drei genannten Aspekte umfaßt, gibt es bisher nicht. Er läßt sich aber zweistufig aufbauen.

2.4.1 Für die Stufe der Gesetzgebungsebene mit der Fragestellung, warum bestimmte Verhaltensweisen strafbar sind, gilt die Feststellung *Göppingers* (1976, 5), nach der Kriminalität »sozial abweichendes Verhalten mit Unwertcharakter in seiner schwersten Form« ist. Kriminalität ist demnach zunächst das Ergebnis eines Wertungsprozesses. Freilich muß neben der Tatsache, daß eine Wertung stattfindet, noch gesagt werden, an welchen Kriterien der besondere Unwert zu messen ist. Gradmesser können die gesellschaftliche Gefährlichkeit oder die Sozialschädlichkeit des Verhaltens sein. **Materiell** gesehen würden dann bestimmte Verhaltensweisen im Wirtschaftsleben sowie Verstöße gegen das Gebot des Umweltschutzes zu Recht als Kriminalität bezeichnet, obwohl sie heute (überwiegend) noch nicht strafbar sind, ihre Strafbarkeit erst rechtspolitisches Programm ist. Auch wenn der Arbeitskreis Junger Kriminologen einen von vier Forschungsschwerpunkten mit »Kriminalität der Mächtigen« umschreibt (KrimJ 1976, 167–172)[4], verwendet er einen materiellen Kriminalitätsbegriff. – Der Vorteil des materiellen Kriminalitätsbegriffes besteht darin, daß das Problem des Entstehens von Strafrechtsnormen gesehen wird, nachteilig ist aber, daß der Gradmesser »gesellschaftliche Gefährlichkeit« und »Sozialschädlichkeit« nicht objektiv ist. Die Frage, welche Teilausschnitte abweichenden Verhaltens so sozialgefährlich bzw. -schädlich sind, daß sie sanktioniert werden müssen, läßt sich nämlich nicht wertfrei beantworten (*Zipf* 1973, 54).

2.4.2 Hält man dennoch an der Definition von Kriminalität als »sozial abweichendes Verhalten mit Unwertcharakter in seiner schwersten Form« fest, so kann gleichwohl nicht jeder, der sich in diesem Sinne abweichend verhält, als kriminell bezeichnet werden.

»Kriminalität ist«, wie *Schneider* (1972, 192) zutreffend feststellt, »keine Qualität, die in einer Handlung selbst liegt, sondern sie entsteht in einem Interaktionsprozeß, an dem derjenige beteiligt ist, der die Handlung begeht, aber auch diejenigen teilnehmen, die auf diese Handlung reagieren. Kriminell ist derjenige, auf den das Etikett »kriminell« erfolgreich angewandt worden ist. Er ist stigmatisiert.«

Gegenüber dem formellen Kriminalitätsverständnis wird bei dieser Betrachtung die Zahl der Erklärungsansätze zum Entstehen von Kriminalität erweitert, weil nunmehr auch das Handeln der Instanzen sozialer Kontrolle in seiner Bedeutung für die Kriminalisierung in das Blickfeld kommt.

Ein zweistufig aufgebauter, materieller Kriminalitätsbegriff, der sowohl das Problem des Entstehens von Strafrechtsnormen als auch die Frage ihrer Anwendung sowie die Folgen für den Betroffenen berücksichtigt, könnte etwa wie folgt umschrieben werden:

Kriminalität ist der besonders negativ bewertete Teilausschnitt sozial abweichenden Verhaltens. Wer sich in diesem Sinne abweichend verhält, ist aber nur dann kriminell, wenn ihm diese Eigenschaft durch die Instanzen sozialer Kontrolle erfolgreich zugeschrieben worden ist.

Ein solches Verständnis von Kriminalität läßt es zu, den Gegenstand moderner Kriminologie mit Kriminalität zu bezeichnen. Alle gegenwärtigen Forschungsschwerpunkte wie z. B. der Standort von Rechtsnormen im sozialen Normensystem, das Entstehen von Strafrechtsnormen, die Verletzung von Gesetzen als Sozialprozeß, die Reaktion auf Gesetzesverletzungen sowie ihre Folgen (Stichwort: Verfestigung abweichenden Verhaltens durch die Instanzen sozialer Kontrolle) weisen Zusammenhänge auf, legt man den hier entwickelten Kriminalitätsbegriff zugrunde.

2.5 Trotz der Vorzüge wird der Strafrechtler jedoch nicht mit einem materiellen Kriminalitätsbegriff arbeiten können. Einmal ist der materielle

Kriminalitätsbegriff nicht wertneutral, zum anderen ergibt sich aus dem in Art. 103 Abs. 2 GG und § 1 StGB aufgestellten Grundsatz (»nullum crimen sine lege / nulla poena sine lege«), daß ohne gesetzliche Vorschrift nicht von einer **Straftat** gesprochen werden darf. Aus rechtsstaatlichen Gründen muß daher der Jurist bei Aussagen über Kriminalität den Bezug zur Strafrechtsnorm herstellen und Kriminalität als Verstoß gegen das Strafgesetz ansehen. Die Verwendung des formellen Kriminalitätsbegriffes ist allerdings (nur) dann unbedenklich, wenn das Problembewußtsein in bezug auf die Wertung (Entstehen von Strafnormen) und die Anwendungsebene (Zuschreibung, Kriminalisierung) erhalten bleibt.

LS 3: Erfolgskontrolle

Im Zusammenhang mit dem formellen Kriminalitätsbegriff ist (unter 2.5) von Straftat gesprochen worden. **Straftat** ist »eine tatbestandsmäßigrechtswidrige, schuldhafte-zurechenbare, strafbedrohte Handlung« (*Blei* 1977, 55).

• Sehen Sie sich jetzt einmal den folgenden Vergleich zum Strafrecht der DDR an:

Bundesrepublik Deutschland:

Straftaten sind tatbestandsmäßige, rechtswidrige und schuldhafte Handlungen.

§ 12 StGB:
1) Verbrechen sind rechtswidrige Taten, die im Mindestmaß mit Freiheitsstrafe von einem Jahr oder darüber bedroht sind.
2) Vergehen sind rechtswidrige Taten, die im Mindestmaß mit einer geringeren Freiheitsstrafe oder die mit Geldstrafe bedroht sind.
3) Schärfungen oder Milderungen, die nach den Vorschriften des Allgemeinen Teils oder für besonders schwere oder minder schwere Fälle vorgesehen sind, bleiben für die Einteilung außer Betracht.

Deutsche Demokratische Republik:

§ 1 StGB-DDR:
1) Straftaten sind schuldhaft begangene gesellschaftswidrige oder gesellschaftsgefährliche Handlungen (Tun oder Unterlassen), die nach dem Gesetz als Vergehen oder Verbrechen strafrechtliche Verantwortlichkeit begründen.
2) Vergehen sind vorsätzlich oder fahrlässig begangene gesellschaftswidrige Straftaten, welche die Rechte und Interessen der Bürger, das sozialistische Eigentum, die gesellschaftliche und staatliche Ordnung oder andere Rechte und Interessen der Gesellschaft schädigen. Sie ziehen strafrechtliche Verantwortlichkeit vor einem gesellschaftlichen Organ der Rechtspflege oder Strafen ohne Freiheitsentzug oder, soweit gesetzlich vorgesehen, bei schweren Vergehen Freiheitsstrafe bis zu zwei Jahren nach sich. Die Strafe für besonders schwere fahrlässige Vergehen ist, soweit gesetzlich vorgesehen, Freiheitsstrafe bis zu fünf Jahren.
3) Verbrechen sind gesellschaftsgefährliche Angriffe gegen die Souveränität der

Deutschen Demokratischen Republik, den Frieden, die Menschlichkeit und die Menschenrechte, Kriegsverbrechen, Straftaten gegen die Deutsche Demokratische Republik sowie vorsätzlich begangene Straftaten gegen das Leben. Verbrechen sind auch andere vorsätzlich begangene gesellschaftsgefährliche Straftaten gegen die Rechte und Interessen der Bürger, das sozialistische Eigentum oder andere Rechte oder Interessen der Gesellschaft, die eine schwerwiegende Mißachtung der sozialistischen Gesetzlichkeit darstellen und für die deshalb eine Freiheitsstrafe von mindestens zwei Jahren angedroht ist oder für die innerhalb des vorgesehenen Strafrahmens im Einzelfall eine Freiheitsstrafe von über zwei Jahren ausgesprochen wird.

§ 3 StGB – DDR
1) Eine Straftat liegt nicht vor, wenn die Handlung zwar dem Wortlaut eines gesetzlichen Tatbestandes entspricht, jedoch die Auswirkungen der Tat auf die Rechte und Interessen der Bürger oder der Gesellschaft und die Schuld des Täters unbedeutend sind.
2) Eine solche Handlung kann als Verfehlung, Ordnungswidrigkeit, Disziplinarverstoß oder nach den Bestimmungen der materiellen Verantwortlichkeit verfolgt werden, soweit dies gesetzlich zulässig.

§ 4 StGB – DDR
1) Verfehlungen sind Verletzungen rechtlich geschützter Interessen der Gesellschaft oder der Bürger, bei denen die Auswirkungen der Tat und die Schuld des Täters unbedeutend sind und die im Strafgesetzbuch oder in anderen Gesetzen als solche bezeichnet werden.
2) Zur Feststellung der Verantwortlichkeit für Verfehlungen finden die Bestimmungen des Allgemeinen Teils entsprechende Anwendung. Die Maßnahmen der Verantwortlichkeit für Verfehlungen werden gesetzlich besonders geregelt.

Das Strafgesetzbuch der DDR aus dem Jahre 1968 versucht, das Wesen der Straftat materiell zu charakterisieren und grundlegende Merkmale für die Unterscheidung von Verbrechen und Vergehen zu finden. Daß im Strafrecht der Bundesrepublik Deutschland auf materielle Unterscheidungskriterien verzichtet werde, entspringe »dem Bestreben des kapitalistischen Staates, das soziale Wesen der Kriminalität und den Massencharakter des Strafrechts zu verschleiern« (Lehrkommentar 1 zu § 1 StGB-DDR).

- Halten Sie diese Kritik für berechtigt, wenn man den formellen Kriminalitätsbegriff mit den (unter 2.5) geschilderten Vorbehalten verwendet?

LS 4: Motivationsversuch

Zu LS 2 • *Kaiser*, Verbrechensbegriff, in: *Kaiser/Sack/Schellhoss (Hrsg.)*, Kleines Kriminologisches Wörterbuch, 1974, 366–370
        o *Mannheim*, Vergleichende Kriminologie, Band 1, 1974, 1–81
Zu LS 3 • *Blei*, Strafrecht I, Allg. Teil, 17. Aufl., 1977, §§ 14–17 (52–56)
        o *Zipf*, Kriminalpolitik, 1973, 66–75

1 »Der Abend« vom 10.5.1975.
2 »Der Tagesspiegel« vom 10.5.1975.
3 »Der Tagesspiegel« vom 3.6.1975.
4 Unter dem Gesamtthema »Kriminalität und gesellschaftliche Ungleichheit« werden daneben schwerpunktmäßig behandelt »Lebenssituationen der von der Kriminalisierung Bedrohten und Betroffenen«, »Genese von Kriminalisierungsnormen« und »Instanzen sozialer Kontrolle«.

LE 2: Entstehen von Strafrechtsnormen

LS 1: Problemaufriß

Wenn als kriminell ein Verhalten bezeichnet wird, das das Strafgesetz verletzt, und damit ein besonders **negativ bewerteter** Teilausschnitt abweichenden Verhaltens erfaßt werden soll, ergibt sich das Problem des Entstehens von Strafrechtsnormen unter der Fragestellung »**wer wertet wie und warum**«. Dabei ist zunächst der Standort von Rechtsnormen innerhalb des sozialen Normensystems zu bestimmen und anschließend der Stellenwert von Strafrechtsnormen innerhalb von Rechtsnormen zu klären. Aktuelle Fragen der Strafrechtsreform sollen diese Problematik veranschaulichen.

LS 2: Recht und soziale Kontrolle

Unter sozialer Kontrolle ist die soziale Reaktion auf abweichendes Verhalten zu verstehen (*Clark/Gibbs,* in: *Lüderssen/Sack* (Hrsg.) I, 1975, 157). Sie knüpft also an die Verletzung sozialer Normen an, wobei soziale Normen die Erwartungen der Gesellschaft an den Einzelnen umschreiben. Ebenso wie bei der Sozialisation sollen im Wege sozialer Kontrolle individuelle Bedürfnisse auf gesellschaftliche Anforderungen und Erwartungen abgestimmt werden (*Sack,* in: *Kaiser/Sack/Schellhoss* (Hrsg.), 1974, 263). Als Ziel sind die soziale Integration des Einzelnen und entsprechendes konformes Verhalten angestrebt. Aus dieser Zielsetzung, die letztlich der Erhaltung des gesellschaftlichen »status quo« dient, können sich Konflikte mit dem Grundsatz der freien Entfaltung des Einzelnen und daraus abgeleiteten Ansprüchen auf sozialen Wandel ergeben, die *Kaiser* (1972, 1 und 1976, 89) recht anschaulich als »Ringen zwischen – ›law and order‹ einerseits und dem ›emanzipatorischen Interesse‹ andererseits« bezeichnet hat.
Für die Aufgabe, die Einhaltung sozialer Normen zu erreichen und dadurch menschliches Zusammenleben zu ordnen, stehen der sozialen Kontrolle eine Reihe von Steuerungsinstrumenten zur Verfügung. Ein Instrument sozialer Kontrolle ist neben Religion, Politik, Moral, Ethik, Brauch und Sitte auch das Recht. Wegen derselben Zielrichtung ergänzen sich soziale Normen und Rechtsnormen. Insgesamt wird man die Normen des

Rechts als Sonderart sozialer Normen ansehen müssen (*Raiser* 1973, 15).
Den unterschiedlichen Arten sozialer Kontrolle entsprechen unterschiedliche Träger (z. B. Kirche, Parteien, Gewerkschaften, Familie, Justiz), unterschiedliche Vorgehensweisen (präventiv, repressiv) und unterschiedliche Reaktionsmöglichkeiten (positive wie z. B. Belohnungen, neutrale wie z. B. Behandlungen und negative wie z. B. Bestrafungen) (*Kaiser* 1972, 1–31).
Innerhalb dieses Gesamtsystems sozialer Kontrolle wird der Standort des Rechts dadurch bestimmt, daß die Verletzung von Rechtsnormen verglichen mit der Verletzung anderer sozialer Normen die folgenreichsten Sanktionen nach sich ziehen kann. Unter den Rechtsnormen kennt wiederum das Strafrecht die härtesten Mittel sozialer Sanktionierung, die der Sozialwissenschaftler mit legitimer Anwendung von Gewalt und zwangsweisem Ausschluß eines Mitglieds der Gesellschaft aus ihren sozialen Bezügen charakterisiert (so z. B. *Sack*, in: *Kaiser/Sack/Schellhoss*, 1974, 265).
Gerade im Hinblick auf diese sozialen Sanktionen ist die Frage des Entstehens von Strafrechtsnormen sowie das Problem, ob strafrechtliche Sanktionen durch außerstrafrechtliche ersetzt werden können, so aktuell.

LS 3: Strafrechtsnormen als Ergebnis rationaler Überlegungen oder als Folge von Machtkämpfen konkurrierender Gruppen?

Zwei Erklärungsmodelle sind zu unterscheiden: Das **Konsensus-Modell** geht von einer gesellschaftlichen Übereinstimmung hinsichtlich eines Grundbestandes an Werten aus, die für so wichtig erachtet werden, daß zu ihrem Schutz die Mittel des Strafrechts eingesetzt werden. Das Strafrecht dient insoweit der Einhaltung gesellschafts-notwendiger Minimalspielregeln. Unterschiedlich sind innerhalb dieses Modells nur die Erklärungen, wie sich die Strafrechtsnormen im einzelnen herausgebildet haben (vgl. *Eisenberg* 1972, 25–27). Nach einer Meinung sollen sie auf einen stufenweisen Entwicklungsprozeß zurückzuführen sein: Verletzungshandlungen gegenüber einzelnen wurden schließlich als gegenüber der Gesellschaft begangen angesehen. Ein zweiter Erklärungsansatz sieht in den Strafrechtsnormen den Ausdruck öffentlicher Meinung und das Ergebnis rationaler Überlegungen, während eine dritte Theorie den Ursprung strafrechtlicher Bestimmungen in Sitte und Brauchtum zu finden meint.
Kritisiert wird an dem Konsensus-Modell, daß sozialstrukturelle Bedingungen von Kriminalität und Kriminalisierung ausgeblendet bleiben, was insoweit ein typisches Defizit der »alten« Kriminologie sei (*AJK* 1973, 242).
Das dem Konsensus-Modell völlig entgegengesetzte **Konflikt-Modell** versteht Strafrechtsnormen als Mittel zur Durchsetzung von Macht. Im

Konflikt gesellschaftlicher Interessengruppen bekomme die obsiegende Gruppe die Macht über die Strafgesetzgebung und könne durch Strafrechtsnormen den Konflikt in ihrem Sinne lösen, indem sie typische Verhaltensweisen der unterlegenen Gruppe unter Strafe stelle und eigene schädigende Handlungen legitimiere (*Quinney* 1975; *Haferkamp, Lautmann/Schumann, D. u. H. Peters* 1973).

Mit Hilfe des Konflikt-Modells kann zwar der unterschiedliche Strafrechtsschutz gegen Diebstahls- und Wirtschaftskriminalität erklärt werden, aber kaum das Entstehen von Strafrechtsnormen zum Schutz von Leben und körperlicher Unversehrtheit. Umgekehrt kann auch das Konsensus-Modell nur über Teile des gesamten strafrechtlichen Normensystems Aussagen treffen. Es ist daher richtig, wenn *Eisenberg* (1972, 26) als Gemeinsamkeit aller Theorien zum Entstehen von Strafrechtsnormen feststellt, daß sie jeweils nur Ausschnitte zu erklären vermögen. Diese Feststellung darf freilich nicht zu einer Vernachlässigung des Problembereichs führen, sondern sollte gerade umgekehrt wegen der unüberbrückbaren Gegensätze der beiden Erklärungsmodelle zu einer kritischen Überprüfung der gesetzgeberischen Tätigkeit im Bereich der Strafrechtsreform auffordern.

Am Beispiel des Fünften Gesetzes zur Reform des Strafrechts (5. StrRG) vom 18.6.1974 (Schwangerschaftsabbruch) soll die Problematik vertieft und um die Frage der Ersetzung von Strafrechtsnormen erweitert werden.

LS 4: Entkriminalisierung durch das 5. StrRG

4.1 Die Fristenlösung hätte im Zuge der Strafrechtsreform einen Beitrag zur (teilweisen) Entkriminalisierung des Schwangerschaftsabbruchs leisten können. Bei grundsätzlicher Strafbarkeit des Schwangerschaftsabbruchs sah § 218 a StGB folgende Regelung vor:

»Der mit Einwilligung der Schwangeren von einem Arzt vorgenommene Schwangerschaftsabbruch ist nicht nach § 218 strafbar, wenn seit der Empfängnis nicht mehr als zwölf Wochen verstrichen sind.«

Diese Vorschrift hat das Bundesverfassungsgericht in seinem Urteil vom 25. Februar 1975 wegen Unvereinbarkeit mit Art. 2 Abs. 2 Satz 1 GG (Recht auf Leben) in Verbindung mit Art. 1 Abs. 1 GG (Schutz der Menschenwürde) für nichtig erklärt[1].

Das Urteil ist eine der wichtigsten Entscheidungen zu dem Problembereich des Entstehens von Strafrechtsnormen sowie zu der Frage nach der Funktion von Strafrecht.

Das Bundesverfassungsgericht stellt zunächst fest, daß Art. 2 Abs. 2 Satz 1 GG auch das sich im Mutterleib entwickelnde Leben als selbständiges Rechtsgut schütze, was auch dem Rechtsverständnis der Allgemeinheit entspreche. Die Rechtsordnung müsse daher den Abbruch einer Schwangerschaft grundsätzlich als Unrecht ansehen und dürfe nicht das Selbstbestimmungsrecht der Frau zum alleinigen Maßstab ihrer Regelungen machen. Wie der Staat seiner Verpflichtung, werdendes Leben zu schützen, nachkomme, habe (in erster Linie) der Gesetzgeber zu entscheiden. – Wörtlich fährt das Bundesverfassungsgericht in seiner Entscheidung fort:

Der Gesetzgeber »befindet darüber, welche Schutzmaßnahmen er für zweckdienlich und geboten hält, um einen wirksamen Lebensschutz zu gewährleisten.
1. Dabei gilt auch und erst recht für den Schutz des ungeborenen Lebens der Leitgedanke des Vorranges der Prävention vor der Repression (vgl. BVerfGE 30,336 [350]). Es ist daher Aufgabe des Staates, in erster Linie sozialpolitische und fürsorgerische Mittel zur Sicherung des werdenden Lebens einzusetzen. Was hier geschehen kann und wie die Hilfsmaßnahmen im einzelnen auszugestalten sind, bleibt weithin dem Gesetzgeber überlassen und entzieht sich im allgemeinen verfassungsgerichtlicher Beurteilung. Dabei wird es hauptsächlich darauf ankommen, die Bereitschaft der werdenden Mutter zu stärken, die Schwangerschaft eigenverantwortlich anzunehmen und die Leibesfrucht zum vollen Leben zu bringen. Bei aller Schutzverpflichtung des Staates darf nicht aus den Augen verloren werden, daß das sich entwickelnde Leben von Natur aus in erster Linie dem Schutz der Mutter anvertraut ist. Den mütterlichen Schutzwillen dort, wo er verloren gegangen ist, wieder zu erwecken und erforderlichenfalls zu stärken, sollte das vornehmste Ziel der staatlichen Bemühungen um Lebensschutz sein. Freilich sind die Einwirkungsmöglichkeiten des Gesetzgebers hier begrenzt. Von ihm eingeleitete Maßnahmen werden häufig nur mittelbar und mit zeitlicher Verzögerung durch eine umfassende Erziehungsarbeit und die dadurch erreichte Veränderung gesellschaftlicher Einstellungen und Anschauungen wirksam.
2. Die Frage, inwieweit der Staat von Verfassungs wegen verpflichtet ist, zum Schutz des ungeborenen Lebens auch das Mittel des Strafrechts als der schärfsten ihm zur Verfügung stehenden Waffe einzusetzen, kann nicht von der vereinfachten Fragestellung aus beantwortet werden, ob der Staat bestimmte Handlungen bestrafen muß. Notwendig ist eine Gesamtbetrachtung, die einerseits den Wert des verletzten Rechtsgutes und das Maß der Sozialschädlichkeit der Verletzungshandlung – auch im Vergleich mit anderen unter Strafe gestellten und sozialethisch etwa gleich bewerteten Handlungen – in den Blick nimmt, andererseits die traditionellen rechtlichen Regelungen dieses Lebensbereiches ebenso wie die Entwicklung der Vorstellungen über die Rolle des Strafrechts in der modernen Gesellschaft berücksichtigt und schließlich die praktische Wirksamkeit von Strafdrohungen und die Möglichkeit ihres Ersatzes durch andere rechtliche Sanktionen nicht außer acht läßt.
Der Gesetzgeber ist grundsätzlich nicht verpflichtet, die gleichen Maßnahmen strafrechtlicher Art zum Schutze des ungeborenen Lebens zu ergreifen, wie er sie zur Sicherung des geborenen Lebens für zweckdienlich und geboten hält. Wie ein Blick in die Rechtsgeschichte zeigt, war dies bei der Anwendung strafrechtlicher Sanktionen nie der Fall und traf auch für die bis zum Fünften Strafrechtsreformgesetz gegebene Rechtslage nicht zu.
a) Aufgabe des Strafrechts war es seit jeher, die elementaren Werte des Gemeinschaftslebens zu schützen. Daß das Leben jedes einzelnen Menschen zu den wichtigsten Rechtsgütern gehört, ist oben dargelegt worden. Der Abbruch einer Schwan-

gerschaft zerstört unwiderruflich entstandenes menschliches Leben. Der Schwangerschaftsabbruch ist eine Tötungshandlung; das wird aufs deutlichste dadurch bezeugt, daß die ihn betreffende Strafdrohung – auch noch im Fünften Strafrechtsreformgesetz – im Abschnitt »Verbrechen und Vergehen wider das Leben« enthalten ist und im bisherigen Strafrecht als »Abtötung der Leibesfrucht« bezeichnet war – die jetzt übliche Bezeichnung als »Schwangerschaftsabbruch« kann diesen Sachverhalt nicht verschleiern. Keine rechtliche Regelung kann daran vorbeikommen, daß mit dieser Handlung gegen die in Art. 2 Abs. 2 Satz 1 GG verbürgte grundsätzliche Unantastbarkeit und Unverfügbarkeit des menschlichen Lebens verstoßen wird. Von hier aus gesehen ist der Einsatz des Strafrechts zur Ahndung von »Abtreibungshandlungen« ohne Zweifel legitim; er ist in den meisten Kulturstaaten – unter verschieden gestalteten Voraussetzungen – geltendes Recht und entspricht insbesondere auch der deutschen Rechtstradition. Ebenso ergibt sich hieraus, daß auf eine klare rechtliche Kennzeichnung dieses Vorganges als »Unrecht« nicht verzichtet werden kann.

b) Indes kann Strafe niemals Selbstzweck sein. Ihr Einsatz unterliegt grundsätzlich der Entscheidung des Gesetzgebers. Er ist nicht gehindert, unter Beachtung der oben angegebenen Gesichtspunkte die grundgesetzlich gebotene rechtliche Mißbilligung des Schwangerschaftsabbruchs auch auf andere Weise zum Ausdruck zu bringen als mit dem Mittel der Strafdrohung. Entscheidend ist, ob die Gesamtheit der dem Schutz des ungeborenen Lebens dienenden Maßnahmen, seien sie bürgerlich-rechtlicher, öffentlich-rechtlicher, insbesondere sozialrechtlicher oder strafrechtlicher Natur, einen der Bedeutung des zu sichernden Rechtsgutes entsprechenden tatsächlichen Schutz gewährleistet. Im äußersten Falle, wenn nämlich der von der Verfassung gebotene Schutz auf keine andere Weise zu erreichen ist, kann der Gesetzgeber verpflichtet sein, zum Schutze des sich entwickelnden Lebens das Mittel des Strafrechts einzusetzen. Die Strafnorm stellt gewissermaßen die »ultima ratio« im Instrumentarium des Gesetzgebers dar. Nach dem das ganze öffentliche Recht einschließlich des Verfassungsrechts beherrschenden rechtsstaatlichen Prinzip der Verhältnismäßigkeit darf er von diesem Mittel nur behutsam und zurückhaltend Gebrauch machen. Jedoch muß auch dieses letzte Mittel eingesetzt werden, wenn anders ein effektiver Lebensschutz nicht zu erreichen ist. Dies fordern der Wert und die Bedeutung des zu schützenden Rechtsgutes. Es handelt sich dann nicht um eine »absolute« Pflicht zu strafen, sondern um die aus der Einsicht in die Unzulänglichkeit aller anderen Mittel erwachsende »relative« Verpflichtung zur Benutzung der Strafdrohung . . .

. . . Die Rechtsnorm richtet sich grundsätzlich an alle Rechtsunterworfenen und verpflichtet sie in gleicher Weise. Zwar gelingt es den Strafverfolgungsbehörden praktisch nie, alle Täter, die gegen das Strafgesetz verstoßen, einer Bestrafung zuzuführen. Die Dunkelziffern sind bei den verschiedenen Strafdelikten verschieden hoch. Unbestritten sind sie bei Abtreibungstaten besonders erheblich. Indessen darf darüber die generalpräventive Funktion des Strafrechts nicht vergessen werden. Sieht man die Aufgabe des Strafrechts in dem Schutz besonders wichtiger Rechtsgüter und elementarer Werte der Gemeinschaft, so kommt gerade dieser Funktion eine hohe Bedeutung zu. Ebenso wichtig wie die sichtbare Reaktion im Einzelfall ist die Fernwirkung einer Strafnorm, die in ihrem prinzipiellen normativen Inhalt (»die Abtreibung ist strafbar«) nunmehr seit sehr langer Zeit besteht. Schon die bloße Existenz einer solchen Strafandrohung hat Einfluß auf die Wertvorstellungen und die Verhaltensweisen der Bevölkerung (vgl. Bericht des Sonderausschusses für die Strafrechtsreform, BT-Drucks. 7/1981 (neu) S. 10). Das Wissen um die Rechtsfolgen im Falle ihrer Übertretung bildet eine Schwelle, vor deren Überschreitung viele zurückschrecken. Diese Wirkung wird ins Gegenteil verkehrt, wenn durch eine generelle Aufhebung der Strafbarkeit auch zweifellos strafwürdiges Verhalten für rechtlich einwandfrei erklärt wird. Dies muß die in der Bevölkerung herrschenden Auffassungen von »Recht« und »Unrecht« verwirren. Die rein theoretische Verlautbarung, der Schwangerschaftsabbruch werde »toleriert«, aber nicht »gebilligt«, muß wirkungslos bleiben, solange keine rechtliche Sanktion erkennbar ist, die die gerechtfertigten Fälle des Schwangerschaftsabbruches von den verwerflichen klar scheidet. Entfällt die Drohung mit Strafe ganz allgemein, so wird notwendig im Bewußtsein der Staatsbürger der Eindruck entstehen, in allen Fällen sei der Schwangerschaftsabbruch rechtlich erlaubt und darum auch sozialethisch nicht mehr zu mißbilligen. Der »gefährliche Schluß von der rechtlichen Sanktionslosigkeit auf das moralische Erlaubtsein« (Engisch, Auf der Suche nach der Gerechtigkeit, 1971, S. 104) liegt zu nahe, als daß er nicht von einer großen Zahl Rechtsunterworfener gezogen würde.«

4.2 Das Bundesverfassungsgericht geht in diesem Urteil also auf das Gesamtsystem sozialer Kontrolle ein, indem es zunächst bei den Strategien präventiven Maßnahmen gegenüber repressiven Sanktionen eine Vorrangstellung einräumt, um das Ziel, Schutz des werdenden Lebens durch Bekämpfung der »Abtreibungsseuche«, zu erreichen. Anschließend bestimmt es ebenso zutreffend den Standort von Strafrechtsnormen innerhalb des Rechts und damit innerhalb der Instrumente sozialer Kontrolle. Folgerichtig hätte man einen sozialwissenschaftlichen Nachweis erwarten dürfen, daß ohne eine entsprechende Strafrechtsnorm der Schutz des werdenden Lebens nicht gewährleistet ist. Zwar erwähnt das Bundesverfassungsgericht, durch die Fristenregelung könne die Zahl der Schwangerschaftsabbrüche um 40% steigen, berichtet aber gleichzeitig von den Zweifeln an dieser Prognose, um schließlich festzustellen, daß zumindest nicht mit einem wesentlichen Rückgang legaler und illegaler Aborte zu rechnen sei. Letztlich glaubt sich das Gericht der Verpflichtung enthoben, die Notwendigkeit der Strafbarkeit des Schwangerschaftsabbruches auch für die ersten zwölf Wochen nach der Empfängnis empirisch belegen zu müssen, wenn es wie folgt argumentiert:

»Das Gesetz ist nicht nur Instrument zur Steuerung gesellschaftlicher Prozesse nach soziologischen Erkenntnissen und Prognosen, es ist auch bleibender Ausdruck sozialethischer und – ihr folgend – rechtlicher Bewertung menschlicher Handlungen; es soll sagen, was für den Einzelnen Recht und Unrecht ist«. (BVerfG NJW 1975, 573, 580)

Ausgangspunkt ist die Überlegung, schon die bloße Existenz einer Strafvorschrift übe Einfluß auf Wertvorstellungen und Verhalten der Bevölkerung aus, so daß sich wegen dieser »rechtsbewußtseinsbildenden Kraft der Strafnorm« eine Regelung wie die des § 218 a StGB (i. d. F. des 5. StRG) verbiete. Selbst wenn der Wert des werdenden Lebens in der Bevölkerung nicht mehr voll erkannt werde, dürfe der Gesetzgeber nicht resignieren.

Nicht einmal ein allgemeiner Wandel der in der Bevölkerung herrschenden Ansichten könne daran etwas ändern.
Mit diesen Ausführungen bestätigt das Gericht die Argumente, mit denen Mitglieder der Opposition im Deutschen Bundestag und einzelne Landesregierungen ihren Antrag auf verfassungsrechtliche Überprüfung der Fristenlösung begründet hatten: Der Schutz auch des noch ungeborenen Lebens stehe in der »Tradition deutscher Rechtskultur«. Die Fristenlösung entziehe dem werdenden Leben die »sozialethische Wertschätzung in der Bevölkerung. Es entspreche gesicherter rechtssoziologischer Erkenntnis, daß strafrechtliche Normen normbildende Kraft für das sozialethische Urteil der Bürger besäßen«, so daß der Wegfall der Strafsanktionen »eine relevante Schutzlücke« hinterlasse.
Hinter dieser Auffassung verbirgt sich die Vorstellung, daß sich Strafrechtsnormen zum Schutz elementarer gesellschaftlicher Werte hinsichtlich ihres Ursprungs auf Sitte, Brauchtum, Kultur oder – wie es *Radbruch* ausdrückt – als geschichtliches Recht auf den »Volksgeist« zurückführen lassen. Insoweit handelt es sich also um eine Spielart des oben skizzierten Konsensus-Modells.

Schon 1929 hat *Radbruch* dieses Erklärungsmodell kritisiert:
»So mag sich die Entstehung des Rechts vorstellen, wer überwiegend seine Wohltaten genießt. Die, auf denen vorzugsweise der Druck der Rechtsordnung lastet, werden in solchen Lehren nur schöne Träume erblicken. . . . Das Gegenwartsrecht aber werden sie nicht aus dem Fühlen, nicht aus dem Denken ableiten, sondern aus dem gefühllosen und unvernünftigen Wollen, aus dem Interesse, aus der Macht . . .« (Radbruch 1961, 23)

Anschließend führt er in seinem Aufsatz »Klassenrecht und Rechtsidee« aus, Recht müsse seinem Wesen nach den Anspruch auf Gerechtigkeit erheben, Gerechtigkeit aber fordere Allgemeinheit des Rechtssatzes, **Gleichheit vor dem Gesetz.** (*Radbruch* 1961, 27).
Genau an diesem Punkt setzt auch die Kritik an dem Urteil des Bundesverfassungsgerichts über die Verfassungswidrigkeit der Fristenlösung ein.

4.3 Die Entscheidung des Bundesverfassungsgerichts ist nicht einstimmig, sondern mit 6 zu 2 Richterstimmen getroffen worden. Die beiden überstimmten Richter stellen die sozialen Probleme in den Mittelpunkt ihrer abweichenden Meinung und verweisen auf die »kommerzielle Ausbeutung abtreibungswilliger Frauen im In- und Ausland und die damit verbundene **soziale Ungleichheit**«. (*Rupp-v. Brünneck/Simon*, NJW 1975, 582, 585). Eine Reform des § 218 StGB ist jedoch nicht nur wegen dieser sozialen Ungleichheit notwendig, sondern auch wegen der infolge mangelnder Verfolgungsintensität eher zufälligen Strafverfolgung und damit fehlenden Sanktionsgerechtigkeit.
Die Zahl der jährlich in der Bundesrepublik Deutschland begangenen Schwangerschaftsabbrüche ist zunächst auf maximal 500.000 geschätzt

worden, ehe sie nach Einführung neuer Methoden der Empfängnisverhütung wesentlich geringer angesetzt wurde (*Kerner* 1973, 45 u. 185). Sie dürfte heute etwa bei 100.000 liegen, wovon auch der Gesetzgeber in seinen Beratungen zum 5. StRG ausgegangen ist (*Sonderausschuß für die Strafrechtsreform*, 6. Wahlperiode, S. 2173, 2218, 2241). Nur ein verschwindend kleiner Bruchteil dieser 100.000 Fälle ist polizeilich bekannt geworden, noch weniger Fälle haben zu einer Verurteilung geführt.

Tabelle 1

	Pol. erfaßte Fälle (1)	Verurteilungen (2)
1971	584	184
1972	476	154
1973	497	153
1974	411	95
1975	639	84

Quelle: (1) *Polizeiliche Kriminalstatistik, 1971–1975*
 (2) *Statistisches Bundesamt, Fachserie A, Reihe 9, Rechtspflege, 1971 bis 1975*

Dieses Zahlenmaterial beweist, wie sehr sich die Strafvorschrift des § 218 StGB von der sozialen Wirklichkeit entfernt hat, und daß sie praktisch wirkungslos geworden ist. Aufgabe der Reform ist es daher, die sich durch die Benachteiligung von Frauen aus unteren sozialen Schichten ergebenden Ungerechtigkeiten zu beseitigen. Zutreffend heißt es im Minderheitsvotum, es gehe um die Wiederherstellung der Glaubwürdigkeit der Rechtsordnung. Auch für die überstimmten Bundesverfassungsrichter steht damit das »Ob« des Schutzes noch ungeborenen Lebens außer Frage, problematisch ist nur die Frage des »Wie«. Eine Entkriminalisierung des Schwangerschaftsabbruches soll also nicht aus »Resignation« oder mangels sozialschädlichen Verhaltens erfolgen, sondern gerade umgekehrt, um einen besseren Schutz werdenden Lebens als durch eine leerlaufende Strafnorm zu gewährleisten. Beratung und flankierende sozial- und gesellschaftspolitische Maßnahmen erscheinen dazu geeigneter als Strafsanktionen. Will man Ernst machen mit der Forderung, die Mittel des Strafrechts nur als »ultima ratio« im Instrumentarium des Gesetzgebers einzusetzen, dann dürfe Strafrecht – wie im Minderheitsvotum folgerichtig ausgeführt wird – nicht länger »Alibi für das Defizit wirksamer Hilfen« sein. Angesprochen ist damit die Funktion des Strafrechts in unserer Gesellschaft.

LS 5: Aufgabe des Strafrechts

5.1 Nach Auffassung des Bundesverfassungsgerichts dient Strafrecht dem Schutz von Rechtsgütern **und** dem Schutz sozialethischer Grund**werte**.

Ohne diesen Ausgangspunkt zu hinterfragen, ist zunächst kritisch darauf hingewiesen worden, daß das Verfassungsgericht bei der Festlegung des Wertungsmaßstabes nicht abgehoben von der Gesellschaft zu entscheiden, sondern ihre Wertmaßstäbe zu artikulieren habe (*Roth* 1975, 617, 620). Angesichts des »gesellschaftlichen Wertepluralismus« hätte das Gericht eben diesen Pluralismus berücksichtigen müssen.

5.2 Die Kritik an der Entscheidung des Bundesverfassungsgerichts muß jedoch schon bei der Beschreibung der Aufgabe des Strafrechts ansetzen, konkret bei der Bestimmung des Verhältnisses von Strafrecht zur Sozialethik. In diesem Bereich übersieht das Bundesverfassungsgericht, daß das Strafrecht im Zuge der Strafrechtsreform einen grundlegenden Wandel erfahren hat. In einer pluralistischen Gesellschaft kann es nicht mehr Aufgabe des Strafrechts sein, ethische Wertvorstellungen zu schützen. Aufgabe des Strafrechts ist vielmehr der Schutz spezieller Rechtsgüter, wie insbesondere die Reform des Sexualstrafrechts deutlich gemacht hat (*Baumann* 1977, 7 f; *Tiedemann* 1974, 325). Insoweit widerspricht das Urteil zum § 218 StGB der herrschenden Meinung im Schrifttum zur Begrenzung der Strafgewalt im Sinne einer Beschränkung auf sozialschädliche Handlungen, kann sich aber immerhin auf so wichtige Stimmen in der Literatur wie z. B. *Welzel* berufen:

»Bloßer Rechtsgüterschutz hat nur eine negativ-vorbeugende, polizeilich-präventive Zielsetzung. Die tiefste Aufgabe des Strafrechts dagegen ist positiv-sozialethischer Natur: Indem es den wirklich betätigten Abfall von den Grundwerten rechtlicher Gesinnung verfemt und bestraft, offenbart es in der eindrucksvollsten Weise, die dem Staat zur Verfügung steht, die unverbrüchliche Geltung dieser positiven Aktwerte, formt das sozialethische Urteil der Bürger und stärkt ihre bleibende rechtstreue Gesinnung ...
Aufgabe des Strafrechts ist der Schutz der sozial-ethischen Gesinnungs- (Handlungs-) werte und erst darin eingeschlossen der Schutz einzelner Rechtsgüter« (*Welzel* 1969, 3 f).

Neben dem Problem, wie die sozialethischen Gesinnungswerte inhaltlich zu beschreiben sind[2], stellen sich Fragen rechtstheoretischer und rechtssoziologischer Art. Rechtstheoretisch ist zu fragen, ob dem Strafrecht eine solche Aufgabe überhaupt zusteht, rechtssoziologisch, ob Strafrecht eine solche Aufgabe tatsächlich erfüllen kann (*Hassemer* 1973, 94). Beide Fragen sind zu verneinen: Strafrecht hat innerhalb des Gesamtsystems sozialer Kontrolle einen bestimmten Standort und innerhalb des Rechts einen bestimmten Stellenwert als »ultima ratio« im Instrumentarium des Gesetzgebers. Der Einsatz des Strafrechts ist dementsprechend zu begrenzen. Der Schutz von sozialethischen Gesinnungswerten würde dieser Begrenzungsfunktion nicht gerecht werden. Daß darüberhinaus Strafrecht die Aufgabe des Schutzes sozialethischer Gesinnungswerte auch tatsächlich nicht erfüllen kann, erscheint beispielsweise durch das Material über die wirkliche Zahl der Schwangerschaftsabbrüche (Dunkelfeld) bewiesen.

5.3 Zusammenfassend bleibt festzustellen, daß Strafrecht dem Schutz von Rechtsgütern dient, aber wegen der Schärfe der Sanktionen erst eingesetzt werden darf, wenn alle anderen Mittel, die im Gesamtsystem sozialer Kontrolle vor dem Strafrecht stehen, nicht ausreichen. Insoweit gilt für das Strafrecht der Grundsatz der **Subsidiarität** (*Baumann* 1977, 27). Aus diesem Grundsatz ergibt sich auch, daß eine Kriminalisierung durch eine Strafrechtsnorm begründet werden muß, nicht aber umgekehrt eine Entkriminalisierung durch einen vollständigen oder teilweisen Rückzug des Strafrechts. Dementsprechend ist auch die verfassungsrechtliche Kontrolle von Strafrechtsnormen darauf zu beschränken, ob der Staat strafen **darf**. Wenn das Bundesverfassungsgericht im Urteil zum § 218 StGB dagegen eine **Pflicht** des Gesetzgebers zum Erlaß von Strafvorschriften zum Schutz des werdenden Lebens ausspricht, ergeben sich erhebliche Bedenken , ob das Gericht – wie es in der abweichenden Meinung zu Ausdruck kommt – »die Funktion der Grundrechte nicht in ihr Gegenteil verkehrt« und gesetzgeberische Befugnisse an sich gezogen habe.

LS 6: Kriminalisierung und Entkriminalisierung in der Strafrechtsreform unter verfassungsrechtlichen Gesichtspunkten

6.1 Trotz der Kritik an der Entscheidung im Einzelfall bleibt es das Verdienst des Bundesverfassungsgerichts, nachdrücklich auf das Verhältnis gesetzgeberischen Ermessens zu den Grundrechtsnormen hingewiesen zu haben. Jede Reform des Strafrechts muß am Grundgesetz und den verfassungsrechtlichen Grundentscheidungen gemessen werden. Allerdings bilden nicht die Sozialethik, sondern die Gebote der Rechtsstaatlichkeit, der Humanität und Toleranz sowie die Grundsätze der Verhältnismäßigkeit, der Zweckmäßigkeit und der Gleichheit (auch im Unrecht) sowie der Sozialstaatlichkeit die Leitlinien der Kriminalpolitik. Mangels einer entsprechend klaren Linie ist der Versuch einer Gesamtreform des im Kern seit 1871 geltenden Strafrechts durch die Große Strafrechtskommission nach 1954 gescheitert. Dem auf der Grundlage der Beratungen der Großen Strafrechtskommission beruhenden »Entwurf 1962« (mit Vorläufern 1958, 1959 und 1960 und einem erneuten Anlauf 1965) ist nicht ohne Grund entgegengehalten worden, er gebe »moralische Wertvorstellungen als Rechtsgüter« aus (*Tiedemann* 1974, 308) und sei »eine Mischung aus Bewußtlosigkeit, Unbewußtsein und Ideologie«, »Reproduktion und Rückschritt« ohne »Besinnung auf die Funktion von Strafrecht in unserer Gesellschaft« (*Wiethölter* 1968, 77 f).
Entscheidende Impulse für eine rationalere Rechtspolitik gingen und gehen von dem privaten Arbeitskreis deutscher und schweizerischer Strafrechtslehrer aus, der bisher Alternativentwürfe zum Allgemeinen Teil (1966, 1969), zu Teilbereichen des Besonderen Teils (»Politisches Strafrecht« 1968, »Sexualdelikte« 1968, »Straftaten gegen die Person« I/1970, II/1971,

»Straftaten gegen die Wirtschaft« 1977), zum Strafvollzugsgesetz (1973), zum Entwurf eines Gesetzes gegen Ladendiebstahl (1974) und zum Entwurf eines Betriebsjustizgesetzes (1975) vorgelegt hat. Unter Berücksichtigung der Vorschläge der »Alternativ-Professoren« ist der Wandel in den strafrechtlichen Zielvorstellungen entsprechend den Geboten des Verfassungsrechts in den ersten vier Strafrechtsreformgesetzen besonders deutlich geworden.

6.1.1 Im Ersten Strafrechtsreformgesetz (1. StRG) vom 25.6.1969, das teils am 1.9.1969, teils am 1.4.1970 in Kraft getreten ist, sind eine Reihe von Straftatbeständen gestrichen worden, für die kein kriminalpolitisches Bedürfnis mehr bestand. So sind z. B. die Vorschriften über die Bestrafung des Ehebruchs, der Erschleichung des außerehelichen Beischlafs, der (einfachen) Unzucht zwischen Männern, der widernatürlichen Unzucht sowie des Zweikampfs entfallen. Dabei erfolgte ausdrücklich eine Orientierung am Grundgesetz mit dem Ziel, dem Toleranzgedanken Geltung zu verschaffen, indem Strafrecht auf das kriminalpolitisch »unbedingt Notwendige« beschränkt wird (BT-Drucksache V/4094, 3).

6.1.2 Der Schwerpunkt des 1. StRG liegt aber ebenso wie der des 2. StRG vom 4.7.1969, das den vollständigen Allgemeinen Teil eines neuen Strafgesetzbuchs enthält und mit Ausnahme der Vorschriften über die Sozialtherapeutischen Anstalten seit dem 1.1.1975 in Kraft ist, im Bereich der Straftatfolgen. Die Einführung der einheitlichen Freiheitsstrafe (anstelle von Zuchthaus, Gefängnis, Einschließung und Haft), die Einschränkung der kurzen Freiheitsstrafe, die erweiterten Möglichkeiten einer Strafaussetzung zur Bewährung, die Vorschriften über die Strafbemessung, das neue Geldstrafensystem, die Möglichkeiten des Absehens von Strafe und der Verwarnung mit Strafvorbehalt sowie das neue Maßregelsystem sind Ausdruck verfassungsrechtlicher Grundsätze vor allem der Zweck- und Verhältnismäßigkeit.

6.1.3 Auch das nach dem Höhepunkt der Studentenunruhen und den Demonstrationen der außerparlamentarischen Opposition entstandene 3. StRG vom 20.5.1970 mit der Neuordnung der Straftaten gegen die Staatsgewalt und den Gemeinschaftsfrieden ist unter dem Gesichtspunkt der Anpassung an die Verfassung zu sehen[3], soweit es sich um eine Grenzziehung zwischen der Verwirklichung von Grundrechten (etwa der freien Meinungsäußerung) und dem Schutz der Allgemeinheit vor gewaltsamen Übergriffen aus Anlaß von Demonstrationen bemüht.

6.1.4 Besonders umstritten war die Reform des Sexualstrafrechts und der Familiendelikte durch das 4. StRG vom 23.11.1973, weil hier Fragen nach der Funktion von Strafe und allgemeine Probleme des »Rechts- und Gesellschaftsverständnisses« (*Hanack* 1974, 1) berührt wurden, die kontrovers und nicht ohne Emotion diskutiert worden sind. Das 4. StRG mußte also zwangsläufig Kompromißcharakter haben. Immerhin bekennt es sich dazu, daß nur schutzwürdige Rechtsgüter mit den Mitteln des Strafrechts verteidigt werden sollen (BT-Drucksache 7/514,1). Nicht die Anschauungen über Sitte und Moral, sondern der Grad der Sozialschädlichkeit bestimmen daher die Strafwürdigkeit. Jugendschutz und Schutz der sexuellen Freiheit sind die Ziele des Sexualstrafrechts. Diese veränderte Zielrichtung möchte das 4. StrRG auch äußerlich sichtbar werden lassen, wenn es für die §§ 174–184 c StGB die Überschrift »Straftaten gegen die sexuelle Selbstbestimmung wählt (früher »Verbrechen und Vergehen gegen die Sittlichkeit«), den Begriff der »unzüchtigen« Handlung durch den der »sexuellen« Handlung ersetzt und darunter auch nur Handlungen verstanden wissen will, »die im Hinblick auf das geschützte Rechtsgut von einiger Erheblichkeit sind« (§ 184 c StGB).

In seiner Kritik am 4. StrRG hat *Dreher* (1974, 47) ausgeführt, das Grundgesetz habe sich zu einer Sexualordnung bekannt, die durch die in Art. 6 GG genannten Begriffe von Ehe und Familie bestimmt sei. Mithin gehe es im Sexualstrafrecht um weit mehr als nur um den Schutz individueller Rechtsgüter, nämlich um die »unsere Gesellschaft entscheidend mitprägende Integration des Sexuellen in das soziale Leben«. Eine so verstandene Sexualordnung sei selbst ein strafrechtlich zu schützendes Rechtsgut, weil Störungen dieser Sexualordnung als sozial-schädlich angesehen werden müßten.

Eine solche Betrachtung widerspricht jedoch dem Gedanken der Zweckmäßigkeit. Die Ausdehnung des Strafrechts über den Bereich der äußeren Ordnung sozialen Verhaltens hinaus auf die innere Ordnung begründet die Gefahr, daß Strafrecht in Grenzbereichen immer umstrittener wird oder »gar als Ausdruck irgendwelcher ›herrschenden Klassen‹ erscheint« (*Hanack* 1970) und damit auch dort an Wirksamkeit verliert, wo es unverzichtbar ist.

Interessant ist die kriminalstatistische Entwicklung der Sexualdelikte nach dem 4. StrRG. Trotz teilweiser Entkriminalisierung ist die Zahl der Sexualdelikte insgesamt leicht angestiegen. Diese Entwicklung ist darauf zurückzuführen, daß der Gesetzgeber die Tatbestände der Ausübung der verbotenen Prostitution sowie der jugendgefährdenden Prostitution – statt sie als ehemalige Übertretungstatbestände aus dem StGB herauszunehmen und zu bloßen Ordnungswidrigkeiten auszugestalten – zu Vergehen aufgewertet hat (§§ 184 a + b StGB).

Aufgrund dieser Entwicklung wird die Effektivität des 4. StrRG im Hinblick auf die angestrebte Entkriminalisierung bezweifelt (*Schroeder* 1976, 108).

6.2 Nachdem die im 5. StrRG vom 18.6.1974 vorgesehene Fristenlösung für verfassungswidrig erklärt worden ist, hat der Gesetzgeber die Strafbarkeit des Schwangerschaftsabbruchs im 15. Strafrechtsänderungsgesetz vom 18.5.1976 neu geregelt. An die Stelle der Fristenlösung ist ein neues

Indikationsmodell getreten. Rechtfertigungsgrund für einen Abbruch der Schwangerschaft ist nach § 218 a StGB nunmehr die medizinisch-soziale Indikation. Kraft unwiderleglicher Vermutung gelten die Voraussetzungen der medizinisch-sozialen Indikation auch bei der sog. eugenischen oder kindlichen, der kriminologischen oder ethischen und der Notlagen-Indikation als erfüllt.

Kritisiert wird der neue § 218 a StGB als »gesetzgeberischer Dilletantismus höchsten Grades« (*Blei* JA 1976, 601). Insgesamt wird man davon ausgehen können, daß die Diskussion um die Strafbarkeit des Schwangerschaftsabbruchs auch durch die seit dem 21.6.1976 geltende Neuregelung noch nicht beendet ist. So wird einerseits auch in der neuen Fassung noch ein hohes verfassungsrechtliches Risiko gesehen (*Lackner* 1976) und andererseits bedauert, daß der Gesetzgeber die auch nach der Entscheidung des Bundesverfassungsgerichts verbliebene Chance für eine modifizierte Fristenlösung vertan habe (*Klug* 1976, 219).

Immerhin kommt die weitgehende Straffreiheitsregelung für die Schwangere dem ursprünglichen Ziel sehr nahe, werdendes Leben durch **Beratung statt Strafe** zu schützen.

6.3 Berücksichtigt man außerdem noch die Entkriminalisierung vor allem des Verkehrsstrafrechts durch das Gesetz über Ordnungswidrigkeiten vom 24.5.1968 und die durch das seit dem 1.1.1975 geltende Einführungsgesetz zum Strafgesetzbuch verwirklichten Reformen wird man die Gesamtentwicklung des Strafrechts in den letzten zehn Jahren mit *Kaiser* (1974, 350) als insgesamt »rechtsstaatlicher, verhältnismäßiger und humaner« ansehen können. Geprägt ist diese Entwicklung durch die Beschränkung des Strafrechts auf besonders sozialschädliches Verhalten und damit verbunden durch die Tendenz zur Entkriminalisierung.

Umgekehrt hat der Gesetzgeber im Wege der Kriminalisierung auf neue Erscheinungsformen wie Geiselnahme (§ 239 b StGB), Flugzeugentführung (§ 316 c StGB), Fälschung technischer Aufzeichnungen (§ 268 StGB), Drogensucht (Betäubungsmittelgesetz) reagiert und auch Straftatbestände zum Schutz des persönlichen Lebens- und Geheimbereichs (§§ 201 ff StGB) und gegen die Verherrlichung von Gewalt (§ 131 StGB) geschaffen.

Dem Ziel, der Ausbreitung von Gewalt entgegenzuwirken und dadurch einen Beitrag zur Bekämpfung des Terrorismus zu leisten, dient das 14. Strafrechtsänderungsgesetz vom 22.4.1976. Durch die neuen Strafvorschriften der §§ 88 a und 130 a StGB werden die verfassungsfeindliche Befürwortung von Straftaten und die Anleitung zur Gewalt unter Strafe gestellt. Insbesondere die Regelung des § 88 a StGB ist äußerst umstritten. Zum einen wird vorgetragen, der Gesetzgeber habe kaum empirisches Material zur kriminalpolitischen Rechtfertigung dieser Vorschrift vorgelegt (*Jung* 1976, 478), zum anderen werden wegen mangelnder Bestimmtheit verfassungsrechtliche Bedenken geltend gemacht (*Klug* 1976, 220 und *Ott* 1976, 19). Beide Kritikpunkte dürften berechtigt sein.

6.4 Wenn Kriminalisierung und Entkriminalisierung in dem zusammenfassenden Überblick bisher unter dem Verfassungsgrundsatz der **Rechtsstaatlichkeit** (Sachgerechtigkeit, Verhältnismäßigkeit, Bestimmtheitsgebot) betrachtet worden sind, bleibt noch zu prüfen, welche Folgerungen sich für eine Reform des Strafrechts aus den verfassungsrechtlichen Grundsätzen der **Gleichheit** und **Sozialstaatlichkeit** ergeben. Dabei geht es freilich nicht um die formale Gleichheit, über die *Anatole France* gesagt hat: »Das Gesetz in seiner majestätischen Gleichheit verbietet es Reichen wie Armen, unter Brücken zu schlafen, auf Straßen zu betteln und Brot zu stehlen.« Zu fragen ist vielmehr, ob eine rationale Kriminalpolitik, die Strafrecht als »ultima ratio« im Instrumentarium des Gesetzgebers versteht mit dem Ziel, Rechtsgüter nach dem Grad der Sozialschädlichkeit der Verletzungshandlungen zu schützen, unter den genannten verfassungsrechtlichen Aspekten nicht zu einem grundsätzlichen Umdenken hinsichtlich des Adressatenkreises von Strafrecht führen muß. Unser geltendes Strafrecht ist auch nach den bisher verwirklichten Teilreformen zu stark auf Verhaltensweisen der Unterschicht zugeschnitten. Es muß sich deswegen nach wie vor den Vorwurf der Interessengebundenheit gefallen lassen. Die Kritik an der Selektivität von Strafrechtsnormen mit der Aussage, das »negative Gut Kriminalität« (*Sack* 1968, 469) werde schon auf der Ebene der Gesetzgebung und nicht erst auf der Ebene der Strafverfolgung zum Nachteil von Unterschichtangehörigen verteilt, wird verständlich, wenn man sieht, wie stark Eigentum und Vermögen strafrechtlich geschützt sind. Die für den größten Teil der Bevölkerung so wichtigen Rechtsgüter wie Arbeitskraft, sichere Arbeitsplätze, angemessene Löhne und Preise, ausreichender Wohnraum und saubere Umwelt unterliegen dagegen keinem oder nur einem unvollkommenen Strafrechtsschutz (*Lautmann/ D. Peters* 1973, 46).

Ein erster Ansatz für ein Umdenken hinsichtlich des strafrechtlichen Adressatenkreises zeigt sich bei der Bekämpfung der Wirtschaftskriminalität. Am 29.7.1976 ist das Erste Gesetz zur Bekämpfung der Wirtschaftskriminalität (1. WiKG) verabschiedet worden, das durch die Neuschaffung der Tatbestände des Subventions- und Kreditbetruges, die Neufassung der Konkursdelikte und die Überarbeitung und Vereinheitlichung der Wuchertatbestände geprägt ist.

Hintergrund der Neuregelung ist das Bewußtsein um die Ungleichbehandlung von »normaler« Vermögenskriminalität und den Erscheinungsformen, die als Wirtschaftskriminalität bezeichnet werden, ohne daß es dafür schon eine verbindliche Definition gibt. Ferner dürfte das 1. WiKG auch der veränderten Einstellung der Bevölkerung gegenüber der Wirtschaftskriminalität entsprechen (vgl. *Wassermann* 1974, 165). Es geht nicht mehr um Kavaliersdelikte, sondern um »eigentliche Kriminalität mit gravierender Sozialschädlichkeit« (*Tiedemann* 1972, 24). Das Ausmaß des materiellen Schadens wird auf jährlich bis zu 50 Milliarden DM geschätzt (*Schellhoss* in *Kaiser/Sack/Schellhoss* 1974, 391) und macht damit bald ein Drittel

des gesamten Bundeshaushaltes für das Jahr 1977 (= 173 Mrd. DM) aus.
Wegen dieser enormen Sozialschädlichkeit der Wirtschaftskriminalität gehören entsprechende Tatbestände auch nicht länger in das Nebenstrafrecht oder gar in das Ordnungswidrigkeitenrecht, sondern in das Strafgesetzbuch. Damit wird gleichzeitig die Abgrenzung der Straftaten von den mit einer Geldbuße zu ahndenden Ordnungswidrigkeiten **quantitativ** nach dem Grad der Sozialschädlichkeit und nicht mehr **qualitativ** bestimmt, je nachdem, ob die Verhaltensweise sozialethisch verwerflich ist oder nicht.
Auf die Tatsache, daß die Kosten der »White-collar-Verbrechen«[4] etliche Male so hoch sind wie die aller anderen Verbrechen, hat als erster *Sutherland* in seinem Beitrag »White-collar Criminality« (1940) aufmerksam gemacht.
Heute gilt als gesichert, daß die Wirtschaftskriminalität größere materielle Schäden als die klassische Kriminalität verursacht (*Schneider* 1976, 162).
Wenn Strafrecht also dem Schutz vor besonders sozialschädlichen Verhaltensweisen dienen und im Wege der Kriminalpolitik aus verfassungsrechtlichen Gesichtspunkten soziale Benachteiligungen vermieden werden sollen, müssen weitere Kriminalisierungen im Bereich des Wirtschafts-[5] und auch des Umweltrechts erfolgen. Eine gleichzeitige Entkriminalisierung im Bereich der sog. kleinen Vermögenskriminalität, wie sie von dem Arbeitskreis deutscher und schweizerischer Strafrechtslehrer in dem Entwurf eines Gesetzes gegen Ladendiebstahl vorgeschlagen worden ist, würde unser Strafrecht im Hinblick auf den potentiellen Adressatenkreis unter Beachtung der Grundsätze von Gleichheit und Sozialstaatlichkeit insgesamt glaubwürdiger werden lassen.

LS 7: Erfolgskontrolle

Eine Integration von Rechts- und Sozialwissenschaften im strafrechtlich-kriminologischen Bereich erfordert für die juristische Ausbildung und Praxis zielgerichtete interdisziplinäre Informationen zum Beispiel über Entstehen, Aufgabe und Wirkungen von Strafrechtsnormen. Um dem Mangel an solchen systematischen, auf den Juristen zugeschnittenen Darstellungen abzuhelfen, hat *Feest* (1970) die »Idee einer Kommentierung des Strafgesetzbuches in sozialwissenschaftlicher Absicht« entwickelt. Die Kommentierung der einzelnen Bestimmungen soll dabei die empirischen Annahmen berücksichtigen, von denen Juristen ausgehen, und nach folgendem Schema ablaufen:

1. Was gilt in Fachkreisen bzw. in einer breiteren Öffentlichkeit als geschütztes Rechtsgut? Empirische Annahme: es besteht relativer Konsens im Hinblick auf das Rechtsgut und seine Schutzbedürftigkeit.
2. Beschreibung der unter Strafe gestellten bzw. aufgrund der betreffenden Bestimmung verfolgten Aktivitäten und Phänomene.

Empirische Annahme: einigermaßen einheitliche Phänomene sind unter Strafe gestellt.
3. Welchen Schaden verursacht das verbotene Handeln? Empirische Annahme: es ist für Einzelne und/oder die Gesellschaft schädlich.
4. Wie groß ist die abschreckende Wirkung der Strafbestimmung bzw. ihrer Sanktionierung? Empirische Annahme: generalpräventive Wirkungen.
5. Kann der Strafzweck (Besserung oder Isolierung des Täters) durch die Bestrafung erreicht werden?
Empirische Annahme: der jeweils einschlägige Strafzweck kann prinzipiell bzw. im Rahmen der gegenwärtigen Urteils- und Vollzugspraxis erreicht werden.
6. Was für nicht-intendierte Auswirkungen hat die Strafbestimmung und ihre Sanktionierung? Empirische Annahme: sie verursachen selbst keine unverhältnismäßigen Schäden.
7. Was für Alternativen zur Bestrafung sind bekannt?
Empirische Annahme: staatliche Pönalisierung und Verfolgung sind die einzige (oder mindestens einzig praktikable) Alternative.

Die Gegenüberstellung von Annahmen und empirisch gesicherten Forschungsergebnissen kann bei Juristen leichter das Problembewußtsein für die Notwendigkeit der Reform einzelner Strafbestimmungen schaffen. Am Beispiel des § 218 StBG hat *Feest* sein Schema näher erläutert.

● Sehen Sie sich diese Erläuterung in KJ 1970, 457–461 oder in KrimJ 1970, 259–262 an und ordnen Sie die in dieser Lerneinheit (LE 2) entwickelten Gedankengänge nach diesem Schema. Ergänzen Sie dieses Schema durch Informationen, die Sie bei der vollständigen Lektüre der Entscheidung BVerfG 39, 1 ff = NJW 1975, 573–587 bekommen. (Eine »Fundgrube« sind ferner die stenographischen Berichte über die öffentliche Anhörung von Sachverständigen und Auskunftspersonen zum Entwurf des 5. StrRG-Sonderausschuß für die Strafrechtsreform,
o 6. Wahlperiode, 74., 75. und 76. Sitzung, StenBer, 2141–2368).

LS 8: Motivationsversuch

zu LS 2: ● *Sack*, Recht und soziale Kontrolle, in: *Kaiser/Sack/Schellhoss (Hrsg.)*, Kleines Kriminologisches Wörterbuch, 1974, 263–267;
　　　　o *Kaiser*, Strategien und Prozesse strafrechtlicher Sozialkontrolle, 1972, 1–31;
　　　　o *König*, Das Recht im Zusammenhang der sozialen Normensysteme, KZfSS 1967, 36–53 und in: *Lüderssen/Sack (Hrsg.)*, Seminar: Abweichendes Verhalten I, Die selektiven Normen der Gesellschaft, 1975, 186–207

zu LS 3: ● *Eisenberg*, Einführung in die Probleme der Kriminologie, 1972, 25–27 und 61–66;
　　　　o *Radbruch*, Klassenrecht und Rechtsidee, 1929, in: Der Mensch im Recht, 2. Aufl., 1961, 23–34;
　　　　o »Klassenjustiz heute?«, Vorgänge – Zeitschrift für Gesellschaftspolitik – Nr. 1, 1973, mit historischen Zitaten zur Soziologie der Klassenjustiz und Beiträgen von *Rasehorn, Wassermann, Kaupen, Lautmann und D. Peters, Sack, Ostermeyer u. a.*;

zu LS 5: • *Baumann*, Strafrecht, Allgemeiner Teil, 8. Aufl., 1977, § 3 (6–33);
　　　　o *Hassemer*, Theorie und Soziologie des Verbrechens, 1973, 87–97;
zu LS 6: • *Tiedemann*, Die Fortentwicklung der Methoden und Mittel des Strafrechts unter besonderer Berücksichtigung der Entwicklung der Strafgesetzgebung, ZStW 86 (1974), 303–348;
　　　　o *Tiedemann*, Plädoyer für ein neues Wirtschaftsstrafrecht, ZRP 1976, 49–54.

---

1 BVerfGE 39,1 = NJW 1975, 573.
2 Dieses Problem ist besonders ernst zu nehmen, wird doch z. B. von den Anhängern einer soziologischen Interessentheorie behauptet, sozialethische Gesinnungswerte dienten letztlich der Verschleierung von Gruppeninteressen. Vgl. *Quinney*, Ansätze zu einer Soziologie des Strafrechts, in: *Lüderssen/Sack (Hrsg.)* II, 1975, 44–86.
3 a. A. *Dreher* 1970, 1153 (1155), der davon ausgeht, daß eine Reform der §§ 110 ff StGB verfassungsrechtlich zwar nicht notwendig, aber unter dem Motto »Nur so viel Strafrecht wie nötig, so wenig Strafe wie möglich« immerhin vertretbar war.
4 Die Begriffe »White-collar crime« und »Wirtschaftskriminalität« sind nicht synonym, Wirtschaftskriminalität stellt vielmehr einen Anwendungsfall der »Whitecollar Criminality« dar. Vgl. *Berckhauer* in: *Jung (Hrsg.)* 1975, 140.
5 Ein 2. Gesetz zur Bekämpfung der Wirtschaftskriminalität ist für den Bereich der irreführenden Werbung vorgesehen.

LE 3: Umfang, Erscheinungsformen und Entwicklungstendenzen von Kriminalität

LS 1: Problemaufriß

Eine rationale Kriminalpolitik, die sich an den verfassungsrechtlichen Grundsätzen der Zweck- und Verhältnismäßigkeit, der Gleichheit und Sozialstaatlichkeit orientiert, muß auf empirische Forschungsergebnisse zurückgreifen können und bedarf ständiger wissenschaftlicher Kontrolle. Dabei interessieren vor allem die Auswirkungen von Strafrechtsnormen, die Folgerungen, die sich aus der Kriminalisierung bzw. der Entkriminalisierung bestimmter Verhaltensweisen ergeben, sowie allgemeine Probleme der Kriminalitätsentwicklung. Das ist bereits an verschiedenen Punkten dieser Darstellung deutlich geworden. Im Urteil des Bundesverfassungsgerichts zum § 218 StGB ist die Befürchtung geäußert worden, durch die Fristenlösung werde die Zahl der Schwangerschaftsabbrüche um 40% steigen. Bei der Diskussion um die Bekämpfung der Wirtschaftskriminalität ist von der Höhe des materiellen Schadens auf den Grad der Sozialschädlichkeit und damit auf die Notwendigkeit der Schaffung neuer Strafrechtsnormen geschlossen worden. Mit den eingangs dargestellten Pressemitteilungen über das Ansteigen der Gesamtkriminalität, insbesondere über die Zunahme von Gewalt- und Jugendkriminalität, sollte die Öffentlichkeit alarmiert werden. Gleichzeitig ist aber schon bekannt, daß das Zahlenmaterial aus der Polizeilichen Kriminalstatistik mit der Kriminalitätswirklichkeit nicht übereinstimmt, wie das (extreme) Verhältnis der polizeilich registrierten zu der wirklichen Zahl der Schwangerschaftsabbrüche beweist.

Es wird deswegen zunächst dargestellt, ob und ggfs. wie mithilfe der Dunkelfeldforschung ein genaueres Bild der tatsächlichen Kriminalität entsteht, ehe auf die Meßinstrumente der Polizeilichen Kriminalstatistik und der Rechtspflegestatistik eingegangen wird. Probleme ihrer Aussagekraft sollen erörtert sowie Erscheinungsformen und Entwicklungstendenzen exemplarisch in den für den Aktenfall interessanten Bereichen der Gewalt- und Jugendkriminalität aufgezeigt werden.

LS 2: Dunkelfeld

2.1 In der jährlich herausgegebenen Polizeilichen Kriminalstatistik weist

das Bundeskriminalamt ausdrücklich auf die eingeschränkte Aussagekraft hin (1975, 5), die sich daraus ergibt, daß ein großer Teil der tatsächlich begangenen Straftaten der Polizei nicht bekannt wird. Der Umfang des Dunkelfeldes (= Summe aller der Polizei unbekannt gebliebenen Straftaten) ist u. a. abhängig von dem Anzeigeverhalten der Bevölkerung und der Intensität der Strafverfolgung, die beide wiederum von der Art der Straftat beeinflußt werden.
Versuche, das Dunkelfeld aufzuhellen, werden in Form von »Selbstmelde«-Untersuchungen (Täterbefragungen), Opfer- und Informantenbefragungen unternommen. – Bei den **Selbstmeldeuntersuchungen** wird ein repräsentativer Querschnitt von Personen nach begangenen Delikten befragt. Ein Beispiel für eine solche Untersuchung ist die 1973 in Hamburg durchgeführte Schülerbefragung, die 5169 Schülerinnen und Schüler ab der 8. Klasse in allen Schulzweigen umfaßt und als die »größte und einzig repräsentative« gilt (*Kreuzer* 1975). An der Universität ergab eine Täterbefragung von insgesamt 290 Teilnehmern an drei Göttinger Übungen im Strafrecht für Anfänger, daß **jeder** mindestens einmal eine Straftat begangen hatte (*Schwind* 1973, 162)[1].
Opferbefragungen gelten als besonders zuverlässige Methode, können aber Straftatengruppen, die sich nicht gegen Einzelne richten (z. B. weite Bereiche der Wirtschaftskriminalität) nicht erfassen. Die bisher umfangreichste Untersuchung (Befragung von 10.000 Haushalten) ist vom »National Opinion Research Center« der Universität von Chicago durchgeführt worden (*Ennis* 1967). Inzwischen ist der »Criminal Victimization in the United States« – Report (1975) erschienen, der auf Opferbefragungen von rund 60.000 Haushalten und 15.000 Gewerbebetrieben beruht (vgl. *Schneider* 1976, 139). Nach der Methode der Opferbefragung wurde auch eine umfangreichere deutsche Dunkelfeldforschung durchgeführt, bei der jeder hundertste Einwohner Göttingens gefragt wurde, ob er 1973 Opfer bestimmter Straftaten geworden sei (*Schwind* 1975).
Bei der **Informantenuntersuchung** als der dritten Methode der Dunkelfeldforschung wird nach Straftaten »anderer gegen andere« gefragt, der Befragte ist also Dritter. Diese Methode ist jedoch für einen Vergleich mit der Kriminalstatistik ungeeignet (z. B. mehrere Berichte über dieselbe Tat).
Schwächen, die jede dieser drei Methoden hat, versucht eine kombinierte Dunkelfeldforschung zu vermeiden. Als Beispiel ist hier die Untersuchung von *Stephan* (1972) zu nennen.

2.2 Die Göttinger Dunkelfeldforschung gelangt zu dem Ergebnis, daß das Verhältnis der polizeilich registrierten zu den nicht angezeigten Delikten ungefähr 1 : 10 beträgt, wobei im einzelnen folgende Relationen gelten:

Tabelle 2

1. Diebstahl (ohne Ladendiebstahl)	1 : 7
2. Vorsätzliche Körperverletzung	1 : 8
3. Raubdelikte	1 : 9
4. Sachbeschädigung	1 : 30
5. Unfallflucht	1 : 32

Quelle: Schwind 1975, 156

Überträgt man das Göttinger Ergebnis auf Bundesebene (was methodisch freilich nicht unanfechtbar ist, vgl. *Schwind* 1975, 222), so kann von den 1975 bekannt gewordenen knapp drei Millionen Straftaten insgesamt auf etwa 33 Millionen tatsächlich begangene Straftaten (bei einer Einwohnerzahl von annähernd 62 Millionen) geschlossen werden, u. z. ohne Verkehrsdelikte. Die Gesamtdunkelzifferrelation von 1 : 10 entspricht im wesentlichen den Schätzungen *Kerners* (1973, 45), der das Verhältnis der bekannt gewordenen zu den tatsächlich begangenen Straftaten mit einer Untergrenze von 1 : 6 und einer Obergrenze von 1 : 14 angegeben und dabei für das Jahr 1969 auf 16 bis 32 Millionen Straftaten gefolgert hatte.
Schon diese wenigen Ergebnisse zeigen, daß die registrierte Kriminalität nur einen Bruchteil der Gesamtkriminalität ausmacht. Statistisch ist Kriminalität eine normale Erscheinung. Das in der Öffentlichkeit vorhandene und durch die Massenmedien immer wieder verstärkte Bild von dem Verbrecher als dem schlichtweg Anderen, mit dem der Einzelne nichts zu tun hat und haben will, entspricht also nicht der Normalität von Kriminalität. Die Wahrscheinlichkeit, eine Straftat zu begehen, ist ungleich größer als ein Leben ohne Straftaten (*Sack* in: *Kaiser/Sack/Schellhoss*, 1974, 68). Für den Bereich der Jugendkriminalität gilt es inzwischen als gesichert, daß praktisch jeder Jugendliche einmal eine strafbare Handlung begeht, Jugendkriminalität also im statistischen Sinne normal ist. Diese Tatsache ist zuletzt von *Schneider* (1976, 136) durch die Auswertung skandinavischer Opferbefragungen und von *Kreuzer* (1975) aufgrund der Hamburger Schülerbefragung eindrucksvoll bestätigt worden. Gleichzeitig findet auch die These von der »Ubiquität« der Kriminalität ihre Bestätigung, worunter die These zu verstehen ist, daß kriminelle Verhaltensweisen in allen sozialen Schichten mit nur geringen Unterschieden und nahezu gleich häufig vorkommen (*Schwind* 1975, 20).
Die Frage nach dem Verhältnis der registrierten zu den tatsächlich begangenen Straftaten wäre nicht ganz so brisant, wenn die von den formellen Instanzen sozialer Kontrolle bearbeiteten Straftaten einen repräsentativen Ausschnitt der Gesamtkriminalität darstellten und die so ermittelten Täter auch eine der Gesamtstruktur entsprechende Zusammensetzung aufwiesen. Sollten jedoch im Wege sozialer Kontrolle Selektionsmechanismen zum Nachteil von Unterschichtangehörigen wirksam werden und die

offiziellen Statistiken deswegen nur Aussagen über eine Art »Negativauswahl« machen können, müßten alle Erklärungsansätze zum Entstehen von Kriminalität, die von entdeckten Straftaten ausgehen, neu überdacht werden. Das Handeln der Instanzen sozialer Kontrolle würde dann stärker in den kriminologischen Blickpunkt kommen als die Täterpersönlichkeit und sein soziales Umfeld. Unter verfassungsrechtlichen Gesichtspunkten müßte die Frage der Gleichbehandlung, die zuvor schon auf der Ebene der Gesetzgebung gestellt worden ist, jetzt noch einmal auf der Ebene der Gesetzesanwendung diskutiert werden.

Auf das Problem des Ausfilterungs- bzw. Selektionsprozesses kann freilich erst eingegangen werden, nachdem die verschiedenen statistischen Meßinstrumente vorgestellt worden sind. Dabei gelten die Dunkelfeldforschung als Primär- und die Kriminal- und Strafverfolgungsstatistik als Sekundärstatistik.

LS 3: Polizeiliche Kriminalstatistik und Strafverfolgungsstatistiken als Sekundärstatistiken.

3.1 In der seit 1953 jährlich herausgegebenen Kriminalstatistik erscheinen alle von der Polizei bearbeiteten Verbrechen und Vergehen einschließlich der mit Strafe bedrohten Versuche (ohne Verkehrs- und Staatsschutzdelikte). Nach einem teils strafrechtlich und teils kriminologisch orientierten Straftatenkatalog werden dabei alle Fälle zum Zeitpunkt des Abschlusses der polizeilichen Ermittlungen erfaßt (»Ausgangsstatistik«). Als Arbeitsnachweis der Polizei gibt die Kriminalstatistik Auskunft über alle bekanntgewordenen und alle aufgeklärten Straftaten (Relation = Aufklärungsquote). Aufgeklärt ist ein Fall, wenn ein namentlich bekannter oder auf frischer Tat ergriffener Tatverdächtiger festgestellt worden ist. Die Polizeiliche Kriminalstatistik enthält also auch Angaben über die Zahl der Tatverdächtigen (= jeder, der zumindest hinreichend verdächtig ist, eine mit Strafe bedrohte Handlung begangen zu haben) sowie zusätzliche Angaben zu ausgewählten Deliktsbereichen z. B. über Begehungsformen, Tatort, Tatzeit, Schadenshöhe, Altersstruktur und Nationalität der Tatverdächtigen.

3.1.1 Für das Jahr 1975 werden insgesamt 2.919.390 Straftaten aufgeführt. Nach Straftaten und Anteil an der **Gesamtzahl der registrierten Kriminalität** geordnet, ergibt sich folgendes Bild:

Tabelle 3
Rangfolge einzelner Straftaten(gruppen) nach ihren Anteilen an der Gesamtzahl der erfaßten Fälle

Straftaten(gruppen)	erfaßte Fälle	in %
1. Diebstahl unter erschwerenden Umständen	1 044 569	35,8
2. Diebstahl ohne erschwerende Umstände	864 849	29,6
3. Sachbeschädigung	213 746	7,3
4. Betrug	209 841	7,2
5. (Vorsätzlich leichte) Körperverletzung	65 674	2,2
6. Widerstand gegen die Staatsgewalt und Straftaten gegen die öffentliche Ordnung	54 291	1,9
7. Gefährliche und schwere Körperverletzung	50 274	1,7
8. Beleidigung	34 711	1,2
9. Straftaten gegen die persönliche Freiheit	34 169	1,2
10. Unterschlagung	33 169	1,1
11. Rauschgiftdelikte	29 805	1,0
12. Urkundenfälschung	25 698	0,9
13. Raub, räuberische Erpressung und räuberischer Angriff auf Kraftfahrer	20 362	0,7
14. Verletzung der Unterhaltspflicht	18 411	0,6
15. Begünstigung, Strafvereitelung und Hehlerei	17 877	0,6
16. Brandstiftung	16 168	0,6
darunter		
– (Vorsätzliche) Brandstiftung	6 282	0,2
17. Vergewaltigung	7 850	0,2
18. Straftaten gegen strafrechtliche Nebengesetze auf dem Wirtschaftssektor	5 461	0,2
19. Erpressung	3 514	0,1
20. Untreue	3 383	0,1
21. Mord und Totschlag	2 908	0,1
22. Straftaten im Amt	1 911	0,1

Quelle: Polizeiliche Kriminalstatistik 1975

Die Tabelle gibt zunächst zwei Informationen, die für die Betrachtung von Kriminalität als sozialer Erscheinung besonders wichtig sind: Diebstahl ist mit nahezu zwei Dritteln an der (registrierten) Gesamtkriminalität beteiligt. Zu 84% besteht Kriminalität aus den Delikten Diebstahl, Sachbeschädigung, Betrug und Körperverletzung. Vor diesem Hintergrund der Diebstahlskriminalität als Massenerscheinung sind auch die Bemühungen um eine Entkriminalisierung in den Bagatellbereichen des Ladendiebstahls und des Diebstahls am Arbeitsplatz zu sehen.

Der Hinweis auf den Bagatellcharakter einzelner Delikte zeigt gleichzeitig eine Schwäche der Tabelle auf. Über die Schwere der Verletzungshandlung wird nichts ausgesagt. Unter der Rubrik der Raubdelikte (= 13) erscheinen sowohl das versuchte Entreißen einer Handtasche als auch der bewaffnete

Überfall auf einen Geldtransport. Für aussagekräftige Vergleiche verschiedener Tätergruppen (z. B. Jugendliche, Heranwachsende, Frauen, Gastarbeiter) müßten die Delikte entsprechend gewichtet werden. Von *Sellin und Wolfgang* (1964) ist der Versuch unternommen worden, einen entsprechenden **Kriminalitätsindex** zu finden. Dabei wird in Form eines Punkt-

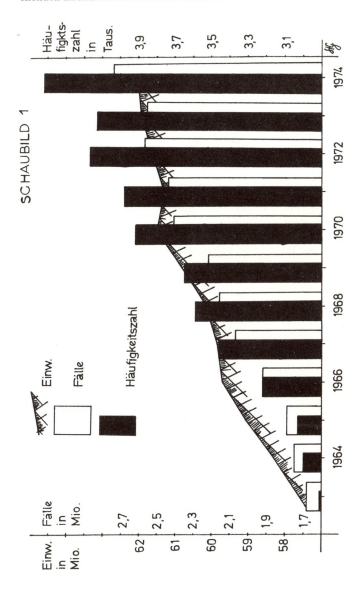

wertsystems beispielsweise berücksichtigt, wie hoch der durch die Straftat verursachte Schaden gewesen ist, ob der Täter eine Schußwaffe verwendet oder bei sich geführt hat und ob das Opfer ambulant, stationär oder infolge einer nur unwesentlichen Verletzung gar nicht behandelt werden mußte.
Gerade für den internationalen Vergleich von Entwicklungstendenzen der Kriminalität wäre ein Meßinstrument, das nicht nur zählt, sondern die einzelnen Fälle entsprechend gewichtet, von besonderer Bedeutung. Zweifelhaft erscheint jedoch, ob man z. B. einen Totschlag mit dem Wert von x-Beleidigungen gleichsetzen kann (vgl. *Kerner* 1975, 166–169).

3.1.2 Zu der Tabelle 3 ist schließlich noch anzumerken, daß sie mit absoluten Zahlen arbeitet. So ist die Ausgangszahl von 2.919.390 Straftaten im Jahre 1975 verglichen mit den 1.678.840 Straftaten im Jahre 1963 besonders hoch. Der Anstieg der registrierten Kriminalität ist freilich nicht mehr ganz so extrem, wenn man gleichzeitig die Entwicklung der Bevölkerungszahl von knapp 58 Millionen (1963) auf knapp 62 Millionen (1975) berücksichtigt. Absolute Zahlen haben insoweit einen vergleichsweise geringen Aussagewert, aussagekräftiger sind demgegenüber **Häufigkeitszahlen**. Die Häufigkeitszahl gibt die Summe der registrierten Straftaten auf 100 000 Einwohner wieder. Im **Schaubild 1** sind die Entwicklung der registrierten Straftaten in absoluten Zahlen und die Veränderung der Bevölkerungszahl aufgeführt. In diese graphische Darstellung ist die jeweilige Häufigkeitszahl hineinprojiziert, um das Ansteigen der polizeilich bekanntgewordenen Kriminalität optisch deutlicher hervortreten zu lassen.
Gemessen an der Häufigkeitszahl zeigt sich mit Ausnahme des Jahres 1973 seit 1963 (dem ersten Jahr, in dem die Verkehrsdelikte in der Polizeilichen Kriminalstatistik nicht mehr aufgeführt sind) ein ständiges Ansteigen der Kriminalität. Die Steigerungsrate 1975 betrug gegenüber 1974 + 6,8% (1974–1973 = + 7,0%).

Tabelle 4
Häufigkeitszahl aller erfaßten Verbrechen und Vergehen

1963	1964	1965	1966	1967	1968	1969	1970	1971	1972	1973	1974	1975
2914	2998	3031	3213	3465	3588	3645	3924	3983	4171	4131	4419	4721

Quelle: Polizeiliche Kriminalstatistik

3.1.3 Die **Aufklärungsquote** (= Prozentsatz der aufgeklärten Fälle) ist demgegenüber ständig (ausgenommen 1973) gesunken. Betrug sie 1963 noch 55,5%, so war sie 1974 mit 45,6% und 1975 mit 44,8% deutlich niedriger. Die Aussagekraft dieser Zahlen ist jedoch äußerst gering, wie das

Beispiel des Diebstahls zeigt: 1975 sind Diebstähle unter erschwerenden Umständen zu 19,8%, Diebstähle ohne erschwerende Umstände zu 39,7% und darunter Diebstähle in und aus Warenhäusern, Verkaufsräumen und Selbstbedienungsläden (»Ladendiebstahl«) zu 91,1% aufgeklärt worden. Gerade die letzte Zahl deutet darauf hin, daß der Polizei nur ein ganz kleiner Teil der Ladendiebstähle bekanntgeworden ist, weil offensichtlich nur Fälle angezeigt werden, bei denen der Täter praktisch gleich »mitgeliefert« wird (*Sonnen* 1976 b).
Insgesamt sind von den 2.919.390 im Jahre 1975 bekanntgewordenen Straftaten 1.306.865 aufgeklärt worden. Die Zahl der Tatverdächtigen betrug 1.112.996. Eine Zeitreihe, die die erfaßten Fälle, die aufgeklärten Fälle, die Aufklärungsquote sowie die Zahl der Tatverdächtigen seit 1971 (dem ersten Jahr mit den heute geltenden veränderten Erfassungsmodalitäten) berücksichtigt, zeigt folgendes Bild:

Tabelle 5

Jahr	Erfaßte Fälle	Aufgeklärte Fälle	Aufklärungs- quote (%)	Tat- verdächtige
1971	2 441 413	1 142 209	46,8	1 000 841
1972	2 572 530	1 195 024	46,5	1 039 078
1973	2 559 974	1 201 861	46,9	1 023 129
1974	2 741 728	1 250 970	45,6	1 062 199
1975	2 919 390	1 306 865	44,8	1 112 996
1976	3 063 271	1 404 889	45,9	1 189 453

Quelle: *Polizeiliche Kriminalstatistik*

3.2 Die vom Statistischen Bundesamt Wiesbaden seit 1950 jährlich veröffentlichte **Rechtspflegestatistik** enthält eine besondere **Strafverfolgungsstatistik**. Eine entsprechende Statistik ist in den Jahren 1882–1936 und teilweise noch bis 1939 vom Statistischen Reichsamt geführt worden. Die Strafverfolgungsstatistik gibt Auskunft über die Zahl der Abgeurteilten und der Verurteilten. Sie berücksichtigt außerdem Kriterien wie z. B. Alter, Geschlecht, Vorstrafen, Arbeitslosigkeit, Täterschaft oder Teilnahme sowie Vollendung oder Versuch. Noch stärker als die Polizeiliche Kriminalstatistik ist sie bloßer Arbeitsnachweis (der Gerichte) und kann deswegen nur sehr begrenzt Aussagen über Umfang, Erscheinungsformen und Entwicklungstendenzen von Kriminalität machen. Unter dem Gesichtspunkt der Tätigkeit der Instanzen sozialer Kontrolle im Kriminalisierungsprozeß haben beide Statistiken jedoch durchaus ihre Bedeutung.
Für das Jahr 1974 weist die Strafverfolgungsstatistik die Zahl von 813.632 Abgeurteilten aus, von denen knapp 85,9% = 699.198 verurteilt worden sind. In diesen Zahlen sind allerdings auch die Vergehen im Straßenverkehr

enthalten. Ohne Straßenverkehrsvergehen sind 1974 insgesamt 381 797 Personen verurteilt worden. Verglichen mit der Zahl der in der Polizeilichen Kriminalstatistik erfaßten Tatverdächtigen beträgt damit die Zahl der Verurteilten knapp 36%. Die Entwicklung der Straffälligkeit nach der Zahl der Verurteilten zeigt die folgende Übersicht:

Tabelle 6
Verurteilte

Jahr	insgesamt	Ohne Vergehen im Straßenverkehr
1970	643 285	335 187
1971	668 564	346 398
1972	690 861	360 799
1973	698 912	363 277
1974	699 198	381 797
1975	664 536	367 261

Quelle: Statistisches Bundesamt

Die Zahl der wegen Verbrechen und Vergehen Verurteilten hat also ständig zugenommen. Diese Entwicklung wird auch durch die Verurteiltenziffer (= Zahl der Verurteilten auf 100 000 strafmündige Personen) im wesentlichen bestätigt.

Tabelle 7
Verurteiltenziffern

Jahr	1970	1971	1972	1973	1974
insgesamt	1346	1401	1431	1434	1419
Ohne Vergehen im Straßenverkehr	701	726	747	746	775

Quelle: Statistisches Bundesamt

Interessant ist, daß die Verurteiltenziffern in den Jahren 1894/98 mit 1.144 und in den Jahren 1904/08 mit 1.123 auch schon über 1.100 lagen (*Kaiser* 1976, 162).

3.3 Vergleicht man die Aussagekraft der Polizeilichen Kriminalstatistik und der Strafverfolgungsstatistik (die seit 1961 durch die Strafvollzugs- und seit 1963 durch die Bewährungshilfestatistik ergänzt wird), so ergeben sich auf beiden Seiten Plus- und Minuspunkte. Die Hauptvorzüge hat *Brauneck* (1974, 37) gegenübergestellt und dabei Vorteile für die Polizeiliche Kriminalstatistik festgestellt. Über den Gesamtumfang der Kriminalität kann man sich eher ein Bild aufgrund der Polizeilichen Kriminalstatistik machen, weil sie tatnäher ist, der Ausfilterungsprozeß also erst zum Teil inganggesetzt worden ist (*Kerner* in: *Jung* 1975, 96). Rechtlich zuverlässiger sind dagegen die Angaben der Strafverfolgungsstatistik. So ist z. B. das Verhalten des Jugendlichen Z im Aktenfall von der Polizei als räuberischer Angriff auf Kraftfahrer (§ 316 a StGB) gewertet und dementsprechend registriert worden, während Z aufgrund der Verurteilung wegen Hehlerei (§ 259 StGB) in der Strafverfolgungsstatistik unter der Rubrik »Andere Vermögensdelikte« erscheint.

Bei der Arbeit mit der Polizeilichen Kriminalstatistik ist das Problem der rechtlichen Einordnung (Definitionsproblem) ebenso zu berücksichtigen wie die Tatsache, daß die Kriminalstatistik nur ein von Anzeigebereitschaft und Verfolgungsintensität abhängiges Bild von Kriminaltiät zeichnen kann, bei dem der Bereich des Dunkelfeldes ausgeblendet bleibt. Immerhin wird der Polizeilichen Kriminalstatistik bei kritischer Würdigung und Beschränkung auf einzelne zentrale Deliktsbereiche eine starke Indizwirkung für die Kriminalitätswirklichkeit nicht abgesprochen werden können (*Kerner* 1973, 189 f). Inwieweit das auch für die Bereiche der Gewalt- und der Jugendkriminalität gilt, sollen die beiden folgenden Lernschritte zeigen.

LS 4: Entwicklungstendenzen der Gewaltkriminalität

4.1 Im Aktenfall sind S, B und Z eines gemeinschaftlich begangenen Autostraßenraubs verdächtig. Raub und räuberische Erpressung gehören neben dem räuberischen Angriff auf Kraftfahrer zur Gruppe der Raubdelikte, die zur **Gewaltkriminalität** rechnen, auch wenn es dafür keinen verbindlichen Begriff gibt und vielleicht auch wegen der sich ständig wandelnden Auslegung in Rechtsprechung und Lehre (vgl. *Calliess* 1974) nicht geben kann. Als Gewaltdelikte gelten außerdem die vorsätzlichen Tötungs- und Körperverletzungsdelikte, Vergewaltigung und Straftaten wie z. B. Menschenraub, Verschleppung, Kindesentziehung, Entführung, Freiheitsberaubung, Geiselnahme und Flugzeugentführung. Neben der politisch motivierten Gewaltanwendung sind in der Öffentlichkeit die Entwicklungstendenzen der Raubkriminalität stark beachtet worden, wofür die eingangs erwähnten Schlagzeilen in der Presse wie »24,5% mehr Raubdelikte – Brutalität nahm zu« und »Zunahme der Raubtaten war 1974 besorgniserregend und spektakulär« Indiz sind.

4.2 In der Tat weist die Polizeiliche Kriminalstatistik (mit wenigen Ausnahmen) ein ständiges Ansteigen von Raub, räuberischer Erpressung und räuberischem Angriff auf Kraftfahrer aus.

Tabelle 8
Raub, räuberische Erpressung und räuberischer Angriff auf Kraftfahrer

Jahr	Erfaßte Fälle	proz. Steigerungsrate gegen Vorjahr	Tatverdächtige	Prozentanteil der Jugendlichen
1963	6721	+ 4,9	5100	12,6
1964	7218	+ 7,4	5468	13,4
1965	7655	+ 6,1	5775	12,4
1966	9010	+17,7	7275	14,5
1967	9784	+ 8,6	7762	14,8
1968	9737	− 0,5	8099	16,8
1969	11503	+18,1	9913	17,7
1970	13230	+15,0	10603	16,5
1971	15531	+17,4	12437	18,3
1972	18786	+21,0	14556	19,9
1973	18274	− 2,7	14619	19,3
1974	18965	+ 3,8	14728	19,1
1975	20362	+ 7,4	16501	19,2

Quelle: *Polizeiliche Kriminalstatistik 1975, 131 und 149*

Diese Entwicklung zeigt sich auch in der Verurteiltenziffer der Strafverfolgungsstatistik.

Tabelle 9
Verurteiltenziffer bei Raub, räuberischer Erpressung und räuberischem Angriff auf Kraftfahrer

Jahr	1968	1969	1970	1971	1972	1973	1974	1975
Verurteiltenziffer	6,0	6,2	6,5	7,0	8,3	8,9	9,2	...

Quelle: *Statistisches Bundesamt*

Im Vergleich dazu betrug die entsprechende Zahl der gerichtlichen Verurteilungen auf 100000 strafmündige Einwohner (bei freilich nicht immer einheitlichen Erfassungsmodalitäten)

1900 = 1,1
1910 = 1,5
1920 = 3,2
1930 = 2,1

1950 = 3,1
1960 = 5,9

(Kürzinger in Kaiser/Sack/Schellhoss 1974, 117)

Unter den Begehungsformen des Raubes überwiegen 1975 der Handtaschenraub mit 3.182, der Zechanschlußraub mit 1.625 und der Raubüberfall auf Zahlstellen und Geschäfte mit 848 Fällen. Es folgen Raubüberfälle auf Geldinstitute und Poststellen mit 376 Fällen (und einer Steigerungsrate von 41,4% gegenüber 1974) vor räuberischen Angriffen auf Kraftfahrer (325) und Raubüberfällen auf Geld- und Werttransporte (125). Zu berücksichtigen ist dabei, daß der ohnehin schon relativ hohe Anteil der 14 bis unter 18-jährigen Tatverdächtigen mit über 19% bei einem Bevölkerungsanteil von 5,8% beim Handtaschenraub mit knapp 30% besonders hoch ist. In diesem Fall kommt noch ein Kinderanteil von 10,7% hinzu, so daß Minderjährige fast die Hälfte aller Tatverdächtigen stellen.

Versucht man das Ansteigen der Raubdelikte zu erklären, müssen zwei verschiedene Betrachtungsweisen unterschieden werden. Die statistischen Steigerungen können darauf zurückzuführen sein, daß infolge größerer Empfindlichkeit der Bevölkerung gegenüber Äußerungen von Gewalt die Anzeigebereitschaft gewachsen ist. Damit läßt sich sicherlich ein Teil des Kriminalitätsanstieges erklären. Es gibt jedoch umgekehrt keinen empirischen Nachweis, daß die Steigerungsraten ausschließlich auf veränderten gesellschaftlichen Einstellungen beruhen (*Kerner* in: *Jung* 1975, 99). Bei allen Zweifeln, ob der registrierte Anstieg der Raubdelikte der Wirklichkeit entspricht, läßt sich eine Indizwirkung nicht leugnen, so daß die Frage nach den Entstehungszusammenhängen (ansteigender) Gewaltkriminalität zu stellen ist. Erklärt wird das Ansteigen mit aufgestauten Aggressionen, für die die Gewaltdelikte ein Ventil sind (*Schneider* 1976, 257), und mit dem durch die Massenkommunikationsmittel gefördertem Erlernen aggressiver Verhaltensweisen (*Brauneck* 1974, 82) bei gleichzeitiger »seelischer Versteppung« (*Brunner* 1974, 381). Im Zusammenhang mit dem relativ hohen Anteil Minderjähriger wird auf den »männlich-kriegerischen Charakter« des Raubes hingewiesen (*Brauneck* 1974, 81). Mit dieser Erklärung darf die Diskussion um die Entstehungszusammenhänge der Gewaltkriminalität jedoch nicht beendet werden. Vielmehr ist zu fragen, ob, wie und warum Zielvorstellungen und Werte wie »männlich« und »kriegerisch« vermittelt werden. Nach einer Betrachtung der Entwicklungstendenzen der Jugendkriminalität ist deswegen auf den Sozialisationsprozeß und seine Bedeutung für das Entstehen kriminellen Verhaltens (anhand des Aktenfalls) einzugehen.

LS 5: Amtlich bekanntgewordene Jugendkriminalität

5.1 Von den 1.112.996 im Jahre 1975 ermittelten Tatverdächtigen waren 219.171 noch minderjährig (= 19,7%). Im einzelnen betrug der Anteil männlicher Jugendlicher 11,4% und der Anteil weiblicher Jugendlicher 2,1%. Bei den Kindern waren Jungen mit 5,2% und Mädchen mit 1,0% an der Gesamtzahl der Tatverdächtigen beteiligt. Die Heranwachsenden (=

Gruppe der 18- bis unter 21-jährigen) stellten 12,8% Tatverdächtige. Aussagekräftig werden diese Zahlen allerdings erst, wenn man die Altersstruktur der Bevölkerung berücksichtigt: Jugendliche waren bei einem Bevölkerungsanteil von 5,8%[2] mit 13,5% und Heranwachsende bei einem Bevölkerungsanteil von 4%[2] mit 12,8% an der polizeilich registrierten Kriminalität überproportional beteiligt. Obwohl der Anteil der 14- bis 20-jährigen an der Gesamtbevölkerung weniger als 10% ausmacht, gehören über 26% der Tatverdächtigen zu dieser Altersgruppe. Während im vergangenen Jahrhundert der Anteil der Jugendlichen an der registrierten Kriminalität nicht einmal ihrem Bevölkerungsanteil entsprach (*Kaiser* 1977, 70), ist in diesem Jahrhundert der Umfang der Jugendkriminalität überproportional gestiegen, bis der Anteil Jugendlicher und Heranwachsender schließlich 1954 = 14,9%, 1963 = 18,2% und 1972 = 27,5% betrug. Die Entwicklung seit 1971 zeigt folgende Tabelle.

Tabelle 10
Altersgruppen der Tatverdächtigen in %

	1975	1975	1794	1973	1972	1971
Kinder	58 364 =	6,2	6,7	7,1	6,9	7,1
Jugendliche	150 015 =	13,5	13,4	13,8	14,5	14,1
Heranwachsende	142 195 =	12,8	12,3	12,4	13,0	13,1
Erwachsene	751 630 =	67,5	67,6	66,8	65,7	65,7

Quelle: Polizeiliche Kriminalstatistik

Ergänzend ist anzumerken, daß weibliche Tatverdächtige 1975 mit 17,5% beteiligt waren (bei Kindern mit 15,6%, bei Jugendlichen mit 15,3%, bei Heranwachsenden mit 13,1% und bei Erwachsenen mit 19,0%), wobei der Diebstahl ohne erschwerende Umstände mit 30,6% deutlich über diesem Durchschnittswert lag[3].
Der Tabelle ist ferner zu entnehmen, daß jeder dritte Tatverdächtige zu der Gruppe der Kinder, Jugendlichen und Heranwachsenden gehört. Bei den einzelnen Straftaten und Straftatengruppen sind **Kinder** bei Brandstiftung (mit 27,4%), bei Erpressung (mit 13,7%) und bei Sachbeschädigung (mit 13,2%), **Jugendliche** bei Diebstahl unter erschwerenden Umständen (mit 27,3%), Sachbeschädigung (mit 21,1%) und bei Raub, räuberischer Erpressung, Autostraßenraub (mit 19,2%) sowie **Heranwachsende** bei den Rauschgiftdelikten (mit 36,4%), bei Diebstahl unter erschwerenden Umständen (mit 22,5%) und bei Raub, räuberischer Erpressung, Autostraßenraub (mit 21,0%) überrepräsentiert.
Insgesamt ist die Gruppe der tatverdächtigen Kinder, Jugendlichen und Heranwachsenden bei den beiden Delikten Diebstahl unter erschwerenden Umständen und Sachbeschädigung auch absolut stärker als die der Erwachsenen.

Tabelle 11
Straftaten(gruppen) mit besonders hohen Anteilen von Kindern, Jugendlichen und Heranwachsenden

		Erwachsene
1. Diebstahl unter erschwerenden Umständen	58,8%	41,2%
2. Sachbeschädigung	51,8%	48,2%
3. Rauschgiftdelikte	49,9%	50,1%
4. Raub, räuberische Erpressung und räuberischer Angriff auf Kraftfahrer	47,5%	52,5%
5. Brandstiftung	43,6%	56,4%
6. Diebstahl ohne erschwerende Umstände	41,4%	58,6%

Quelle: Polizeiliche Kriminalstatistik 1975, 29

5.2 Ein entsprechend hoher Anteil Jugendlicher und Heranwachsender wird auch in der Strafverfolgungsstatistik ausgewiesen. So waren 1974 an den wegen Diebstahls unter erschwerenden Umständen Verurteilten Jugendliche zu 32,6%, Heranwachsende zu 22,6% und Erwachsene zu 44,8% beteiligt. Auch bei Raub, räuberischer Erpressung und Autostraßenraub lag die Verurteiltenquote der Jugendlichen mit 28,6% und die der Heranwachsenden mit 24,8% zusammen über der der Erwachsenen (= 46,6%). Wie weit in diesen beiden Deliktsbereichen Jugendliche und Heranwachsende überrepräsentiert sind, zeigt ein Vergleich mit der durchschnittlichen Altersstruktur der Verurteilten: Unter allen im Jahre 1974 wegen Verbrechen und Vergehen Verurteilten befanden sich 8,6% Jugendliche, 12,4% Heranwachsende und 79% Erwachsene.
Für eine vergleichende Analyse sind jedoch die Verurteiltenziffern mit ihrem Bezug auf jeweils 100.000 Einwohner der entsprechenden Personengruppe aussagekräftiger. 1974 betrug die Verurteiltenziffer (ohne Vergehen im Straßenverkehr) bei Jugendlichen 1.338 und bei Heranwachsenden 1.918, bei Erwachsenen dagegen nur 661. Berücksichtigt man lediglich die männlichen Verurteilten, so lauten die Verurteiltenziffern 2.212 und 3.290 zu 1.149.
Im Bereich der für den Aktenfall interessanten Raubdelikte soll die Entwicklung der Jugendkriminalität exemplarisch anhand der Verurteiltenziffern aufgezeigt werden:

Tabelle 12
Verurteiltenziffer bei Raub, räuberischer Erpressung und Autostraßenraub

Jahr	Von 100 000 jugendlichen Einwohnern wurden verurteilt	heranwachsenden	erwachsenen
1969	24,1	28,9	3,5
1970	25,9	33,1	3,4
1971	25,8	36,0	3,9
1972	34,8	42,7	4,3
1973	35,4	44,3	4,7
1974	36,0	44,4	4,9
1975	...	...	...

Quelle: Statistisches Bundesamt

In diesem Deliktsbereich zeichnet sich also ein kontinuierlicher Anstieg registrierter Jugendkriminalität ab.

Wie groß der Umfang der registrierten Jugendkriminalität ist, läßt sich mittelbar der Tatsache entnehmen, daß bis zum Ende des 24. Lebensjahrs jeder dritte männliche Einwohner der Bundesrepublik Deutschland mindestens einmal ein Verbrechen oder Vergehen begangen hat und deswegen auch verurteilt worden ist (*Kaiser* 1977, 80). Diese Einschätzung ergibt sich aus den in der Strafverfolgungsstatistik ausgewiesenen Zahlen, u. z. aus den jeweiligen Zuwachsraten der erstmals Straffälligen (*Kaiser* a.a.O.).

Der Anstieg der Jugendkriminalität nach 1955 ist zum Teil damit erklärt worden, daß bei den betreffenden Jugendlichen die besonders wichtige Phase frühkindlicher Entwicklung in die Zeit des zweiten Weltkrieges fiel. Nach dieser Theorie der »delinquent generations« (*Wilkins* 1960) wäre für die Nachkriegsjahrgänge ein Rückgang der Kriminalitätsbelastung zu erwarten gewesen, eine Entwicklung, die aber gerade nicht eingetreten ist, sondern genau gegenläufig war und ist.

Dieses Phänomen soll bei gleichbleibender Gesamtkriminalität auf eine der biologischen Entwicklungsbeschleunigung vergleichbare Vorverlagerung der Spitze der Kriminalitätsbelastung auf die 14- bis 20-jährigen zurückzuführen sein (*H. Kaufmann* 1965). Dieser Erklärungsansatz würde an Bedeutung gewinnen, könnte davon ausgegangen werden, daß sich die Praxis der Instanzen sozialer Kontrolle im Vergleichszeitraum nicht verändert hat und somit den Verurteiltenziffern eine gleichbleibend verläßliche Indizwirkung für die Entwicklungstendenzen von Kriminalität nicht abgesprochen werden kann. Diese Voraussetzung ist jedoch nicht gegeben, wie sich an folgendem Beispiel nachweisen läßt:

Im Jahre 1974 betrug der prozentuale Anteil der Jugendlichen bei Raub, räuberischer Erpressung und Autostraßenraub bei den Tatverdächtigen 19,1%, bei den Verurteilten dagegen 28,6%. Den insgesamt 14.728 Tatverdächtigen stehen 4.531 Verurteilte (= 30,7%) gegenüber, bei den Jugendlichen beträgt die Relation jedoch 46,1% (2.806 zu 1.296). Trotz methodischer Bedenken gegenüber einem solchen Vergleich, läßt es sich nicht ausschließen, daß durch die Tätigkeit der Instanzen sozialer Kontrolle der Anteil jugendlicher Straftäter auf dem Weg von der Anzeige bis zur Verurteilung prozentual immer größer wird. Außerdem muß beachtet werden, daß die (polizeiliche) Aufklärungsquote von Jahr zu Jahr bis auf 44,8% (1975) gesunken ist. Bei Diebstahl unter erschwerenden Umständen betrug die Aufklärungsquote 1975 sogar nur noch 19,8%. Da Jugendliche im allgemeinen leichter überführt werden als erwachsene Straftäter (*Kaiser* 1977, 88), wirkt sich eine rückläufige Aufklärungsquote zu ihrem Nachteil aus.

Damit steht fest, daß der Kriminalitätsanstieg bei Jugendlichen (zumindest zum Teil) lediglich das Produkt einer stärkeren formellen Sozialkontrolle ist. Im Zusammenhang mit der Frage nach der Meßbarkeit von Kriminalität und dem Aussagewert amtlicher Statistiken stellt sich nach den Problemen »Dunkelfeld« und »Definition« als drittes Problem die Frage nach der »Selektion«.

LS 6: Negativer Ausleseprozeß

6.1 Daß die registrierte Kriminalität kein Spiegelbild sozialer Wirklichkeit von Kriminalität sein kann, sondern eine von der Tätigkeit der Instanzen sozialer Kontrolle abhängige Größe ist, zeigt folgender Ausfilterungsprozeß:
Von der Bevölkerung wird jährlich eine Gesamtmenge mit Strafe bedrohter Handlungen begangen. Von dieser Gesamtmenge »Kriminalität« entfällt die Teilmenge, die gar nicht wahrgenommen wird, weil z. B. Bestohlene oder Betrogene nicht merken, daß sie bestohlen bzw. betrogen worden sind. Von den wahrgenommenen Handlungen werden einzelne vom Opfer oder von Dritten nicht als Straftat bewertet, von den als strafbar erkannten Taten viele nicht angezeigt oder privat erledigt (z. B. im Wege von Betriebsjustiz). Die der Polizei aufgrund von Anzeigen oder infolge eigener Beobachtung bekanntgewordenen und in der Polizeilichen Kriminalstatistik registrierten Straftaten vermindern sich um die über 50% der nicht aufgeklärten Fälle. Auf dem Wege vom Tatverdächtigen zum Beschuldigten, vom Beschuldigten zum Angeschuldigten (nach Erhebung der öffentlichen Klage), vom Angeschuldigten zum Angeklagten (nach Eröffnung des Hauptverfahrens), vom Angeklagten zum Abgeurteilten und Verurteilten und schließlich vom Verurteilten zum Strafgefangenen scheiden immer mehr Personen aus dem Prozeß der Strafverfolgung aus. – Diesen hier nur aufrißartig skizzierten Ausfilterungsprozeß hat *Kerner* ausführlich in seinem Band »Verbrechenswirklichkeit und Strafverfolgung« (1973) beschrieben und durch Schaubilder (S. 25 f und 173–175) verdeutlicht.

6.2 Welche soziale Bedeutung diesem Ausfilterungsprozeß zukommt, macht die folgende Tabelle klar:

Tabelle 13
Ausfilterungsprozeß in der Strafverfolgung (ohne Vergehen im Straßenverkehr)

	1973	1974	1975
1. Einwohnerzahl	61 967 200	62 040 900	61 832 200
2. Gesamtmenge aller tatsächlich begangenen Verbrechen und Vergehen Geschätzt nach *Schwind* (1975) Geschätzt nach *Kerner* (1973)		ca. 33 000 000 20 000 000 bis 45 000 000	
2. Polizeilich bekanntgewordene Fälle (1)	2 559 974	2 741 728	2 919 390
3. Aufgeklärte Fälle (1)	46,9% = 1 201 861	45,6% = 1 250 970	44,8% = 1 306 865
4. Tatverdächtige (1)	1 023 129	1 062 199	1 112 996
5. Verurteilte (2)	363 277	381 797	367 261
6. Strafgefangene und Sicherungsverwahrte (auch aufgrund von Vergehen im Straßenverkehr (3) a) Einweisungen insgesamt b) Einsitzende am 31. 3.	61 578 35 974	63 643 36 763	34 608
ohne Straftaten im Straßenverkehr	26 273	27 056	25 579

Quelle: (1) *Polizeiliche Kriminalstatistik 1973–1975*
(2) *Statistisches Bundesamt Wiesbaden, Bevölkerung und Kultur. Reihe 9 (Rechtspflege) II. Strafverfolgung 1973–1975*
(3) *Reihe 9 (Rechtspflege) III. Strafvollzug 1973–1975*

Besonders auffällig sind die Differenz von 1.8 Millionen zwischen den bekanntgewordenen Fällen und der Zahl der Tatverdächtigen sowie die Differenz von über 600.000 zwischen der Zahl der Tatverdächtigen und der Zahl der Verurteilten.
Hier könnten Schaltstellen sein, an denen sich das Handeln der Instanzen sozialer Kontrolle zum Nachteil sozial schwächerer Schichten auswirkt. Angesprochen ist damit das Problem der schichtenspezifischen Selektivität der Strafverfolgung.

6.3 Ausgangspunkt ist die Überlegung, daß die Einwohner der Bundesrepublik Deutschland nach ihrer beruflichen Position (insbesondere im Hinblick auf Einfluß- und Entscheidungsmöglichkeiten am Arbeitsplatz), nach ihrer Ausbildung und nach Einkommen und Vermögen unterschiedlich sind. Ein am Beruf orientiertes Schichtenmodell haben *Lautmann* und *D. Peters* (1973) vorgestellt:

Oberschicht	= 1%	(z. B. Vorstandsmitglieder großer Aktiengesellschaften)
obere Mittelschicht	= 6%	(z. B. Ärzte, Professoren)
mittlere Mittelschicht	= 14%	(z. B. Inspektoren)
untere Mittelschicht	= 29%	(z. B. Verkäufer)
obere Unterschicht	= 29%	(z. B. Facharbeiter)
untere Unterschicht	= 17%	(z. B. Hilfsarbeiter)
Deklassierte	= 4%	(z. B. Stadt- und Landstreicher)

Unter den von der Polizei innerhalb eines bestimmten Beobachtungszeitraums wegen Diebstahls ermittelten Tatverdächtigen waren Unterschichtangehörige mit 95% (obere Unterschicht = 30%, untere Unterschicht und Deklassierte = 65%) weit überrepräsentiert (*D. Peters 1971*). Aus diesem Zahlenmaterial ließe sich folgern, daß Unterschichtangehörige eben tatsächlich so sehr viel mehr Diebstähle begehen.
Diese Folgerung steht jedoch im Widerspruch zu empirisch gesicherten Erkenntnissen. Zwischen sozialer Schicht und Kriminalität besteht nur ein geringer Zusammenhang (*Kaiser/Villmow* 1973, 33). Die registrierte Kriminalitätsbelastung von Unterschichtangehörigen ist weit überhöht, wie sich mithilfe der Dunkelfeldforschung aufzeigen läßt. Hinsichtlich der Schichtzugehörigkeit besteht also eine Diskrepanz zwischen den von den Instanzen sozialer Kontrolle erfaßten und den im Wege der Dunkelfeldforschung identifizierten Tätern. Diese Diskrepanz läßt sich nur mit der Selektivität der Strafverfolgung zum Nachteil von Angehörigen unterer sozialer Schichten erklären. In ihrer empirischen Untersuchung über den Einfluß sozialer Merkmale von Tätern und Opfern auf das Strafverfahren haben *Blankenburg* und *Steffen* (1975) die schichtenspezifische »Verteilung des negativen Gutes Kriminalität« mit der innerhalb der Instanzen sozialer Kontrolle von Stufe zu Stufe stärker werdenden Ungleichverteilung nachgewiesen.
Auf welchen Ebenen die Gefahr der Negativauswahl zu Lasten von Unterschichtangehörigen besteht, soll am praktischen Fall in den folgenden Lerneinheiten erörtert werden. Hier ging es zunächst nur darum, darauf hinzuweisen, daß die Polizeiliche Kriminalstatistik und die Strafverfolgungsstatistik lediglich ein schichtenspezifisch verzerrtes Bild von Kriminalität zeichnen können. Gleichzeitig sollte das Problem der »Gleichheit im Unrecht« auch auf der Ebene der Gesetzesanwendung angesprochen werden, nachdem es zuvor auf der Gesetzgebungsebene diskutiert worden ist.

LS 7: Erfolgskontrolle

Will man angesichts des tatsächlichen (und nicht nur des registrierten) Umfangs von Kriminalität Gleichheit und Gerechtigkeit verwirklichen, bleiben nur die beiden Möglichkeiten, entweder niemanden oder aber alle Täter zu bestrafen. Die erste Lösung wäre denjenigen gegenüber ungerecht, die keine Normen verletzt haben. Die zweite Lösung würde angesichts der Größe des Dunkelfeldes zu einem Zusammenbruch des Normen- und Sanktionssystems führen, weil die Bereitschaft zu normgemäßem Verhalten nachläßt je stärker die Sanktion ihren Ausnahmecharakter verliert (*Popitz* 1965). Zur Aufrechterhaltung des bestehenden Normensystems ist also die Bestrafung relativ weniger Täter erforderlich und ausreichend, die damit als »Sündenböcke« ein Opfer für die Gesellschaft erbringen. Diesen Gedankengang hat *Lüderssen* (1972) aufgegriffen und aus Resignation gegenüber der Größe des Dunkelfeldes (und nicht etwa, um die Selektivität der Strafverfolgung zu rechtfertigen) als Ausgleich wenigstens eine erheblich gesteigerte gesellschaftliche Mitverantwortung gegenüber den Bestraften und daraus resultierend eine Humanisierung der Strafrechtspflege gefordert.

o **Lesen Sie:** *Lüderssen,* Strafrecht und »Dunkelziffer«, 1972 (erneut abgedruckt in: *Lüderssen/Sack (Hrsg.),* Seminar: Abweichendes Verhalten I, Die selektiven Normen der Gesellschaft, 1975, 244–267).

LS 8: Motivationsversuch

zu LS 2: • *Sack,* Dunkelfeld, in: *Kaiser/Sack/Schellhoss (Hrsg.),* Kleines Kriminologisches Wörterbuch, 1974, 64–70
    o *Schwind u. a.,* Dunkelfeldforschung in Göttingen 1973/74, BKA-Forschungsreihe, 1975, 13-52 und 215-233

zu LS 3: • *Sellin,* Die Bedeutung von Kriminalitätsstatistiken, in: *Sack/König (Hrsg.),* Kriminalsoziologie, 1968, 41–59
   • *Kerner,* Kriminalstatistik, in: *Kaiser/Sack/Schellhoss (Hrsg.),* Kleines Kriminologisches Wörterbuch, 1974, 189-196

zu LS 4: • *Kürzinger,* Gewaltkriminalität, in: *Kaiser/Sack/Schellhoss (Hrsg.),* Kleines Kriminologisches Wörterbuch, 1974, 116–122

zu LS 5: • *Kaiser,* Bedeutung jugendrechtlicher Konzepte für die registrierte Jugendkriminalität, in: Strategien und Prozesse strafrechtlicher Sozialkontrolle, 1972, 32–70

zu LS 6: • *Kerner,* Verbrechenswirklichkeit und Strafverfolgung, 1973, 19–26 und 170–175

- *Lautmann/D. Peters*, Ungleichheit vor dem Gesetz: Strafjustiz und soziale Schichten, Vorgänge – Zeitschrift für Gesellschaftspolitik, 1973, 45-55

o *Blankenburg/Steffen*, Der Einfluß sozialer Merkmale von Tätern und Opfern auf das Strafverfahren, in: *Blankenburg (Hrsg.)*, Empirische Rechtssoziologie, 1975, 248–268

o *Haferkamp*, Zur Schichtverteilung der Kriminalisierung, KrimJ 1975, 48–55. (Weitere Diskussionsbeiträge zum Thema »Instanzen sozialer Kontrolle« in demselben Heft).

---

1 Jeder zweite Student gab die Benutzung öffentlicher Verkehrsmittel ohne Bezahlung, jeder dritte einen Ladendiebstahl und jeder vierte eine Unfallflucht zu.
2 Berechnet nach der Rechtspflegestatistik 1974, 31
3 Allgemein zum Thema Frauenkriminalität Dürkop/Hardtmann 1974.

VORBEMERKUNGEN zu dem in den LE 4–6 behandelten Aktenfall

1. In den ersten Lerneinheiten sind zwei Schwerpunkte gesetzt worden:
Der Standort von Rechtsnormen im sozialen Normengefüge und der Aufgabenbereich des Strafrechts mit den Konsequenzen für eine Kriminalisierung bzw. Entkriminalisierung bestimmter Verhaltensweisen sind zunächst erörtert worden, weil Strafrechtsnormen die Richtschnur für die Beurteilung bilden, ob ein Verhalten kriminell zu nennen ist.
Anschließend bildeten Umfang, Erscheinungsformen und Entwicklungstendenzen von Kriminalität als einem Teilausschnitt abweichenden Verhaltens einen zweiten Schwerpunkt.
Als dritter Schwerpunkt soll die soziale Reaktion auf abweichendes Verhalten exemplarisch mithilfe eines Aktenfalles behandelt werden.

2. In diesem Original-Aktenfall sind lediglich die Namen, Anschriften und Aktenzeichen verändert bzw. unkenntlich gemacht worden, und zwar auch dort, wo es nicht unbedingt erforderlich gewesen wäre.
Dieser Fall besteht aus folgenden acht Teilen:

I. Anklageschrift gegen S und B vom 14.3.1973
II. Bericht der Jugendgerichtshilfe in der Strafsache gegen B vom 25.7.1973
III. Urteil gegen S und B vom 3.12.1973
IV. Urteil des Bundesgerichtshofes in der Strafsache gegen S und B vom 3.9.1974
V. Urteil gegen B vom 25.9.1975
VI. Anklageschrift gegen Z vom 29.1.1974
VII. Bericht der Jugendgerichtshilfe in der Strafsache gegen Z vom 21.1.1974
VIII. Urteil gegen Z vom 12.3.1974

• 3. **Arbeitshinweis:** Lesen Sie zunächst den gesamten Aktenfall, um sich einen Überblick zu verschaffen.
4. **Zitierweise:** In den folgenden Lerneinheiten wird die Akte nach dem jeweiligen Teil und der jeweiligen Seitenzahl zitiert. Das Zitat II/3 weist also auf den Bericht der Jugendgerichtshilfe in der Strafsache gegen B vom 25.7.1973, Seite 3, hin.

Staatsanwaltschaft 1 Berlin 21, den 14. Mai 1973
bei dem Landgericht Berlin Turmstraße 91
Fernruf: 394011

3 Ve KLs .../73 505 – .../73

An das
Landgericht Berlin Haft!
– große Strafkammer – Heranwachsender zu 2.

Anklageschrift
1. Der Koch S., geboren am 9. November 1951 in Berlin, wohnhaft in 1 Berlin 26 (Wittenau), ...
Deutscher, geschieden,
bestraft,
– Strafregisterauszug liegt vor –

– in dieser Sache vorläufig festgenommen am 6. März 1973 und auf Grund des Haftbefehls des Amtsgerichts Tiergarten vom 7. März 1975 – 349 Gs .../73 – seitdem in Untersuchungshaft in der Untersuchungshaft- und Aufnahmeanstalt Moabit – Gef. Buch-Nr. .../73 –

Verteidiger: Rechtsanwalt P.,
Berlin 27, Berliner Str. 40

2. Der Stahlformenbauer B., geboren am 25. Januar 1953 in Berlin, wohnhaft in 1 Berlin 27 (Tegel), ...
Deutscher, ledig,
nicht bestraft,
– Strafregisterauszug liegt vor –

gesetzliche Vertreter: Eltern E. B. und U. B., geb. A.,
Berlin 27,

in dieser Sache vorläufig festgenommen am 1. März 1973; am 2. März 1973 erging gegen B. Haftbefehl des Amtsgerichts Tiergarten – 380 Gs .../73, dessen Vollzug jedoch durch den Haftverschonungsbeschluß des Amtsgerichts Tiergarten vom gleichen Tage ausgesetzt wurde. Auf Grund des Beschlusses des Landgerichts Berlin vom 29. März 1973 – 505 Gs .../73 wurde der Haftverschonungsbeschluß des Amtsgerichts Tiergarten vom 2. März 1973 – 380 Gs .../73 – aufgehoben und B. am 6. April 1973 erneut festgenommen und befand sich seitdem in der Untersuchungshaft- und Aufnahmeanstalt Berlin-Moabit, 1 Berlin 21,

Alt-Moabit 12 a, Gef.-Buch-Nr. . . ./73 bis 19. April 1973 und ist seitdem auf Grund des weiteren Haftverschonungsbeschlusses des Amtsgerichts Tiergarten vom 19. April 1973 – 349 Gs . . ./73 – mit dem weiteren Vollzug der Untersuchungshaft verschont –

Verteidiger: Rechtsanwalt Dr. W. , Berlin 15, Kurfürstendamm

werden angeklagt,

in Berlin
am 9. Januar 1973 gegen 00.15 Uhr,
und zwar der Angeschuldigte B. als Heranwachsender,

gemeinschaftlich handelnd

durch eine und dieselbe Handlung

1. mit Gewalt gegen eine Person eine fremde bewegliche Sache einem anderen in rechtswidriger Zueignungsabsicht weggenommen zu haben, wobei die Tat auf einer Straße begangen wurde,
2. zur Begehung eines Raubes einen Angriff auf Leib und Leben eines Mitfahrers in einem Kraftfahrzeug unter Ausnutzung der besonderen Verhältnisse des Straßenverkehrs unternommen zu haben.

Die Angeschuldigten erboten sich, den Zeugen R. in dem PKW NSU – polizeiliches Kennzeichen B- . . . . . . des Angeschuldigten B. von einem Lokal im Tegel-Center nach Hause zu fahren. Etwa in der Holzhauser Straße/Nähe am Nordgraben verlangsamte der Angeschuldigte B. auf Geheiß des Angeschuldigten S. die Geschwindigkeit des von ihm gelenkten Pkw's B- . . . . . ., während der Angeschuldigte S. auf den Zeugen R. einschlug und ihm die Brieftasche mit ca. 2.300,– DM entwendete, während anschließend der Angeschuldigte B. den Zeugen R. aus dem Fahrzeug stieß. Anschließend fuhren die Angeschuldigten davon und teilten sich die Beute, und zwar nach ihrer Darstellung mit einem weiteren bisher unbekannt gebliebenen männlichen Mittäter, der sich ebenfalls in dem Pkw befunden hatte.

Verbrechen, strafbar nach §§ 249, 250 Abs. 1 Nr. 3, 316 a Abs. 1, 47, 73 StGB, §§ 1, 103 Abs. 2, 105 ff. JGG.

Beweismittel:
    I. Angaben der Angeschuldigten B. und S.

       II. Zeuge:
       R., Berlin 26, . . .

Wesentliches Ergebnis der Ermittlungen

Die Angeschuldigten hielten sich in den Abendstunden des 8. Januar 1973 in dem Lokal »Kuller-Piste« im Tegel-Center auf. Nach ihrer Darstellung befand sich auch in ihrer Begleitung eine weitere männliche Person mit dem Vornamen »R.«. Dort lernten die Angeschuldigten auch den Zeugen R. kennen, der ihnen Getränke spendierte. Etwa gegen 23.45 Uhr erboten sich die Angeschuldigten, den Zeugen R., der unter Alkoholeinfluß stand und daher mit seinem eigenen Pkw nicht mehr fahren wollte, mit dem Pkw NSU B-...... des Angeschuldigten B. nach Hause zu fahren. Der Pkw wurde von dem Angeschuldigten B. gelenkt, während der Zeuge R. auf dem Beifahrersitz Platz nahm. Der Angeschuldigte S. und die männliche Person mit dem Vornamen »R.« nahmen auf den hinteren Sitzen Platz. Etwa in der Nähe der Miraustr. verlangsamte der Angeschuldigte B. auf Geheiß des Angeschuldigten S. die Geschwindigkeit seines Fahrzeugs und fuhr in einen Sandweg. Der Angeschuldigte S. schlug auf den Zeugen R. ein und entwendete ihm die Brieftasche mit einem Betrag von 2.300,– DM. Der Zeuge R. erlitt durch die Schlageinwirkungen Gesichtsverletzungen in Höhe des Mundes und Schädelprellungen am Hinterkopf. Anschließend stieß der Angeschuldigte B. den Zeugen R. aus dem Fahrzeug. Die Angeschuldigten fuhren mit der dritten männlichen Person davon und teilten sich anschließend das entwendete Geld.
Die Angeschuldigten geben diesen Sachverhalt im wesentlichen zu.
Der Angeschuldigte S. behauptet jedoch, daß ihm die Idee, den Zeugen R. zu berauben, erst während der Fahrt gekommen sei. Außerdem habe es sich nur um einen Betrag von 1.800,– DM gehandelt. Der Zeuge R. sei aus dem Fahrzeug von allein ausgestiegen und anschließend habe er ihn geschlagen.
Der Angeschuldigte B. behauptet, er habe von dem geplanten Überfall des S. nichts gewußt, sondern sei nur auf Geheiß des Angeschuldigten S. in einen Sandweg gefahren, wo der Angeschuldigte S. den Zeugen R. aus dem Pkw hinausgedrückt und ihn gegen den Kopf geschlagen habe. Anschließend hätten sie den Zeugen R. liegenlassen. Er habe von dem entwendeten Geld einen Betrag von 400,– DM erhalten.

Es wird beantragt,
    das Hauptverfahren zu eröffnen und die Anklage zur Hauptverhandlung vor dem Landgericht Berlin – große Strafkammer – zuzulassen
    sowie den Haftbefehl gegen den Angeschuldigten S. und den Haftbefehl und den Haftverschonungsbeschluß gegen den Angeschuldigten B. aufrechtzuerhalten.

                  P.   Staatsanwältin

Bezirksamt Reinickendorf von Berlin BERLIN
Abteilung Jugend und Sport

Bezirksamt Reinickendorf, 1 Berlin 26, Eichborndamm 215–239

An das
LANDGERICHT BERLIN
Zu: 505 – . . ./73

Gesch.Z.: Bei Antwort bitte angeben

Jug. III C 2 b

An die
STAATSANWALTSCHAFT BEI DEM
LANDGERICHT BERLIN
Zu: 3 Ve KLs . . ./73

Berlin, den 25. Juli 1973

– Jugendgerichtshilfe –

TERMIN am: 10.9.1973

Betr.: Strafsache gegen B., geb. 25.1.53, wohnhaft Berlin 27, . . .

Eltern: U. B., geb. A., geb. 8.7.1922 E. B., geb. 29.12.1913 – beide wohnhaft wie oben –

Vorbelastungen: Hier keine bekannt.

Beim hiesigen Jugendamt bestanden bis auf einen polizeilichen Schlußbericht vom 14.10.1970 wegen vers. Diebstahls keine Vorgänge. Anklage wurde seinerzeit nicht erhoben. Ferner befindet sich hier die Ausfertigung eines Beschlusses des Amtsgerichts Tiergarten, 414 OWi . . ./71 Jug., vom 4.2.1972, aus dem hervorgeht, daß dieses Verfahren (wegen Verkehrsordnungswidrigkeit) gem. § 47 II OWiG eingestellt worden ist.

FAMILIENVERHÄLTNISSE:

Die Familie B. bewohnt unter der obigen Anschrift ein eigenes Haus. Der Vater ist von Beruf Bankamtmann. Aus dem Bericht der Mutter entnehmen wir, daß er 1933 nach dem Abitur eine Banklehre absolviert hat und im Krieg Offizier gewesen ist. Die Mutter, die neun Jahre jünger als ihr Mann ist, war noch nie berufstätig. Wir entnehmen dem Gespräch, daß sie das bei der Position ihres Mannes auch für unangemessen hält. Ihre Ehe bezeichnet sie als gut, die wirtschaftliche Situation der Familie als ausgezeichnet. Im übrigen zeigt sich die Mutter hier im Gespräch äußerst redegewandt und läßt ihren Sohn kaum zu Wort kommen. Der Berichterstatter erhält den Eindruck, als ob sie in der Familie dominiert.

ENTWICKLUNGSGANG:

Die Mutter berichtet, daß die Geburt des Heranwachsenden sehr kompliziert verlaufen sei. Aus seiner frühkindlichen Entwicklung vermag sie keine Auffälligkeiten zu berichten. Er habe niemals einen Kindergarten besucht und sei mit 6 Jahren altersgemäß eingeschult worden. Seit 1965 besuchte er ein Gymnasium. Nachdem er die 10. Klasse einmal wiederholen mußte, sei er mit Versetzung zur 11. mit der mittleren Reife im Frühjahr 1970 von der Schule abgegangen. Sofort anschließend absolvierte er eine Lehre als Stahlformbauer, die er wegen guter Leistungen ein halbes Jahr vorzeitig nach 3 Jahren mit der Gesellenprüfung im März 1973 abschloß. Er erreichte im praktischen Bereich die Note »befriedigend«, im theoretischen Bereich die Note »gut«.
Anschließend beabsichtigte er, zum Sommersemester 1973 ein Studium an der Technischen Fachhochschule zu beginnen. Dieses wurde ihm durch seine Verhaftung am 6.4.1973 unmöglich gemacht. Zur Zeit besitzt er eine erneute Zulassung zum Studium ab Wintersemester 1973/74.
Der Heranwachsende bewohnt im Haus seiner Eltern ein eigenes Zimmer. Vermutlich auf Wunsch seines Vaters hat er sich bis jetzt keine Beschäftigung gesucht.
Dieser ist anscheinend der Meinung, daß es wegen des bevorstehenden Verfahrens nicht sinnvoll ist, eine Arbeit anzufangen. Aus dem weiteren Gespräch entnehmen wir ferner, daß der Heranwachsende von seinen Eltern sehr behütet wird. Er erhält ein mtl. Taschengeld von 375,– DM, außerdem bezahlen ihm seine Eltern die Kosten für einen eigenen PKW, den ihm sein Vater gekauft hat.
Seine Freizeit verbringt Herr B. an seiner eigenen Werkbank mit Basteleien, vor allem von ferngesteuerten Modellen. Er tanzt ganz gern, allerdings nicht in öffentlichen Lokalen, sondern in einem gemeinsam mit mehreren Freunden eingerichteten Keller.

ZUR TAT

direkt äußert sich Herr B. nicht. Er will den Mitangeklagten S. nicht gekannt haben. Mit den Eltern hatte er unmittelbar nach der Tat nicht gesprochen. Erst durch die Kriminalpolizei erfuhren diese davon. Sein Vater war anschließend »völlig fertig«. Inzwischen will er sich jedoch mit seinen Eltern über die ganze Sache ausgesprochen haben und diese seien bemüht gewesen, ihm in jeder Weise herauszuhelfen. Seine Mutter ist hier der Meinung, er sei dazu gekommen wie »eine Jungfrau zu einem Kind«.

BEURTEILUNG UND VORSCHLAG

Herr B. stand z. Z. der Tat unmittelbar vor seinem 20. Geburtstag. Als Einzelkind in der sehr behütenden Atmosphäre einer auf ihr Image bedachten Beamtenfamilie groß geworden, hat er es bis heute nicht verstanden, sich zu verselbständigen. Er verläßt sich voll darauf, daß ihm seine Eltern aus der jetzigen Situation heraushelfen. Unseres Erachtens ist ihm der ganze Umfang seines schuldhaften Handelns, den der Anklagevorwurf enthält, nicht bewußt. Einer eigenen realen Lebensbewältigung scheint er noch fern zu stehen. Es ist daher nicht auszuschließen, daß er z. Z. der Tat in seinem gesamten Verhalten einem Jugendlichen noch sehr nahestand und so gegen ihn nach Jugendstrafrecht gem. § 105 JGG verfahren werden sollte.

Einen weitergehenden Vorschlag behalten wir uns für die Hauptverhandlung vor.

> Im Auftrage
> Sch.

(505) 3 Ve KLs .../73 (.../73)

IM NAMEN DES VOLKES
Strafsache

gegen a) den Koch S.,
geboren am 9. November 1951 in Berlin, wohnhaft in Berlin 26, ... zur Zeit in dieser Sache in Untersuchungshaft in der Untersuchungshaft- und Aufnahmeanstalt Moabit zu Gef. B. Nr. .../73

b) den Stahlformenbauer B.,
geboren am 25. Januar 1953 in Berlin, wohnhaft in Berlin 27, ...
gesetzliche Vertreter: Eltern U. B. und E. B., wohnhaft ebenda,

wegen   Autostraßenraubes.

Die 5. große Strafkammer des Landgerichts Berlin hat aufgrund der Hauptverhandlung vom 7. November, 14. Nobember, 23. November und 3. Dezember 1973, an der teilgenommen haben:

Vorsitzender Richter am Landgericht P. als Vorsitzender,
Richter am Landgericht H.,
Richter R.
als beisitzende Richter,
Rundschleifer Paul Sch.,
Verwaltungsangestellte Renate W. als Schöffen,
Staatsanwältin P. als Beamter der Staatsanwaltschaft,
Justizhauptsekretärin H. am 7. Nov. 1973,
Justizobersekretärin St. am 14. Nov. 1973,
Justizobersekretärin L. am 23. Nov. 1973
und Justizobersekretärin St. am 3. Dezember 1973

in der Sitzung vom 3. Dezember 1973 für Recht erkannt:

Die Angeklagten sind des gemeinschaftlichen Autostraßenraubes in Tateinheit mit gemeinschaftlichem schweren Raub schuldig (§§ 249, 250 Abs. 1 Nr. 3, 316 a Abs. 1, 47, 73 StGB).

Sie werden wie folgt bestraft:

1. Der Angeklagte S. zu einer Freiheitsstrafe von 6 (sechs) Jahren

2. der Angeklagte B. zu einer Jugendstrafe von 5 (fünf) Jahren.

Die Angeklagten haben die Kosten des Verfahrens und ihre notwendigen Auslagen zu tragen.

GRÜNDE

Der Angeklagte S. ist 22 Jahre alt. Bis zum Alter von 4 Jahren lebte er im gemeinsamen Haushalt seiner Eltern. Als sich diese etwa im Jahre 1955 trennten, wohnte er bei seiner Mutter. Da diese berufstätig war, besuchte er bis zum 11. Lebensjahr eine Kindertagesstätte. Er wurde altersgemäß eingeschult und besuchte zunächst die Grundschule, später dann die Oberschule Praktischen Zweiges bis zur 9. Klasse. Nach Abschluß der Schulzeit begann er eine Lehre als Koch, die er nach drei Jahren Anfang 1970 mit der Ablegung der theoretischen Prüfung beendete. An der praktischen Prüfung nahm er nicht teil, da er zu dieser Zeit arbeitsunfähig war. Von April bis Dezember 1970 arbeitete er bei zwei Firmen als Koch. Ab Januar 1970 betätigte er sich für etwa sechs Monate als Transportarbeiter bei einer Möbelfirma. Von Juni 1970 bis zur Scheidung im Dezember 1971 war er verheiratet. Aus der Ehe stammt ein jetzt dreijähriges Kind, das im Haushalt der Mutter lebt.

Im Jahre 1972 ging der Angeklagte S. zunächst keiner geregelten Arbeit nach. In dieser Zeit wurde er von seiner Mutter finanziell unterstützt. Von August bis Oktober 1972 war er in einer Gaststätte beschäftigt. Das Arbeitsverhältnis wurde jedoch gekündigt, nachdem es zwischen ihm und dem Inhaber des Lokals zu Auseinandersetzungen gekommen war. Bis Januar 1973 arbeitete er dann in dem Lokal »Smash« als Portier. Dort verdiente er etwa 150,– DM netto in der Woche.

Bis zu seiner Verhaftung am 6. März 1973 arbeitete er nicht. Er hatte für April 1973 eine Stellung als Transportarbeiter bei der Firma AEG in Aussicht.

Bis Juli 1972 unterhielt er eine eigene Wohnung. Danach lebte er wieder im Haushalt seiner Mutter.

Für sein Kind hat er monatlich 200,– DM an Unterhalt zu zahlen. Er ist seit einiger Zeit mit Gudrun W. verlobt.

Der Angeklagte B. ist 20 Jahre alt. Er hat keine Geschwister. Sein Vater ist Bankkaufmann, die Mutter Hausfrau. Die Familie bewohnt ein eigenes Haus, in dem der Angeklagte ein Zimmer sowie einen Kellerraum für sich allein benutzen kann. Im Alter von 6 Jahren wurde er eingeschult und wechselte nach dem Besuch der Grundschule zum Gymnasium über. Nachdem er die 10. Klasse einmal wiederholen mußte, verließ er die

Schule mit Abschluß der mittleren Reife im Frühjahr 1970. Bis zum März 1973 erlernte er den Beruf eines Stahlformbauers. Anschließend beabsichtigte er, zum Sommersemester 1973 ein Studium an einer Technischen Fachhochschule zu beginnen. Wegen seiner Verhaftung am 6. April 1973 in dieser Sache zog er jedoch seinen Antrag auf Immatrikulation zurück. Nach Beendigung seiner Lehre ging er offenbar auf Wunsch seines Vaters zunächst keiner Beschäftigung nach. Wie auch schon während seiner Lehrzeit wurde er von seinen Eltern finanziell unterstützt. Er erhielt monatlich 375,- DM sowie gelegentlich weiteres Taschengeld von seiner Großmutter. Sein Vater zahlte zusätzlich sämtliche Unkosten für einen PKW NSU 1200, den er dem Angeklagten im Jahre 1971 geschenkt hatte.

Seit Juni 1973 ist der Angeklagte bei der Firma F. beschäftigt.

Bisher ist er nicht bestraft worden.

In den Abendstunden des 8. Januar 1973 hielten sich die miteinander befreundeten Angeklagten zusammen mit dem Zeugen Z. in dem Lokal »Kullerpiste« im Tegel-Center in Berlin-Tegel auf. Beide waren dort bekannt. B. war mit der in dem Lokal als Serviererin und Kassiererin beschäftigten Zeugin E. befreundet. Die weitere Kassiererin Gudrun W. ist die Verlobte des Angeklagten S.

Zwischen 22.00 und 23.00 Uhr erschien der Zeuge R. in dem Lokal. Der Zeuge hatte zuvor nach Arbeitsschluß um 18.00 Uhr zwei andere Gaststätten aufgesucht und dort mindestens 6–8 Gläser Bier und etwa dieselbe Anzahl Schnäpse getrunken. Er war hiervon erheblich angetrunken. In der Folgezeit kam er mit den beiden Angeklagten ins Gespräch. Er spendierte ihnen einige Lagen Whisky, wobei er selbst auch trank. Als er zwischendurch einmal bezahlte, fiel dem Angeklagten S. auf, daß der Zeuge in seiner Brieftasche einen größeren Geldbetrag mit sich führte. Der Zeuge hatte an diesem Tage sein Gehalt und (nachträglich) sein Weihnachtsgeld – insgesamt 2.300,- DM ausgezahlt erhalten.

Im Laufe der Unterhaltung erzählte der Zeuge, daß er sein Kraftfahrzeug in der Nähe des Lokals geparkt habe. Er meinte, daß er in seinem angetrunkenen Zustand aber nicht mehr fahren könne. Die beiden Angeklagten erboten sich darauf, den Zeugen mit dem Wagen des B. – einem NSU 1200 – nach Hause zu fahren. R. nahm das Angebot an. Er wollte zuvor jedoch noch einmal nach seinem Auto sehen, von dem er nicht mehr genau wußte, wo er es abgestellt hatte. Die Angeklagten sagten zu, mit ihm die Umgebung abzufahren, um es zu suchen. Gegen Mitternacht verließen die Angeklagten zusammen mit dem Zeugen Z. und dem Zeugen R. das Lokal. Bei dieser Gelegenheit stellten die Zeugin E. und Frau W. fest, daß die beiden Angeklagten, die im Laufe des Tages bereits einige alkoholische Getränke zu sich genommen hatten, nur leicht angetrunken waren, während R. seiner Erscheinung nach stark angetrunken war. Auf der Straße bestiegen alle vier den NSU. B. setzte sich an das Steuer des Wagens, S. und R. nahmen im Fond (R. hinter B.) und Z. auf

dem Beifahrersitz Platz. B. fuhr dann einige umliegende Straßen ab, ohne daß R. seinen Wagen entdecken konnte. Spätestens während dieser Zeit faßte der Angeklagte S. den Entschluß, den Zeugen R. zu berauben. Er wies deshalb B. an, von der Miraustraße, auf der sie sich befanden, nach links in eine einsame und dunkle, zu einem Kanal führende unbefestigte Seitenstraße einzubiegen, dort nach einer kurzen Wegstrecke den Wagen zu wenden und anzuhalten. Dieser abgelegene Ort erschien ihm zur Ausführung der Tat und der anschließenden Flucht unter Zurücklassung des Opfers besonders günstig. Nachdem B. angehalten hatte, stiegen er und Z. aus. In Ausführung seines Planes begann S. nun den Zeugen R. dadurch zum Aussteigen aus dem Wagen zu veranlassen, indem er ihn wortlos hinausdrückte. B. sah dabei zu. Spätestens zu diesem Zeitpunkt wurde ihm angesichts aller Begleitumstände klar, daß S. vorhatte, den Zeugen zu berauben, um dann mit dem Fahrzeug zu flüchten. Er war hiermit sofort einverstanden, weil er an der Beute teilhaben wollte. Deshalb hielt er sich, für S. erkennbar, bereit, nach Ausführung der Tat sofort seine Rolle als Fahrer des Wagens für die Fluchtfahrt einzunehmen. Als der Zeuge R. aus dem Auto heraus war, stieg S. ebenfalls aus, lief auf den Zeugen zu und schlug ihn sofort mit einem Fausthieb in das Gesicht nieder. Im Hinstürzen riß R. den Angeklagten B. dergestalt mit zu Boden, daß er auf ein Bein des Angeklagten fiel. Der Zeuge wurde darauf unter Mithilfe des Z. von B. heruntergerollt. Anschließend versetzte S. dem auf dem Boden liegenden Zeugen weitere Schläge ins Gesicht, riß dann dessen Mantel auf, so daß einzelne Knöpfe absprangen, und entwendete aus der linken inneren Jackentasche die Brieftasche mit insgesamt 1.800,– DM und sämtlichen Papieren. Darauf bestieg er mit B. und Z. sofort wieder den Wagen, ohne sich um den von den Schlägen sichtlich stark benommenen und aus Mund und Nase stark blutenden Zeugen R. weiter zu kümmern. B. fuhr wieder in die Miraustraße zurück und davon. Während der Fahrt teilte der Angeklagte S. das erbeutete Geld untereinander zu gleichen Teilen auf. Dann ließ er sich absetzen. Er hatte es eilig, zu seiner Verlobten zu kommen, weil er den gemeinsamen Hausschlüssel besaß. Seine Verlobte erwartete ihn bereits im Tegel-Center.
Der Angeklagte B. setzte den Zeugen Z. wenig später ebenfalls ab und fuhr dann nach Hause. Kurz zuvor hatte er – bei einem Zwischenaufenthalt – die noch in seinem Wagen befindliche blutverschmierte Brieftasche des Zeugen R. beiseite gebracht, indem er die in ihr vorgefundenen Papiere – Personalausweis und Kraftfahrzeugschein – verbrannte und die Brieftasche in den Kanal warf. Die am nächsten Tage in seinem Wagen vorgefundenen Handschuhe des S., die mit angetrocknetem Blut verschmiert waren, warf er ebenfalls in den Kanal.
Der Zeuge R. konnte sich nach der Tat nur mühsam erheben. Das Kennzeichen des davonfahrenden NSU vermochte er nicht zu erkennen, weil durch die Schläge seine Brille entzwei gegangen war. Er lief zu der einige 100 m entfernt gelegenen Pförtnerloge der Firma F. in der Holz-

hauserstraße und ließ dort durch den Pförtner, den Zeugen P., die Polizei benachrichtigen. Wegen seiner noch anhaltenden starken Blutung aus Mund und Nase mußte er sich ständig ein Taschentuch vor das Gesicht halten. Von der bald darauf eintreffenden Feuerwehr wurde er in das Humboldt-Krankenhaus gebracht. Als die Zeugen D. und J. ihn dort einige Zeit später nach dem Tathergang befragten, stand er noch deutlich unter einem Schock und dem Einfluß von Alkohol.
Der Zeuge R. erhielt durch die Schläge Schwellungen sowie Platz- und Rißwunden im Gesicht und im Mund sowie ein Hämatom auf dem Nasenrücken. Bleibende Schäden trug er nicht davon. Zur Tatzeit – gegen 0.15 Uhr – hatte er ausgehend von einer Trinkmenge von mindestens 130 gr. reinem Alkohol, einem Körpergewicht von 80 kg und einem stündlichen Abbauwert von lediglich 0,15 ‰ einen Blutalkoholgehalt von annähernd 2 ‰.
Durch seinen Verteidiger überwies der Angeklagte B. dem Zeugen R. von seiner Beute 400,– DM. Die restlichen 200,– DM will er nicht im Besitz gehabt haben. Er hält es für möglich, daß sie bei der Übergabe in seinem Auto zu Boden gefallen und anschließend verloren gegangen sind.
Diese Feststellungen beruhen auf den Einlassungen der beiden Angeklagten, soweit die Strafkammer ihnen zu folgen vermochte, auf den Aussagen der Zeugen R., Z., O., S., D., J., E., S. und N. sowie auf dem Gutachten des medizinischen Sachverständigen Dr. F.
Der Angeklagte S. hat in der Hauptverhandlung auf Vorhalt eingeräumt, während des Ermittlungsverfahrens bei seiner polizeilichen Vernehmung durch den Zeugen S. am 6. März 1973 ausgesagt zu haben, er habe in dem Lokal, als R. bezahlte, gesehen, daß der Zeuge einen größeren Geldbetrag in seiner Brieftasche bei sich führte. Während der Fahrt sei ihm dann der Gedanke gekommen, R. zu berauben. Er habe deshalb dem Zeugen, nachdem dieser in der Seitenstraße ausgestiegen und er selbst ebenfalls ausgestiegen sei, mehrere Faustschläge verabfolgt. Dabei sei dessen Brille entzwei gegangen und R. sei zu Boden gefallen. Danach habe er sich zu dem Zeugen herabgebeugt, ihm die Brieftasche aus der Jacke entwendet und sei mit den anderen davongefahren. Die Beute von 1.800,– DM habe er unterwegs aufgeteilt.
In der Hauptverhandlung hat sich der Angeklagte S. dahin eingelassen, man sei auf der Suche nach dem Wagen des R. auf dessen Wunsch in die Seitenstraße eingebogen und habe dort dann angehalten, weil der Zeuge mit ihnen nicht mehr weiter habe mitfahren, sondern aussteigen wollen. Sie seien dann auch alle vier ausgestiegen. R. habe plötzlich ihm gegenüber eine Angreiferstellung mit erhobenem Arm eingenommen. Um einem Angriff zuvorzukommen, habe er den Zeugen sofort niedergeschlagen. Dieser sei dabei so unglücklich gefallen, daß er den neben ihm stehenden Angeklagten B. mit hinunter gerissen und auf dessen Bein gelegen habe. Um B. zu befreien, habe er von dem Bein des Zeugen heruntergerollt werden müssen. Als der Zeuge dann vor ihm gelegen

habe, sei ihm erst der Gedanke gekommen, ihm die Brieftasche mit dem Geld wegzunehmen. Er habe sich deshalb zu dem Zeugen herabgebeugt, ihm den Mantel geöffnet und aus der Jackentasche die Brieftasche entwendet. Anschließend sei er mit den anderen davongefahren und habe unterwegs das Geld aufgeteilt.

Der Angeklagte B. hat, wie er in der Hauptverhandlung auf Vorhalt eingeräumt hat, während des Ermittlungsverfahrens bei seiner polizeilichen Vernehmung durch den Zeugen O. am 1. März 1973 ausgesagt, er sei auf Weisung des S. in die Seitenstraße eingebogen und habe dort auf Weisung des S. gehalten. Nachdem er und der Zeuge Z., der neben ihm gesessen habe, ausgestiegen seien, habe S. den Zeugen R. aus dem Wagen hinausgedrückt. Dann sei S. ebenfalls ausgestiegen, sei um den Wagen herumgelaufen und habe R. sofort in das Gesicht geschlagen, so daß der Zeuge zu Boden gefallen und ihn, B., dabei umgerissen habe. S. habe dem am Boden liegenden Zeugen noch ein bis zwei Schläge auf den Kopf versetzt und dann dessen Kleidung durchsucht. Dabei sei ihm, B., klargeworden, daß S. nach der Brieftasche des Zeugen suchte. Er habe dann gesehen, wie S. die Brieftasche gefunden habe. Danach sei er mit S. und Z. wieder in den Wagen gestiegen und davongefahren. Unterwegs habe S. das erbeutete Geld aufgeteilt.

In der Hauptverhandlung hat sich der Angeklagte B. ebenso eingelassen wie der Angeklagte S., jedoch mit folgender Abweichung: er sei über das Niederschlagen des Zeugen R. durch S. »entsetzt« und anschließend »willenlos« gewesen. Aus dem Umstand, daß S. sich zu dem Zeugen herabgebeugt habe, habe er geschlossen, daß S. dem Zeugen habe helfen wollen. Als er dann mit S. und Z. wieder in seinen Wagen gestiegen sei, habe er zwar gesehen, daß S. einen Gegenstand in der Hand gehalten habe. Er habe aber nicht erkannt, daß dieser Gegenstand eine Brieftasche gewesen sei. Er sei dann in die Miraustraße zurück – und davongefahren. Als S. ihm und Z. unterwegs mehrere Geldscheine gegeben habe, habe er gemeint, S. verschenke das Geld aus einer großzügigen Laune heraus. Erst später, als er die blutige Brieftasche des R. und die blutigen Handschuhe des S. in seinem Wagen gefunden habe, sei ihm klar geworden, woher das Geld stammte.

Als Grund dafür, daß ihre Einlassungen in der Hauptverhandlung von ihren Angaben bei der Kriminalpolizei abweichen, haben beide Angeklagten übereinstimmend erklärt, die Kriminalbeamten hätten ihnen ihre Aussagen in den Mund gelegt.

Der Zeuge Z. hat ausgesagt: Er sei in der Seitenstraße aus dem Fahrzeug ausgestiegen und nach rechts weggetreten, um zu urinieren. Die anderen seien auch ausgestiegen und hätten auf der anderen (linken) Seite des Wagens gestanden. Dabei habe er »mitbekommen«, daß S. und B. dem Zeugen R. »eins vor den Kopp gegeben« haben. Einzelheiten habe er jedoch nicht sehen können, weil der Wagen ihm die genaue Sicht versperrt habe. Er habe sich um diesen Vorfall nicht weiter gekümmert und sei wieder in das Fahrzeug gestiegen. S. und B. seien auch wieder eingestiegen und sie seien dann ohne den Zeugen R. weggefahren. Unterwegs habe S. ihm und B. mehrere Geldscheine gegeben. Er habe 600,– DM erhalten. Er habe sich gedacht, daß das Geld von dem Zeugen R. sei. S. und B. seien an dem Abend nur leicht angetrunken gewesen. Er selbst habe so gut wie nichts getrunken. Auf Vorhalt der Einlassungen der beiden Angeklagten zu dem Tatablauf am Wagen erklärte der Zeuge dann, er könne sich jetzt daran erinnern, daß der Zeuge R. den B. mit zu Boden gerissen habe und dabei auf ein Bein des B. gefallen sei. Er habe geholfen, den Zeugen von dem Bein des B. herunterzurollen.

Der Zeuge R. hat nach dem Tatgeschehen im Krankenhaus den Zeugen D. und J. – noch deutlich unter einem Schock und dem Einfluß des Alkohols stehend – gesagt, er habe im Fond des Wagens gesessen, sei dort zusammengeschlagen, dabei auch mit einem harten Gegenstand geschlagen worden, dann sei ihm der Mantel aufgerissen, die Brieftasche entwendet und er aus dem Wagen gestoßen worden. In der Hauptverhandlung hat der Zeuge ausgesagt, er habe seiner heutigen Erinnerung nach auf dem Beifahrersitz gesessen. Dort habe er, nachdem das Fahrzeug plötzlich in die Seitenstraße gefahren worden sei und der Fahrer angehalten habe, einen Schlag in das Genick und gleich darauf weitere Schläge in das Gesicht erhalten. Danach sei ihm der Mantel aufgerissen, die Brieftasche entwendet und er aus dem Wagen gestoßen worden.

Die Strafkammer hält die von den Angeklagten in der Hauptverhandlung abgegebene Einlassung zu dem Tatablauf für unwahr. Sie schließt dies aus folgenden Umständen: Einmal ist kein einleuchtender Grund dafür ersichtlich, weshalb der Zeuge R. plötzlich – unabhängig davon, daß er dies in Abrede gestellt hat – verlangt haben sollte, in die einsame und dunkle Seitenstraße gefahren zu werden, um dort auszusteigen, zurückzubleiben und die anderen allein davonfahren zu lassen. Wenn er nicht mehr, wie es vorher verabredet war, von den Angeklagten nach Hause gebracht werden wollte, hätte es für ihn näher gelegen, sich in der Miraustraße oder einer anderen Verkehrsstraße vor einem Lokal, einem Taxistand oder einer Autobushaltestelle absetzen zu lassen. Dies wäre für ihn in seinem erheblich angetrunkenen Zustand bequemer gewesen. Demgegenüber bietet sich die einsame und dunkle Seitenstraße für das Vorhaben der Beraubung eines Menschen geradezu an. Zum anderen ist auch kein vernünftiger Grund dafür ersichtlich, weshalb der erheblich angetrunkene Zeuge R. dem Angeklagten S. gegenüber plötzlich eine Angreiferstellung mit erhobenem Arm eingenommen haben sollte. Daß zuvor ein Streit oder eine Auseinandersetzung stattgefunden hat, haben die Angeklagten nicht behauptet. Was schließlich die weitere Einlassung des Angeklagten B. anlangt, er habe nicht gesehen, daß S. dem R. die Brieftasche abgenommen habe, sondern er habe vielmehr gedacht, S. wolle dem Zeugen helfen, sowie, er habe bei der Geldübergabe unterwegs im Auto gemeint, S. schenke ihm das Geld aus einer großzügigen

Laune heraus, so ist diese Einlassung angesichts des objektiven Geschehensablaufs schon an sich unglaubhaft, ohne daß es einer näheren Begründung hierzu bedarf.

Die Strafkammer ist davon überzeugt, daß sich das objektive Tatgeschehen mindestens so abgespielt hat, wie es der Angeklagte B. bei seiner polizeilichen Aussage am 1. März 1973 – in großen Teilen übereinstimmend mit der polizeilichen Aussage des Angeklagten S. vom 6. März 1973 – geschildert hat. Soweit er und S. sich dahin eingelassen haben, ihre damaligen Aussagen seien ihnen in den Mund gelegt worden, handelt es sich um eine Schutzbehauptung. Der Zeuge O. hat glaubhaft bekundet, daß er dem Angeklagten B. nichts »in den Mund gelegt« hat, daß dieser vielmehr von sich aus seine Aussage gemacht und dabei Einzelheiten des Tatgeschehens erzählt habe, die ihm gar nicht bekannt gewesen seien. Dasselbe hat der Zeuge S. hinsichtlich der Vernehmung des Angeklagten S. glaubhaft ausgesagt.

Auch hinsichtlich des von dem Angeklagten B. geschilderten Hinausdrückens des Zeugen R. aus dem Auto durch den Angeklagten S., wovon dieser dem Zeugen S. nichts gesagt hat, hat die Strafkammer keine Zweifel, daß das Tatgeschehen sich so abgespielt hat. Denn nach der Situation, die sich dem Zeugen R. in der einsamen und dunklen Seitenstraße darbot, bestand für ihn kein vernünftiger Anlaß, von sich aus den Wagen zu verlassen. Abgesehen davon dürfte der Zeuge bei seiner Körpergröße von 196 cm und seinem stark alkoholisierten Zustand ohnehin Schwierigkeiten gehabt haben, ohne fremde Hilfe aus dem für ihn verhältnismäßig engen NSU 1200 – noch dazu vom Hintersitz aus – auszusteigen. Es liegt daher nahe, daß der Angeklagte S. das Aussteigen des Zeugen durch dessen Hinausdrücken unterstützt oder überhaupt erst bewirkt hat.

Der Zeuge R. hat zwar, wie oben dargelegt, den eigentlichen Tatablauf anders geschildert als der Angeklagte B. bei seiner polizeilichen Vernehmung. Die Strafkammer hat auch von dem Zeugen einen glaubwürdigen Eindruck. Er hat sich sichtlich bemüht, die Ereignisse des Tatgeschehens in sachlicher Weise so wiederzugeben, wie er sie in Erinnerung hat. Der medizinische Sachverständige Dr. F. hat es jedoch nicht ausgeschlossen, daß sich bei dem Zeugen infolge seiner damaligen starken Trunkenheit und infolge des durch den Überfall seinerzeit erlittenen Schocks die Ereignisse in ihrer Reihenfolge in der Erinnerung verschoben haben können. Der Sachverständige hat es weiter nicht ausgeschlossen, daß der Zeuge mögliche Erinnerungslücken unbewußt aufgefüllt hat. Die Strafkammer hat daher, um sich vor Verdachtsfeststellungen zu hüten, den objektiven Geschehensablauf einschließlich der Sitzverteilung im Auto so festgestellt, wie ihn der Angeklagte B. dem Zeugen O. erzählt hat, daß also die gewaltsame Geldwegnahme nicht im Auto durchgeführt und die Tat mit der Hinausbeförderung des Zeugen aus dem Auto beendet worden ist, sondern daß vielmehr das Hinausbefördern des Zeugen aus

dem Auto die Tat eingeleitet hat und daß die gewaltsame Geldwegnahme außerhalb des Autos erfolgt ist.
Die Strafkammer ist auch davon überzeugt, daß der Angeklagte B. nicht nur teilnahmsloser Zuschauer der Beraubung des Zeugen R. gewesen ist, sondern daß er mit der gewaltsamen Handlungsweise des S. einverstanden war und sie als eigene gewollt hat, weil er an der Beute teilhaben wollte. Sie gründet ihre Überzeugung auf folgende Umstände: B. hat das plötzliche Umdirigieren des Wagens von der Hauptstraße (Miraustraße) in die einsame und dunkle Seitenstraße unverzüglich befolgt und auch weisungsgemäß angehalten. Daß sich in der Seitenstraße das Fahrzeug des Zeugen R. nicht befinden konnte, war offensichtlich. Schon daraus folgt erkennbar, daß der Angeklagte S. einen anderen Grund für den Aufenthalt in der Seitenstraße hatte. Daß dieser Grund die Beraubung des Zeugen R. war, wurde spätestens zu dem Zeitpunkt offensichtlich, als S. den Zeugen wortlos aus dem Wagen hinauszudrücken begann. Spätestens zu diesem Zeitpunkt hat B. dieses Vorhaben auch erkannt und als ein eigenes gebilligt. Dafür spricht sein gesamtes anschließendes Verhalten. Er verfolgte die Handlungsweise des S., bei der er zwischendurch selbst zu Boden geriet, und bestieg, nachdem S. dem Zeugen die Brieftasche abgenommen hatte, sofort den Wagen, um mit den beiden anderen unter Zurücklassung des Opfers davonzufahren. Auch die anschließende Entgegennahme des Beuteanteils und die Vernichtung der Brieftasche des Zeugen mit den Papieren deuten darauf hin, daß B. die Tat als eigene gewollt hat. Eine Bestätigung dieser seiner inneren und mit der Handlungsweise des S. übereinstimmenden Einstellung ist daraus zu ersehen, daß er der Zeugin E., wie diese in der Hauptverhandlung glaubhaft ausgesagt hat, später erklärt hat, sie (S. und er) hätten den Zeugen R. überfallen. Diese Schilderung der Tat (sie hätten R. überfallen) hat auch S. seiner Verlobten W. gegeben. Der Zeuge N. hat ausgesagt, daß Frau W. dies in der Hauptverhandlung am 7. September 1973 bekundet hat. Hiermit stimmt schließlich auch die Aussage des Zeugen Z. überein, er habe »mitbekommen«, daß S. und B. dem Zeugen R. »eins vor den Kopp gegeben« haben. Der Eindruck, den der Zeuge Z. somit gewonnen hatte, war der eines gemeinschaftlichen Vorgehens der beiden Angeklagten. Die Angeklagten sind daher zur Überzeugung der Strafkammer im Sinne der getroffenen Feststellungen überführt.
Die Angeklagten haben sich damit des gemeinschaftlichen Autostraßenraubes in Tateinheit mit gemeinschaftlichem schweren Raub schuldig gemacht (§§ 249, 250 Abs. 1 Nr. 3, 316 a Abs. 1, 47, 73 StGB). Sie haben in stillschweigendem Einvernehmen – wobei S. ausführender Teil war – den Zeugen R. in der oben festgestellten Art und Weise auf öffentlicher Straße niedergeschlagen und ihm anschließend nach gewaltsamer Öffnung seines Mantels die Brieftasche mit 1.800,– DM entwendet, um das Geld für sich zu verbrauchen. Zur Begehung dieser Tat auf ihren Mitfahrer handelten sie unter Ausnutzung der besonderen Verhältnisse des Stra-

ßenverkehrs. Infolge der örtlichen Gegebenheiten (einsame und dunkle Seitenstraße), in die der Zeuge mit dem Fahrzeug verbracht worden war, sowie infolge des Umstandes, daß die Angeklagten nach Ausführung der Tat mit dem Auto sofort flüchten konnten, war der Zeuge den Angeklagten – noch bestärkt durch seinen erheblich angetrunkenen Zustand – gewissermaßen rettungslos ausgeliefert. Die Angeklagten machten sich diese Umstände bewußt zunutze.

Die Angeklagten sind für ihre Tat auch strafrechtlich verantwortlich. Ihre alkoholische Beeinflussung war nicht derart, daß sie ihre Fähigkeit, das Unerlaubte der Tat einzusehen oder nach dieser Einsicht zu handeln, aufgehoben oder erheblich vermindert hat (§ 51 StGB). Zwar wollen die Angeklagten am Tattage erhebliche Mengen Alkohol getrunken haben, und zwar S. ab etwa 13.00 Uhr 1 Flasche Bier, 8 halbe Liter Bier, $1/2$ Flasche Mampe Likör (diesen zum Teil zu zweit) und mehrere Gläser Whisky, B. ab etwa 18.00 Uhr mindestens 7 halbe Liter Bier und mehrere Gläser Whisky. Diese Einlassungen sind jedoch zur Überzeugung der Strafkammer unwahr. Wie der medizinische Sachverständige Dr. F. hierzu zutreffend ausgeführt hat, müßten die Angeklagten, wenn sie die angegebenen Alkoholmengen tatsächlich getrunken haben würden, zur Tatzeit gegen 0.15 Uhr ausgehend von ihrem Körpergewicht von 70 kg bei S. und 65 kg bei B. und einem stündlichen Abbauwert von lediglich 0,15‰ Blutalkoholwerte von über 4 ‰ (S., Trinkmenge an reinem Alkohol etwa 180 gr) und über 2 ‰ (B., Trinkmenge an reinem Alkohol etwa 130 gr) gehabt haben. Daß dies nicht zutreffen kann, liegt auf der Hand. S. wäre in diesem Fall kaum noch handlungsfähig und B. kaum noch in der Lage gewesen, sein Auto unangefochten durch die Straßen zu fahren. Die Zeugin E. hat glaubhaft ausgesagt, B. und S. seien bei dem Verlassen des Lokals zusammen mit R. nur leicht angetrunken gewesen. Dieselbe Behauptung hat die Servierin W. nach der glaubhaften Aussage des Zeugen N. in der Hauptverhandlung am 7. September 1973 gemacht. Beide Frauen kennen bzw. kannten die Angeklagten gut und waren daher sowie auch aufgrund ihres Berufes als Servierin durchaus in der Lage, die alkoholische Beeinflussung der Angeklagten sicher einzuschätzen. Ihre Einschätzung stimmt auch mit den Angaben überein, die beide Angeklagten bei ihrer polizeilichen Vernehmung über den Grad ihrer alkoholischen Beeinträchtigung gemacht haben. Danach hat sich der Angeklagte B. gegenüber dem Zeugen O. als angeheitert und lustig, der Angeklagte S. gegenüber dem Zeugen S. als lediglich alkoholisch enthemmt bezeichnet. Denselben Eindruck (leicht angetrunken) hatte der Zeuge Z. nach seiner Aussage von den beiden Angeklagten in der Tatnacht.

Der Angeklagte B. ist Heranwachsender. Er war zur Tatzeit knapp 20 Jahre alt. Die Strafkammer hat auf ihn noch das Jugendstrafrecht angewandt. Er ist als Einzelkind in einer sehr behüteten Atmosphäre, in der die Mutter offensichtlich der bestimmende Teil ist, aufgewachsen. Die Eltern

haben sich sehr – vielleicht zu sehr – um ihn gekümmert und ihn verwöhnt. Entscheidungen brauchte er nicht zu treffen. Seine Eltern trafen sie für ihn. Eigeninitiative und Selbständigkeit haben sich daher bei ihm noch nicht richtig entwickeln können. Diese Umstände haben ihn gegenüber Gleichaltrigen zurückbleiben lassen. Insgesamt kann deshalb gesagt werden, daß der Angeklagte B. zur Tatzeit nach seiner geistigen und sittlichen Entwicklung noch einem Jugendlichen gleichstand (§ 105 Abs. 1 Ziffer 1 JGG).
Die Schwere der Schuld erfordert bei dem Angeklagten B. die Verhängung einer Jugendstrafe (§ 17 Abs. 2 JGG).
Beide Angeklagten sind bisher nicht bestraft worden. Sie haben sich in der Hauptverhandlung einsichtig gezeigt und bekannt, daß ihnen ihr Verhalten gegenüber dem Zeugen R. leid tut. Ihre Tat war eine Gelegenheitstat, zu der sie sich durch ihre alkoholische Enthemmung haben hinreißen lassen. B. hat den angerichteten Geldschaden zum Teil wiedergutgemacht. Er war nicht der aktive Teil. Von ihm ging auch nicht die Initiative zur Tat aus. Er hat sich der offensichtlich stärkeren Persönlichkeit des Angeklagten S. nur angeschlossen. Andererseits haben beide Angeklagten die Freigebigkeit des Zeugen R. schlecht gedankt und dessen alkoholbedingte etwas hilflose Lage, die ihn gehindert hat, seinen eigenen Wagen zu benutzen, in häßlicher Weise ausgenutzt. Das Vorgehen bei der Tatausführung war von Brutalität, Rohheit und Gefühllosigkeit gekennzeichnet. Der Zeuge hat durch die Schläge, wenn auch nicht schwerwiegende, so doch sichtlich stark blutende Verletzungen erlitten und war stark benommen. Angesichts dieses Umstandes und auch im Hinblick auf die Jahreszeit hat es durchaus eintreten können, daß der Zeuge nicht so schnell wieder auf die Beine kommt und dadurch gesundheitliche Schäden davonträgt oder gar in Bewußtlosigkeit verfällt und an eingeatmetem Blut erstickt. Die Angeklagten können von Glück sagen, daß derartiges nicht geschehen ist. Der angerichtete Geldschaden war für den Zeugen auch nicht unerheblich.
Die aufgezeigten Milderungsgründe sind nicht geeignet, die Tat als minderschweren Fall zu werten. Das gesamte Tatbild weicht nicht derart vom Durchschnitt der erfahrungsgemäß vorkommenden Fälle in einem Maße ab, daß die Anwendung des Ausnahmestrafrahmens des § 316a Abs. 1 StGB (der hier in Betracht kommenden Vorschrift mit der schwersten Strafandrohung) geboten wäre. Die Strafkammer ist vielmehr der Auffassung, daß die Tat in ihrer Schwere nach oben tendiert. Bei dem Angeklagten S. ist somit von dem Regelstrafrahmen von fünf bis fünfzehn Jahren Freiheitsstrafe, bei dem Angeklagten B. von einem Strafrahmen bis zu zehn Jahren Jugendstrafe auszugehen.
Unter Berücksichtigung aller Umstände hält die Strafkammer bei beiden Angeklagten die Verhängung einer empfindlichen Freiheitsstrafe für erforderlich, um ihnen in fühlsamer und nachhaltiger Weise das Unrecht ihrer Verhaltensweise vor Augen zu führen und die Tat schuldangemes-

sen zu sühnen. Zur Erreichung dieses Zwecks hat sie bei dem Angeklagten S. eine Freiheitsstrafe von sechs Jahren und bei dem Angeklagten B. eine Jugendstrafe von fünf Jahren für notwendig erachtet.
Der Verteidiger des Angeklagten B. hat hilfsweise beantragt, Beweis darüber zu erheben,
1) daß nicht auszuschließen ist, daß der Zeuge R. seine Aussagen weitgehend mit »Füllmaterial« ausgefüllt hat und nicht festzustellen ist, welche Angaben »Füllmaterial« und welche Angaben Erinnerungsbruchstücke sind;
2) daß die zu 1) getroffenen Feststellungen auf Grund des sehr erheblichen Alkoholgenusses des Zeugen R. in Verbindung mit den körperlichen Verletzungen und der psychischen Schockwirkung, welcher der Zeuge ausgesetzt war, aber auch auf Grund seiner vielfachen widersprüchlichen Angaben gerechtfertigt und geboten sind; zu 1) und 2) durch Anhörung eines Sachverständigen, der über spezielle psychologische und neurologische, forensische Erfahrung verfügt, die über die des Sachverständigen Dr. F., – falls dessen Gutachten das Gericht nicht für ausreichend halten sollte, – hinausgehen, insbesondere des Senatsrats Dr. Heinz Sp., Anschrift bekannt;
3) daß die Sitz- und Raumverhältnisse des von dem Angeklagten gefahrenen PKW so beengt sind, daß der Zeuge R. bei seiner anormalen Länge (etwa 1,96 m) nicht mit Gewalt aus dem Kraftfahrzeug gestoßen werden konnte, gleichviel, ob es stand oder fuhr;
4) daß der Zeuge R. einmal unmittelbar vor sich einen Haltegriff hatte, an dem er sich festhalten konnte, und zum anderen seine Beine eine mit körperlicher Gewalt nicht zu beseitigende Sperrwirkung bewirkten, so daß er aus beiden Gründen nicht in der von ihm angegebenen Weise von dem Beifahrersitz aus dem Kraftwagen gestoßen werden konnte;
5) daß der Zeuge R. nur dann von den Angeklagten aus dem Kraftwagen mit Gewalt entfernt werden konnte, wenn er sich im Vollrausch bzw. im Zustande der Bewußtlosigkeit befand und er aus diesem Grunde auch nicht den geringsten Widerstand, und zwar nicht einmal unbewußt, leisten konnte;
   zu 3) bis 5)
       a) durch Anhörung eines technischen Sachverständigen;
       b) durch Anhörung eines Sachverständigen mit psychologischen, neurologischen und forensischen Spezialkenntnissen, insbesondere des Senatsrat Dr. Sp., Anschrift bekannt;
       c) durch Augenscheinnahme, gegebenenfalls unter Hinzuziehung des Zeugen R., dem zu diesem Zwecke aufgegeben werden sollte, in dem Kraftwagen an der von ihm angegebenen Stelle Platz zu nehmen;
6) daß nicht auszuschließen ist, daß der Angeklagte unmittelbar nach der von dem Mitangeklagten S. begangenen Tat sich in einem Zustand der

Lähmung, Betäubung, Widerstandslosigkeit und einer schockartigen Wirkung befand, zumal er einige Zeit vorher selbst schwer »zusammengeschlagen« und hierbei selbst das Opfer eines mit brutaler Gewalt geführten Angriffs geworden war;

zu 6) wie zu 3-5 b).

Der Hilfsantrag war abzulehnen.
Zu 1) und 2): Zu diesen Behauptungen hat die Strafkammer den medizinischen Sachverständigen Dr. F. gehört und sein Gutachten ihren Feststellungen zugrundegelegt. Dr. F. verfügt über die in dem Antrag angeführten speziellen psychologischen, neurologischen und forensischen Erfahrungen. Das hat er dargetan. Das weiß auch die Strafkammer aufgrund der jahrelangen Tätigkeit des Sachverständigen als psychiatrischer Gutachter und ehemaliger Angehöriger des Landesinstituts für gerichtliche und soziale Medizin. Seine Sachkunde ist nicht zweifelhaft. Daß Dr. Sp. oder ein anderer medizinischer Sachverständiger über Forschungsmittel verfügen, die denen des Dr. F. überlegen erscheinen, oder daß Dr. F. von unzutreffenden tatsächlichen Voraussetzungen ausgegangen ist oder daß sein Gutachten Widersprüche enthält, ist weder dargetan noch ersichtlich.

Zu 3) bis 5): Die Behauptungen mögen zutreffen, wenn der Zeuge R. auf dem Beifahrersitz gesessen haben sollte und mit einem gewaltsamen Stoß aus dem Wagen hinausbefördert worden sein will. Von diesem der Aussage des Zeugen R. entsprechenden Sachverhalt ist die Strafkammer jedoch nicht ausgegangen. Sie hat ihren Feststellungen vielmehr die Einlassungen der Angeklagten zugrunde gelegt, wonach der Zeuge R. im Fond des Wagens hinter dem Fahrersitz gesessen hat. Abgesehen davon hat die Strafkammer auch nicht festgestellt, daß der Zeuge R. mit einem gewaltsamen Stoß aus dem Wagen hinausbefördert worden ist. Der Hilfsantrag geht somit von unzutreffenden tatsächlichen Voraussetzungen aus.

Zu 6): Die Strafkammer hat nicht festgestellt, daß der Angeklagte S. die Tat gegenüber dem Zeugen R. allein begangen hat, sondern daß der Angeklagte B. an der Tat als Mittäter beteiligt gewesen ist. Der Hilfsantrag geht somit von unzutreffenden tatsächlichen Voraussetzungen aus.
Daß der Angeklagte B. einmal selbst das Opfer eines mit Gewalt geführten Angriffs gewesen ist, ist für die Entscheidung ohne Bedeutung.
Die Kostenentscheidung beruht auf § 465 StPO

P. H. R.
Ausgefertigt:
gez. B.

JUSTIZANGESTELLTE
als Urkundsbeamter der Geschäftsstelle
des Landgerichts Berlin

(Stempel)

Hinweis des Verf.:
Erneute U-Haft wird angeordnet, B. nach Urteilsverkündung festgenommen.
Der dritte Mittäter Z. stellt sich am 22.11.1973. U-Haft wird angeordnet.

5 StR .../74

BUNDESGERICHTSHOF

IM NAMEN DES VOLKES

URTEIL
in der Strafsache
gegen

1. den Koch S. aus Berlin, dort geboren am 9. November 1951, zur Zeit in Untersuchungshaft,

2. den Stahlformenbauer B. aus Berlin, dort geboren am 25. Januar 1953, zur Zeit in Untersuchungshaft,

wegen gemeinschaftlichen Autostraßenraubes u. a.

Der 5. Strafsenat des Bundesgerichtshofs hat in der Sitzung vom 3. September 1974, an der teilgenommen haben:

Richter am Bundesgerichtshof Sch.
  als Vorsitzender Richter,
die Richter am Bundesgerichtshof
H.
F.
Sch.
Dr. F.
  als beisitzende Richter,
Oberstaatsanwalt beim Bundesgerichtshof
H.
  als Vertreter der Bundesanwaltschaft,
Rechtsanwalt Dr. J. aus Berlin
  für den Angeklagten S.,
Rechtsanwalt Dr. W. aus Berlin
  für den Angeklagten B.,
Justizangestellte Sch.
  als Urkundsbeamtin der Geschäftsstelle,

für Recht erkannt:

1. Die Revision des Angeklagten S. gegen das Urteil des Landgerichts in Berlin vom 3. Dezember 1973 wird verworfen.

Dieser Beschwerdeführer hat die Kosten seines Rechtsmittels zu tragen.
2. Auf die Revision des Angeklagten B. wird das angefochtene Urteil im Strafausspruch mit den betreffenden Feststellungen aufgehoben, soweit es diesen Angeklagten betrifft. Die weitergehende Revision wird verworfen. Im Umfange der Aufhebung wird die Sache an eine Jugendkammer des Landgerichts zurückverwiesen, die auch insoweit über die Kosten der Revision zu entscheiden hat.

– Von Rechts wegen –

Gründe

Das Landgericht hat wegen gemeinschaftlichen Autostraßenraubes in Tateinheit mit schwerem Raub den Angeklagten S. zu einer Freiheitsstrafe von sechs Jahren, den Angeklagten B. zu einer Jugendstrafe von fünf Jahren verurteilt.

Die Revision des Angeklagten S.,
die das Verfahren des Landgerichts beanstandet und mit Einzelausführungen Verletzungen des sachlichen Strafrechts rügt, bleibt ohne Erfolg.

I.

Die Rüge der Verletzung des § 338 Nr. 3 StPO greift nicht durch. Der Beschluß des Landgerichts vom 23. November 1973, durch den es die Ablehnungsgesuche der Angeklagten gegen den Richter am Landgericht H. und den Richter R. zurückgewiesen hat, ist zu Recht ergangen.
1) Aus der Mitwirkung an dem Beschluß, den Zeugen N. zu hören, kann ein Befangenheitsgrund gegen die abgelehnten beisitzenden Richter nicht hergeleitet werden. Die Vernehmung dieses Zeugen war nach § 244 Abs. 2 StPO geboten, weil die Zeugin W. in der von dem Vorsitzenden Richter am Landgericht N. geleiteten Hauptverhandlung nach Belehrung über ihr Zeugnisverweigerungsrecht ausgesagt und von diesem Recht erst in der jetzigen Hauptverhandlung Gebrauch gemacht hatte. Die Revision verkennt selbst nicht, daß allein die Mitwirkung der beiden Richter in der früheren Hauptverhandlung ein Grund für die Besorgnis ihrer Befangenheit nicht abgibt (vgl. BGHSt 24, 336, 337).
2) Soweit die Revision die Art der Vernehmung des Zeugen N. beanstandet, übersieht sie, daß die Verhandlungsleitung nicht bei den abgelehnten beisitzenden Richtern, sondern bei dem Vorsitzenden lag.

3) Auch daraus, daß die abgelehnten Richter den Bekundungen des Zeugen über den damals gemeinsamen Eindruck hinsichtlich der Glaubwürdigkeit des Tatopfers nicht widersprochen haben, läßt sich ein Ablehnungsgrund selbst dann nicht herleiten, wenn dem Angeklagten der Eindruck vermittelt worden wäre, daß die abgelehnten Richter in der früheren Hauptverhandlung einen ihn belastenden Eindruck von der Glaubwürdigkeit des Tatopfers gewonnen hatten. Das allein rechtfertigt für einen vernünftigen Angeklagten nicht die Besorgnis, die Richter würden sich nicht allein von dem Ergebnis der neuen Hauptverhandlung leiten lassen. Für die Beurteilung von Ablehnungsgründen ist nicht nur die eigene Einstellung des Angeklagten maßgebend, sondern es kommt nur auf solche vernünftigen Gründe an, die jedem unbeteiligten Dritten einleuchten (BGHSt 21, 334, 341).
Hierfür reicht ein bloßes Kopfnicken nicht aus.

II.

1) Die Nachprüfung des Urteils auf die allgemeine Sachrüge läßt zum Schuldspruch Rechtsfehler nicht erkennen.
2) Die Einzelausführungen zur Sachrüge laufen letztlich nur auf unzulässige Angriffe gegen das dem Tatrichter bei der Strafzumessung eingeräumte Ermessen hinaus. Die von der Revision hervorgehobenen Gesichtspunkte hat das Landgericht sowohl bei der für die Frage mildernder Umstände erforderlichen Gesamtwürdigung aller täter- und tatbezogenen Umstände wie bei der Bemessung der Strafe innerhalb des Regelstrafrahmens nicht unberücksichtigt gelassen. Mit der Behauptung, sie hätten sich in stärkerem Umfange auswirken müssen, versucht die Revision nur ihre Überlegungen an die Stelle derjenigen des Tatrichters zu setzen. Mit dem, was die Revision gegen eine unterlassene Strafmilderung aus den §§ 51 Abs. 2, 44 StGB anführt, übersieht sie, daß das Landgericht deren Voraussetzungen, nämlich eine erhebliche Verminderung des Hemmungsvermögens verneint hat (UA S. 20/21). Eine außerhalb des Bereichs des § 51 Abs. 2 StGB bleibende »alkoholische Enthemmung« ist aber ausdrücklich strafmildernd berücksichtigt worden (UA S. 22).

Die Revision des Angeklagten B.,

die Verfahrensrügen erhebt und Verletzung sachlichen Strafrechts geltend macht, greift im Strafausspruch durch. Im übrigen ist sie unbegründet.

I.

Die Verfahrensrügen gehen fehl.
1) Die Rüge der Verletzung des § 338 Nr. 3 StPO scheitert schon daran, daß sie nicht in der durch § 344 Abs. 2 Satz 2 StPO vorgeschriebenen Form erhoben ist. Es fehlt am ausreichenden Vortrag des Inhalts des Ablehnungsgesuchs und des darauf ergangenen Beschlusses (BGHSt 21, 334, 340; BGH bei Dallinger in MDR 1972, 387). Das übrige Vorbringen ist unbeachtlich, weil weitere Ablehnungsgründe wegen der zeitlichen Grenze des § 25 StPO im Revisionszuge nicht nachgeschoben werden dürfen (vgl. BGHSt 21, 85, 88).
2a) Das Landgericht hat auch nicht § 244 Abs. 6 StPO verletzt. Eines förmlichen Beschlusses auf die im Schriftsatz des Verteidigers vom 7. November 1973 zu Nr. 5 bis 7 enthaltenen Anträge bedurfte es nicht. Sie waren als Hilfsanträge bezeichnet und dem Gericht lediglich angekündigt, »schon vorab zur Kenntnis gebracht« worden.
b) Da das Landgericht zeitlich danach, nämlich am 23. November 1973 (Bd. II Bl. 58 R d. A.), den von diesen Anträgen betroffenen Zeugen Z. selbst vernommen hat, braucht sich ihm mangels eines entsprechenden Antrags des Angeklagten oder seines Verteidigers nicht die Vernehmung der Personen aufzudrängen, denen dieser Zeuge über seine Beobachtungen zum Tatgeschehen berichtet haben soll.
3) Auch die Rüge, das Landgericht habe die Hilfsanträge zu Nr. 3 bis 6 (UA S. 24/27) zu Unrecht abgelehnt, bleibt ohne Erfolg. Die Beweisanträge enthielten keine Behauptungen, die das Gericht nicht aus eigener Sachkunde zu beurteilen hatte.

II.

1) Die Annahme eines Autostraßenraubes nach § 316 a StGB wird – entgegen der Meinung der Revision – von den Feststellungen getragen. Das Vorbringen der Revision entfernt sich weithin von den Feststellungen, teilweise mit unzulässigen, unvereinbare Widersprüche nicht aufzeigenden Angriffen gegen die Beweiswürdigung. Ihre Berufung auf BGHSt 22, 114 geht fehl, weil die Tat nicht in erheblichem Abstand vom Halteort, sondern unmittelbar nach dem Anhalten neben dem Fahrzeug ausgeführt wurde (BGHSt 5, 280, 282). Schließlich kommt es nicht darauf an, daß der Angeklagte nicht schon während der Fahrt den Tatentschluß gefaßt hat, das Vorhaben des Mitangeklagten S. vielmehr erst erkannt hat, als er auf dessen Weisung in einer »einsamen und dunklen Seitenstraße« angehalten hatte (UA S. 7, 18). Damit hat er sich der Tat vor deren Beendigung angeschlossen. Die von dem Mitangeklagten S. verwirklichten und bekannten Erschwerungsgründe sind ihm deshalb zuzurechnen (BGHSt 2, 344, 346). Die tatrichterliche Würdigung, daß der Angeklagte nicht nur

eine fremde Tat unterstützte, sondern sie »als eigene« wollte, ist aus Rechtsgründen nicht zu beanstanden. Die dazu führenden Schlüsse des Landgerichts sind jedenfalls möglich.
2) Die Bedenken der Revision zum Strafausspruch sind gerechtfertigt. Als Begründung für die Verhängung einer Jugendstrafe hat die Strafkammer lediglich ausgeführt, die Schwere der Schuld erfordere sie (UA S. 22). Das reicht hier nicht aus. Jedenfalls hätten bei dem geringen Tatbeitrag des bislang nicht bestraften Angeklagten neben dem Gewicht der Tat die persönlichkeitsbegründenden Beziehungen zur Straftat festgestellt werden müssen (BGHSt 16, 261, 263; 5 StR 96/70 vom 28. April 1970 – nicht veröffentlicht). Derartige Feststellungen sind dem Urteil auch in seinem Gesamtzusammenhang nicht zu entnehmen.
Die Entscheidung entspricht dem Antrag des Generalbundesanwalts.
Es empfiehlt sich, in der neuen Verhandlung die Feststellungen, die dem rechtskräftigen Schuldausspruch zugrunde liegen, zu verlesen. Sie brauchen im Urteil nicht wiederholt zu werden.

Sch.   H.   F.   Sch.   F.
Ausgefertigt
. . . . .
Amtsinspektor als Urkundsbeamter der Geschäftsstelle

Hinweis des Verf.:
Am 23. 10. 1974 erhält B. Haftverschonung. Er arbeitet ab Dezember 1974 in seinem Beruf als Stahlformbauer.

(509) 3 Ve KLs /73 (/74)   Rechtskräftig seit
dem 26.9.75
V. m. Bl. 87 Bd II
Berlin, den 2.10.75
Justizoberinspektorin

Im Namen des Volkes

Strafsache

gegen S. u. a., hier nur
gegen den Stahlformenbauer Lutz Egbert Erich B., geboren am
25. Januar 1953 in Berlin, wohnhaft in Berlin 27,

wegen gemeinschaftlichen Autostraßenraubes.

Die 9. große Strafkammer – Jugendkammer – des Landgerichts Berlin hat auf Grund der Hauptverhandlung vom 18. September 1975, an der teilgenommen haben:

Vorsitzender Richter am Landgericht P. als Vorsitzender,

Richter am Landgericht H., Richter Sch. als beisitzende Richter,

Angestellter Alfons D., Verwaltungsangestellte Marianne B. als Jugendschöffen,

Staatsanwältin S. als Beamter der Staatsanwaltschaft,

Rechtsanwalt Dr. P. und Rechtsanwalt M. als Verteidiger,

Justizassistentin z. A. S. als Urkundsbeamter der Geschäftsstelle,

für Recht erkannt:

Der Angeklagte wird aufgrund des Schuldspruchs aus dem Urteil in dieser Sache vom 3. Dezember 1973 zu einer Jugendstrafe

von zwei Jahren

verurteilt, deren restliche Vollstreckung zur Bewährung ausgesetzt wird.

Der Angeklagte hat die Kosten des Verfahrens und seine notwendigen Auslagen zu tragen. Die Gebühr für das Revisionsverfahren wird auf die Hälfte ermäßigt.

Gründe:

Die 5. große Strafkammer des Landgerichts Berlin hat den Angeklagten B. am 3. Dezember 1973 wegen gemeinschaftlichen Autostraßenraubes in Tateinheit mit gemeinschaftlichem schweren Raub zu einer Jugendstrafe von 5 Jahren verurteilt.
Auf die hiergegen eingelegte Revision des Angeklagten hat der Bundesgerichtshof durch Urteil vom 3. September 1974 das angefochtene Urteil im Strafausspruch mit den betreffenden Feststellungen aufgehoben, seine weitergehende Revision jedoch verworfen.
Damit sind die tatsächlichen Feststellungen und der Schuldspruch des Urteils des Landgerichts Berlin vom 3. Dezember 1973 rechtskräftig geworden. Auf sie wird Bezug genommen.
Gegen den zur Tatzeit fast 20 Jahre alten und damit heranwachsenden Angeklagten war gemäß § 105 Abs. 1 Nr. 1 JGG das Jugendstrafrecht anzuwenden. – Das Vorliegen schädlicher Neigungen des Angeklagten, die in der Tat hervorgetreten sind und Erziehungsmaßregeln oder Zuchtmittel zur Erziehung nicht mehr ausreichend erscheinen lassen (§ 17 Abs. 2, 1. Alternative JGG) hat die Jugendkammer verneint. Der Angeklagte ist weder vorbelastet noch vorbestraft, in geordneten familiären Verhältnissen aufgewachsen, hat die mittlere Reife und stand zur Tatzeit kurz vor dem erfolgreichen Abschluß einer Lehre als Stahlformbauer.
Dagegen konnte die Jugendkammer nicht umhin, wegen der Schwere der Schuld (§ 17 Abs. 2, 2. Alternative JGG) gegen den Angeklagten Jugendstrafe zu verhängen. Die Notwendigkeit ihrer Verhängung ergibt sich einmal aus dem Gewicht der Tat, an der sich der Heranwachsende als Mittäter beteiligt hat. Autostraßenraub ist eines der schwersten Verbrechen, die das Strafgesetzbuch kennt. Bei der Bestrafung einer derartigen Tat ist auch im Rahmen des Jugendstrafrechts dem Sühnegedanken Rechnung zu tragen. Der Angeklagte ist auch nicht zufällig und ohne eigenes Zutun in diese Tat verwickelt worden. Nachdem er als extrem behütetes und stark verwöhntes Einzelkind – z. B. durch Überlassung hoher Taschengeldbeträge seitens der Eltern und der Großmutter und frühzeitigem Erwerb eines eigenen Kraftwagens – groß geworden war, versuchte er, sich zur Tatzeit unglücklicherweise namentlich dadurch zu verselbständigen, daß er einen großen Teil seiner Freizeit biertrinkend in dem Lokal »Kullerpiste« verbrachte, von dem die Straftat ausging. Dort lernte er den Mitverurteilten S. kennen und freundete sich etwas mit ihm an. Ohne seine, des Angeklagten, Mitwirkung wäre die Tat nicht ausgeführt worden. Denn er fuhr in seinem Wagen das alkoholisch stark

beeinflußte Opfer an den etwas abgelegenen und dunklen Tatort. Als ihm dort endgültig klar wurde, was sein Mittäter S. mit dem Opfer vorhatte und auszuführen begann, unternahm er nicht den geringsten Versuch, diesen davon abzubringen. Er paßte sich vielmehr sofort dessen Willen an und unterwarf sich ohne Widerstreben dessen Handlungsweise. Gerade hierzu hat er sich bis in diese Hauptverhandlung hinein um die Verantwortung für sein Tun herumzudrücken versucht. Den in Empfang genommenen Beuteanteil will er lediglich als »Schweigegeld« angenommen haben. Desgleichen mußte er zugeben, daß er nicht wußte, was mit dem zusammengeschlagenen und am Tatort zurückgebliebenen Opfer geschehen würde, daß er sich um dieses in keiner Weise gekümmert hat und nur »froh war, vom Tatort wegzukommen«.

Dabei war der Angeklagte nach dem überzeugenden Gutachten des medizinischen Sachverständigen Dr. O. – dem sich die Kammer nach der in der Hauptverhandlung gegebenen Einlassung des Angeklagten zu seinem Alkoholkonsum vor der Tat und nach Anhörung der zu dieser Frage noch einmal vernommenen Zeugen R., Z., S. und B. zur vollen eigenen Überzeugung angeschlossen hat – im medizinischen Sinne weder in seiner Einsichtsfähigkeit noch in seiner Steuerungsfähigkeit erheblich vermindert. Zwar will er nach seiner Darstellung an dem Abend vor der Tat von 17.45 Uhr bis nach 23.00 Uhr ein kleines Bier à 0,2 l, 7 Biere à 0,4 l und 1 oder 2 möglicherweise auch 3 Whisky getrunken haben. Das würde nach der Rechnung des Sachverständigen unter Berücksichtigung der Trinkzeit und der entsprechenden Abbauwerte etwa 2,2‰ Alkohol im Blut ergeben. Damit war er zur Tatzeit um 0.15 Uhr mit Sicherheit alkoholisch enthemmt. Unter Berücksichtigung der langen Trinkzeit, seines Trinkgewohntseins, seines ausgezeichneten Erinnerungsvermögens und seines zielstrebigen und situationsbedingten Verhaltens ist aber eine erhebliche Verminderung seiner Schuldfähigkeit im Sinne des § 21 StGB auszuschließen.

Hatte die Kammer somit nach dem Gewicht der Tat, nach dem Anteil des Angeklagten an ihr und dem Maße seiner persönlichen Schuld Jugendstrafe aus dem Gesichtspunkt der Schwere der Schuld zu verhängen, so konnte sie bei der Festsetzung der Höhe dieser Jugendstrafe zu seinen Gunsten seine bisherige Unbestraftheit, seinen bis dahin ordentlichen Lebenswandel und seine noch starke Abhängigkeit vom Elternhaus berücksichtigen. Ferner war ihm zugute zu halten, daß die Straftat nicht von ihm ausgegangen war und er sich an der körperlichen Einwirkung auf das Opfer nicht beteiligt hat. Schließlich ist dieses bei dem Überfall auch nicht lebensgefährlich verletzt worden.

Zu seinen Lasten hat das Gericht dagegen in Betracht gezogen, mit welcher Leichtigkeit und Unbedenklichkeit er sich sofort der Handlungsweise seines Mittäters S. angeschlossen hat. Ferner war zu berücksichtigen, daß er sich gegenüber dem Opfer, dem er wegen dessen angetrunkenen Zustandes versprochen hatte, es nach Hause zu fahren, eines

groben und besonders schwerwiegenden Vertrauensbruches schuldig gemacht hat. Schließlich hat er an der nicht unerheblichen Beute von 1.800,– DM voll teilgehabt. Unter Berücksichtigung aller dieser für und gegen den Angeklagten sprechenden Umstände hielt die Kammer eine Jugendstrafe von zwei Jahren zur Sühne des schwerwiegenden Verbrechens für notwendig, aber auch für ausreichend. Sie hat ihm die in dieser Sache erlittene Untersuchungshaft angerechnet, so daß er etwa 11 Monate dieser Jugendstrafe verbüßt hat.
Diese Jugendstrafe hat das Gericht dem Angeklagten gemäß § 21 Abs. 2 JGG zur Bewährung ausgesetzt. Nach Auffassung der Kammer lagen hier besondere Umstände in der Tat und in der Persönlichkeit des Heranwachsenden vor, die auch die Aussetzung der Vollstreckung einer Jugendstrafe von zwei Jahren zulassen. Der Angeklagte ist sozial eingegliedert, geht seit seiner Haftverschonung wieder seinem erlernten Beruf nach, hat inzwischen geheiratet und erwartet von seiner Ehefrau ein Kind. Für den unbestraften, vom Elternhaus noch abhängigen und eher etwas weichlichen Angeklagten war die Tat ungewöhnlich und persönlichkeitsfremd. Daher ist das Gericht überzeugt, daß dieser Angeklagte strafrechtlich jedenfalls in ähnlicher Weise nicht mehr in Erscheinung treten wird. Als besondere in der Tat liegende Umstände hat die Jugendkammer neben seiner geringeren Tatbeteiligung insbesondere die Tatsache angesehen, daß er im Schlepptau des älteren und energischeren Mitverurteilten S. gehandelt hat. Er von sich aus hätte die Tat weder geplant noch ausgeführt. Aber er hatte zur Tatzeit die Fähigkeit, selbständig und eigenverantwortlich zu handeln, noch nicht in altersgemäßer Weise entwickelt, da er noch ungewöhnlich stark daran gewöhnt war, stets in erster Linie auf andere, nämlich im guten Sinne auf seine Eltern, zu hören und nach deren Willen zu leben und tätig zu werden. Diese auffallende Abhängigkeit von Beziehungspersonen hat ihn bei der Ausführung des Autostraßenraubes daran gehindert, die Handlungsweise seines die Initiative ergreifenden Mittäters sofort kritisch zu erfassen und zu dessen Tun klar »nein« zu sagen. Da die Strafkammer nach dem Eindruck des Angeklagten in der Hauptverhandlung nunmehr die Überzeugung erlangt hat, daß er die notwendige Kritik- und Distanzierungsfähigkeit inzwischen erworben haben dürfte, sieht sie sein damaliges Versagen weitgehend als entwicklungsbedingt und ihn in dieser Weise jetzt nicht mehr gefährdet an.
Die Kostenentscheidung beruht auf den §§ 465 und 473 StPO.

P.   Sch.   H.

Staatsanwaltschaft Berlin 21, den 29.1.74
bei dem Landgericht Berlin Turmstr. 91
3 Ve Js /74 Fernruf: 39 40 11

An das Haft
Amtsgericht Tiergarten
— Jugendschöffengericht —

Anklageschrift

Der Schüler Ralph Z., geboren am 2. April 1956 in Berlin, z. Z. aufhältlich in der Jugendarrestanstalt Schönstedtstraße, Deutscher, ledig, nicht bestraft,
— Registerauszug liegt vor —

— in dieser Sache festgenommen am 22. November 1973 aufgrund des Haftbefehls des Amtsgerichts Tiergarten vom 12. November 1973 — 353 Gs . . ./73 — und seitdem in Untersuchungshaft z. Z. in der Jugendarrestanstalt Neukölln, Gef. B. Nr. . . ./73
gesetzlicher Vertreter: Mutter K., geborene E., Berlin 26, . . .

wird angeklagt,

— als Jugendlicher mit Verantwortungsreife —

in Berlin
am 9. Januar 1973 gegen 00.15 Uhr
gemeinschaftlich handelnd mit den gesondert verfolgten S. und B. durch eine und dieselbe Handlung

1) mit Gewalt gegen eine Person eine fremde bewegliche Sache einem anderen in rechtswidriger Zueignungsabsicht weggenommen zu haben, wobei die Tat auf einer Straße begangen wurde,

2) zur Begehung eines Raubes einen Angriff auf Leib oder Leben eines Mitfahrers in einem Kraftfahrzeug unter Ausnutzung der besonderen Verhältnisse des Straßenverkehrs unternommen zu haben.

Der Angeschuldigte erbot sich zusammen mit S. und B., den Zeugen R. in dem PKW NSU — polizeiliches Kennzeichen B- . . . — des B. von dem Lokal »Kullerpiste« im Tegel-Center nach Hause zu fahren. Etwa in der Holzhauser Str. — nahe Am Nordgraben verlangsamte B. auf Geheiß des S. die Geschwindigkeit des von ihm gelenkten PKW B- . . . Anschließend schlug S. im Einverständnis mit dem Angeschuldigten und B. auf den Zeugen R. ein und zog dem Zeugen R. die Brieftasche mit mindestens

1.800,– DM aus der Jackentasche. Der Zeuge R. wurde aus dem Fahrzeug gestoßen. Anschließend fuhr der Angeschuldigte mit S. und B. in dem PKW davon. Sie teilten sich die Beute, wobei jeder ca. 600,– DM erhielt.

Verbrechen, strafbar nach §§ 249, 250 Abs. 1 Nr. 3, 316 a Abs. 1, 47, 73 StGB
§§ 1, 3 JGG

Beweismittel:
I. Zeugen:

1) R. Berlin 26, . . .

2) B. z. Z. in der Untersuchungshaft- und Aufnahmeanstalt Moabit

3) S. z. Z. in der Untersuchungshaft- und Aufnahmeanstalt Moabit, Gef. B. Nr. . . . /73

4) W. Berlin 12, . . .

5) E., geb. F. Berlin 28, . . .

6 R, . . . Berlin 28, . . .

7) KHM . . . O. . . . E I 1

8) KOM . . . D. . . . KI Reinickendorf

9) KOM . . . J. . . . KI Reinickendorf

10) KHM . . . S. . . . KI E I 1

II. Med. Sachverständiger für Alkoholfragen

Wesentliches Ergebnis der Ermittlungen

Der Angeschuldigte Z. hielt sich mit den gesondert verfolgten Zeugen B. und S. in den Abendstunden des 8. Januar 1973 in dem Lokal »Kullerpiste« im Tegel-Center auf. Dort lernten Z., B. und S. auch den Zeugen R. kennen, der ihnen Getränke spendierte. Etwa gegen 23.45 Uhr erboten sich Z., B. und S., den Zeugen R., der unter Alkoholeinfluß stand, und daher mit seinem eigenen PKW nicht mehr fahren wollte, mit dem PKW

NSU B-... des Angeschuldigten B. nach Hause zu fahren. Der PKW wurde von dem Angeschuldigten B. gelenkt.
Spätestens während der Fahrt entschlossen sich Z., S. und B., den Zeugen R. zu berauben.
Etwa in der Nähe der Miraustraße verlangsamte daher B. auf Geheiß des S. die Geschwindigkeit seines Fahrzeugs und fuhr in einen Sandweg. Dieser Ort erschien Z., B. und S. zur Ausführung der Tat und der anschließenden Flucht unter Zurücklassung des Zeugen R. besonders günstig. Nachdem B. angehalten hatte, stiegen der Angeschuldigte und B. aus, während S. den Zeugen R. aus dem Wagen hinausdrückte. S., der ebenfalls ausgestiegen war, schlug den Zeugen R. mit einem Fausthieb in das Gesicht nieder, riß dessen Mantel auf und entwendete aus der inneren Jackentasche die Brieftasche mit mindestens 1.800,– DM und sämtlichen Papieren. Darauf bestieg Z., der ebenfalls ausgestiegen war, zusammen mit B. und S. wieder den Wagen, ohne sich um den Zeugen R. zu kümmern.
Während der Fahrt teilte S. das erbeutete Geld zu gleichen Teilen an den Angeschuldigten, B. und sich selbst auf.
Der Angeschuldigte hat sich in diesem Verfahren als Beschuldigter nicht geäußert, obwohl er hierzu Gelegenheit hatte.
Er wird durch die angegebenen Beweismittel überführt werden.

Es wird beantragt,
    das Hauptverfahren zu eröffnen und die Anklage zur Hauptverhandlung vor dem Amtsgericht Tiergarten – Jugendschöffengericht – zuzulassen sowie Haftfortdauer zu beschließen.

        P.
        Staatsanwältin

Bezirksamt Reinickendorf von Berlin
Abteilung Jugend und Sport

An das
AMTSGERICHT TIERGARTEN

Zu: 414 – .../74

GeschZ: Bei Antwort bitte angeben

Jug. III C 2 b

An die
STAATSANWALTSCHAFT bei
dem LANDGERICHT BERLIN
Zu: 5 Ve Js .../74

Berlin, den 21.1.1974
Jugendgerichtshilfe

Termin am: 5.3.1974

Betr.: Strafsache gegen Z., geb. am 2.4.1956, wohnhaft: 1 Berlin 26, ...
z. Zt. seit dem 22.11.1973 in U-Haft in der JAA Neukölln zu:
Gefangenenbuch-Nr. .../73

Mutter: (Inhaberin der elterlichen Gewalt gem. § 1671 BGB)
Christa K., gesch. Z., gesch. Zi., gesch. Sch., geborene K., geb.
am 5.3.1935, wohnhaft: 1 Berlin 26, ...
Halbbruder: Stefan Sch., geb. 9.2.1967,
Vater: Karl-Heinz Z., geb. 5.12.1934, wohnhaft: 1 Berlin 28, ...
4 Halbgeschwister: (14, 10, 5 und 4 Jahre alt)

Nach unserer Kenntnis ist der Jugendliche nicht vorbelastet. Die Familie ist der zuständigen Familienfürsorge durch die Regelung der elterlichen Gewalt bekannt geworden.
Ferner besteht z. Zt. noch eine Unterhaltspflegschaft bei der hiesigen Amtsvormundschaft.

FAMILIENSITUATION: (der Mutter)
Frau K. ist jetzt 39 Jahre alt. Über ihre Entwicklung sind hier keine Einzelheiten bekannt.

Sie heiratete Ralfs Vater Ende 1955. Die Ehe soll nach etwa 14monatiger Dauer Anfang 1957 aus ihrem Verschulden wieder geschieden worden

sein. Sie erhielt damals das Recht der Personensorge, das Recht der Vermögenssorge verblieb beim Vater. Aufgrund unregelmäßiger Unterhaltszahlungen wurde ihr im Juni 1968 die gesamte elterliche Gewalt zuerkannt. Es kam dann zu einer Unterhaltsbeistandschaft bei der hiesigen Amtsvormundschaft.
In den folgenden Jahren heiratete Frau K. 1960 erneut. Diese Ehe (Zi.) wurde 1963 geschieden. 1967 heiratete sie den Sozialoberinspektor Alfred Sch. Nach Angaben von Frau K. kam diese Ehe aufgrund der Geburt des Kindes Stefan zustande. Eine Scheidung erfolgte dann im Sommer 1973. Ralf äußerte in einem Gespräch spontan, daß er davon Kenntnis habe, daß alle Ehen seiner Mutter aus deren Verschulden geschieden worden sind.
Nach Ralfs Bericht lebte die Familie anfangs in einer »Bruchbude« in der Kösliner Str. in Wedding; danach in nicht viel besseren Verhältnissen in der Triftstr. Nach unseren Unterlagen verzog die Familie dann im Juni 1967 in einen der ersten fertiggestellten Wohnblöcke des Märkischen Viertels in die 2 $2/2$-Zimmerneubauwohnung.
Die Mutter berichtet weiter, daß sie schon immer berufstätig gewesen sei. Zeitweise habe sie auch Heimarbeit verrichtet. Seit nunmehr 7 Jahren ist sie bei der Post angestellt.
Sie berichtet weiter, daß es nach ihrer Scheidung von Herrn Z. zu einer Verkehrsregelung einmal mtl. gekommen sei, die dieser jedoch nie ausgenutzt habe. In den nachfolgenden Jahren bestanden zwischen den beiden ehemaligen Ehepartnern keine Kontakte mehr. Ihrer Meinung nach sei die Ehe unüberlegt und zu jung geschlossen worden und deshalb gescheitert. Ihr zweiter Mann wird von ihr als recht farblos geschildert. Er habe sich zu Ralf neutral und nett verhalten. Dagegen gab es zwischen Ralf und ihrem dritten Ehemann von Anfang an Schwierigkeiten. Er habe sich nur für sein eigenes Kind interessiert und sei Ralf gegenüber stets sehr abweisend gewesen. Frau K. zeigte sich hier über die augenblickliche Situation von Ralfs Vater nicht orientiert.

FAMILIENSITUATION: (des Vaters)

Herr Z. berichtet hier, daß er 1960 erneut geheiratet habe, nachdem er mit seiner Frau bereits einige Zeit zusammengelebt hatte. Aus seiner Ehe sind 4 Kinder hervorgegangen. Die Familie lebt in einer 2 $2/2$-Zimmerneubauwohnung in der Rollberge-Siedlung in Waidmannslust unter der obigen Anschrift. Herr Z. arbeitet als Baggerführer bei einer Tiefbaufirma und hat ein mtl. Nettoeinkommen von rund 2.000,– DM. Herr Z. berichtet uns hier, daß er seit Ralfs zweitem Lebensjahr keinen Kontakt mehr mit dem Jungen gehabt hat. Nach seiner Ansicht trägt daran seine geschiedene Frau die Schuld. Er habe den dauernden Streitigkeiten und Auseinandersetzungen aus dem Weg gehen wollen.

ENTWICKLUNGSGANG DES JUGENDLICHEN:
Ralfs Geburt verlief unauffällig. Besondere Erkrankungen in seiner kindlichen Entwicklung sind nicht zu berichten. Nach Angaben seiner Mutter bereitete er in seiner Erziehung bis zum 12/13. Lebensjahr keine Schwierigkeiten. Er sei ein »lieber, vernünftiger Junge« gewesen. Aufgrund der Berufstätigkeit der Mutter besuchte er wohl von Anfang an eine Kindertagesstätte. Zeitweise scheint er auch von den Großeltern mütterlicherseits versorgt worden zu sein.
Er wurde in Wedding altersgemäß eingeschult; mußte dann die 4. Klasse der Grundschule wiederholen und besuchte nach dem Umzug der Familie in das Märkische Viertel die Julius-Leber-Oberschule (Hauptschule) in Tegel. Dort lernte er auch in der 7. Klasse seine spätere Freundin Angela kennen.
Ostern 1973 verließ er diese Schule, ohne den Abschluß der 9. Klasse erreicht zu haben. Er versuchte, sofort anschließend die 9. Klasse in der Johannes-Lindhorst-Oberschule (Hauptschule) zu wiederholen. Etwa zu den großen Ferien 1973 gab er diesen Versuch auf. Ralf berichtete uns, daß er kein Interesse mehr am Schulbesuch gehabt hätte. Er fing an zu schwänzen. Die Schwierigkeiten führte er mehr auf die neuen Klassenkameraden und Lehrer zurück als auf seine Leistungen. Diese waren etwa ausreichend. Ralf berichtet uns, daß er sich unter seinen 13/14jährigen Klassenkameraden aufgrund seines Alters nicht mehr wohlgefühlt habe. Er hätte sich damals immer mehr nach außen hin orientiert.
Aufgrund seines Versagens in der Schule und seinem Abgang kam es zu außergewöhnlichen Auseinandersetzungen mit seiner Mutter. Da es ihm auch nicht möglich war, eine Arbeit aufzunehmen, vermutlich einmal bedingt durch seine Berufsschulpflicht, zum andern aber auch aus einer Trotzreaktion seiner Mutter gegenüber, griff diese zu immer härteren Maßnahmen gegen ihren Sohn. Da sie tagsüber berufstätig war, verschloß sie die restlichen Zimmer und die Küche der Wohnung, um Ralf dadurch zu einer Arbeitsaufnahme zu zwingen. Seine Reaktion bestand darin, daß er sich mit einem Draht selbst Zugang zur Küche verschaffte und den Kühlschrank plünderte. Allem Anschein nach kam es dann im September 1973 dazu, daß ihn seine Mutter vor die Tür setzte. Nach seinen Angaben fand er zuerst für einige Tage bei Freunden Unterkunft und bekam dann Kontakt zu einer vom Landesjugendamt getragenen Wohngemeinschaft in Kreuzberg. Dort hielt er sich bis zu seiner Verhaftung im November 1973 auf.
Zwischenzeitlich hatte die Mutter Anfang Oktober 1973 bei der zuständigen Familienfürsorge einen Antrag auf Heimunterbringung für Ralf im Rahmen der Jugendhilfe gestellt. In der Begründung heißt es:
> »Ralf vermeidet z. Zt. jeden Kontakt mit uns. Die Mutter lehnt seinen weiteren Verbleib in ihrer Wohnung ab. Nach Angaben der Mutter stiehlt er zu Hause Geld und entwendet der Mutter andere Wertsachen. Seit der Schulentlassung arbeitet Ralf nicht, bemüht

sich auch um keine Arbeitsstelle. Nach Angaben der Mutter ist Ralf mit einer Heimunterbringung einverstanden.«

PERSÖNLICHKEITSENTWICKLUNG DES JUGENDLICHEN:
Die Ehe der Eltern wurde geschieden, als der Junge etwa 2 Jahre alt gewesen war. Bedingt durch die in den nachfolgenden Jahren erfolgten zwei weiteren Ehen der Mutter wechselten seine männlichen Bezugspersonen in wesentlichen Phasen seiner Entwicklung (Ablösung von der Mutter, Identifikation mit der männlichen Geschlechtsrolle, Identifikation mit dem Vorbild des Vaters und einsetzende Ablösung während der Pubertät). Auch die beruflich bedingte Abwesenheit der Mutter und Betreuung des Kindes bis zu seinem 12. Lebensjahr in einer Kindertagesstätte dürfte nicht unwesentlich zu Fehlentwicklungen seiner Persönlichkeit beigetragen haben. Aus dem Gespräch mit der Mutter ist der Berichterstatter der Ansicht, daß diese in erster Linie ihre eigenen Interessen verfolgt. Es ist durchaus vorstellbar, daß Ralf von ihr zeitweise abgeschoben wurde und nicht die notwendige Zuneigung erhielt. Im augenblicklichen Zeitpunkt ist Frau K. keinesfalls bereit, Ralf wieder bei sich aufzunehmen oder auch nur mit ihm Kontakt zu halten. Nur auf entsprechende Vorhaltungen des Berichterstatters ist Frau K. unter Umständen bereit, an dem Termin gegen Ralf teilzunehmen.
Ralf ist z. Zt. ein äußerlich altersgemäß gereifter Jugendlicher, der einem Fremden mit recht starker Zurückhaltung gegenübertritt. Allerdings war es möglich, dann mit ihm guten Kontakt zu bekommen. Er gab sich im Gespräch recht offen und berichtet auch von seinen persönlichen Nöten. In seiner freien Zeit scheint er überwiegend mit seiner Freundin Angela zusammen gewesen zu sein. Er schildert sie als sehr ausgeglichen und zielstrebig. Sie wird im April 17 Jahre alt und beendet jetzt gerade ihre Schulausbildung mit dem Abschluß der 10. Klasse. Ralf ist sehr besorgt um Angela, die von ihm ein Kind erwartet.
In einem Gespräch mit Angela ..., geb. am 22. 4. 1957, wohnhaft: 1 Berlin 27, ... erfahren wir ein wenig mehr über die beiden jungen Leute. Angela erwartet ihr Baby um den 14. März 1974. Sie hat eine 20jährige Schwester und wohnt im Haushalt ihrer Eltern. Der Vater ist Betriebsleiter. Sie berichtet davon, daß ihre Eltern über die ganze Entwicklung wenig erfreut sind. Allerdings wird sie auch nicht gedrängt, ihre Verbindung zu Ralf vollkommen abzubrechen. Sie hat Ralf bereits in der Jugendarrestanstalt besucht und steht in brieflichem Kontakt mit ihm. Angela möchte gern an dem Termin gegen Ralf teilnehmen. Wir lernen sie als ein aufgeschlossenes Mädchen kennen, das rein äußerlich den Problemen der letzten Monate recht gewachsen schien. Allerdings wird ihre Sorge darüber, wie es weitergehen soll, sehr deutlich. Sie macht sich auch Gedanken darüber, daß Ralf sein Baby, bedingt durch seine Haft, nicht von Anfang an miterleben kann. Sie schätzt Ralf so ein, daß er jeder Zeit auf Initiativen

anderer eingegangen sei und insbesondere Kontakt zu älteren Jugendlichen gesucht habe. Seinen Umgang mit dem Mittäter B. habe sie nicht gebilligt.
Für die Zukunft hat Ralf auf jeden Fall vor, noch irgendeinen Schulabschluß zu erreichen. Er möchte nach seiner Haftentlassung zuerst einmal irgendeine Arbeit ausüben, um Geld zu verdienen. Daneben möchte er eine Abendschule besuchen, um zumindest den Abschluß der 9. Klasse zu ereichen.
Bestärkt wird er in seinen Überlegungen für die Zukunft von seinem Vater. Dieser hat ganz spontan, als er von Ralfs Verhaftung hörte, mit diesem Kontakt aufgenommen. Ralf ist sichtlich von dem Verhalten seines Vaters beeindruckt. Er scheint Vertrauen zu ihm gefunden zu haben. In unserem Gespräch mit Herrn Z. und seiner Frau berichten beide, daß sie es für selbstverständlich halten, Ralf wieder auf die Beine zu helfen. Herrn Z. ist das Verhalten seiner geschiedenen Frau unverständlich. Beide sind bereit, Ralf jeder Zeit in ihre Wohnung aufzunehmen und Herr Z. könnte ihm auch sofort bei seiner Firma eine Arbeit besorgen. Der Berichterstatter hat durchaus den Eindruck, daß der überraschende Kontakt des Vaters zu seinem Sohn, der immerhin seit dessen 2. Lebensjahr nicht bestand, ehrlich gemeint ist. Eine evtl. Abänderung des Beschlusses über die elterliche Gewalt ist von ihm nicht beabsichtigt. Ralfs Mutter erklärt hier im Gespräch, daß ihr der Kontakt zwischen Vater und Sohn egal sei.

Zur Tat äußert sich der Jugendliche sehr offen. In dem Lokal »Kullerpiste« habe er sich damals öfter aufgehalten. Beide Mittäter seien ihm bekannt gewesen. An diesem Abend hatte ihm B. angeboten, ihn nach Hause zu bringen. Eine Verabredung unter den Dreien habe nicht stattgefunden. Er sei von der Tat vollkommen überrascht gewesen. Sein passives Verhalten im weiteren Verlauf (das Dulden der weiteren Vorgänge, die Annahme des Geldes und die unterlassene Hilfeleistung) ist für uns aus seiner Persönlichkeitsstruktur und seiner damaligen Situation heraus durchaus erklärlich. Ralf sieht sein Fehlverhalten jetzt ein. Er habe sich die ganzen Monate hindurch aus Angst nicht selbst der Polizei gestellt. Wir haben den Eindruck, daß er jetzt, wo durch seine Aussage, seine Verhaftung und die Anklage eine gewisse Lösung erfolgt ist, sein Verhalten bereut und auch bereit ist, dafür einzustehen.

ZUSAMMENFASSENDE BEURTEILUNG:
Der hier angeklagte Jugendliche war z. Zt. der ihm vorgeworfenen Tat 16,9 Jahre alt. Seine gesamte Entwicklung verlief aufgrund der mehrfachen Ehen seiner Mutter nicht ungestört. Der häufige Wechsel der Bezugspersonen führte in entscheidenden Entwicklungsphasen seiner frühkindlichen, kleinkindl. und pubertäten Entwicklung zu Verhaltensstörungen.

Die mehr auf ihre eigenen Probleme bezogene Mutter konnte ihm keine Hilfe sein. Es kam schließlich in dem der Pubertät folgenden Ablösungsprozeß zu einer Zuspitzung, die dazu führte, daß die Mutter den Jungen aufgrund seines Fehlverhaltens vor die Tür setzte und jeden weiteren Kontakt mit ihm jetzt verweigert. Erst die überraschende Kontaktaufnahme seines Vaters zu ihm in den letzten Wochen bieten Ralf neue Orientierungsmöglichkeiten.

Seine strafrechtliche Verantwortlichkeit ist aufgrund seiner Persönlichkeit und seines Verhaltens nicht zu bezweifeln. Er selbst sieht sein Fehlverhalten durchaus ein und ist auch bereit, dafür die Folgen auf sich zu nehmen.

Bedingt durch die Schwierigkeit des Jungen, die nach der Teilnahme an der hier zur Anklage gekommenen Straftat in den darauffolgenden Monaten zunehmend eskalierte, kann u. E. nicht geschlossen werden, daß es bereits zur Verwahrlosung gekommen ist. Zwar kam es zu einem Abbruch des Schulbesuchs und zu einem Verlassen der mütterlichen Wohnung, doch nicht zu einem andauernden Orientierungs- und Beziehungsverlust. Er fand in der Wohngemeinschaft schnellen und andauernden Kontakt und beabsichtigte schon damals, seine Schulausbildung wieder aufzunehmen. Schädliche Neigungen sind für uns aus seinem Verhalten und auch aus dem Hergang der hier zur Anklage stehenden Tat nicht mit letzter Sicherheit zu erkennen. Bei intensiver sozialpädagogischer Betreuung geben wir ihm eine gute Chance, in seiner Zukunft nicht mehr mit den Strafgesetzen in Konflikt zu kommen. Allerdings stünde, sollte sich der Vorwurf der Anklage im vollem Umfang bestätigen, die Schwere der Schuld den erzieherischen Überlegungen erheblich entgegen. Sollte der Jugendliche eine Jugendstrafe zu verbüßen haben, ist von hier aus bereits der Einsatz eines Schutzhelfers während der Haft in Erwägung gezogen.

                    Im Auftrage
                    Sch.

(414) 3 Ve Ls .../74 (.../74)
Geschäftsnummer

IM NAMEN DES VOLKES

STRAFSACHE

Rechtskräftig seit
dem 20.3.1974 Berlin,
den 25.3.1974
C., – Justizamtmann

gegen

den Z., geboren am 2. April
1956 in Berlin, z. Zt. in dieser
Sache in der Jugendarrestanstalt Neukölln, Gef. B. Nr.:
.../73,
– ges. Vertr.: K., Berlin 26, ...

wegen gem. Raubes.

Das Jugend-Schöffengericht Tiergarten in Berlin hat in der Sitzung
vom 5. März 1974 und
vom 12. März 1974,
an der teilgenommen haben:

Richter am Amtsgericht D. als Vorsitzender,
Lehrer Edgar S., Lehrerin Karin S. als Jugendschöffen,
Staatsanwalt M. als Beamter der Staatsanwaltschaft,
Rechtsanwalt E. als Verteidiger,
Justizassistent Sch. als Urkundsbeamter der Geschäftsstelle,
am 12. März 1974 für Recht erkannt:

Der Angeklagte hat sich der Hehlerei nach § 259 StGB schuldig
gemacht.

Von Strafe wird abgesehen.

Gegen den Angeklagten werden vier Wochen Dauerarrest verhängt, die jedoch mit Rücksicht auf die bisher verbüßte Untersuchungshaft nicht mehr zu vollstrecken sind.
Darüber hinaus wird ihm aufgegeben, bis zum 31. 12. 1974
600,– DM (sechshundert) als Teil der Schadenswiedergutmachung an den Geschädigten Eberhard R. zu zahlen. Die erfolgte
Zahlung ist dem Gericht unaufgefordert nachzuweisen.
Der Angeklagte trägt die Kosten des Verfahrens.

Gründe:

Der Angeklagte, der im nächsten Monat 18 Jahre alt wird, stammt aus der beiderseits ersten und im Jahre 1955 geschiedenen Ehe seiner Eltern. Nach der Scheidung, nach etwa 1½ Jahren Ehezeit, hat die Mutter wenige Jahre später erneut geheiratet. Auch diese Ehe wurde nach wenigen Jahren geschieden. Die dritte, im Jahre 1967 geschlossene Ehe wurde im Sommer vergangenen Jahres geschieden. Ralfs Vater hat ebenfalls einige Jahre nach seiner Scheidung wieder geheiratet. Er wohnt mit seiner jetzigen Ehefrau, mit der er vier Kinder hat, in Waidmannslust. Ralfs Mutter, die zuerst nur das Personensorgerecht zugesprochen erhalten hatte, ist auch seit 1968 gesetzliche Vertreterin von Ralf. Sie wohnte früher mit ihrem Sohn im Bezirk Wedding und ist erst zu Beginn ihrer dritten Ehe in das Märkische Viertel gezogen. Ralfs Mutter ist seit etwa sieben Jahren Angestellte bei der Deutschen Bundespost.
Ralf soll sich in der Vorschulzeit unauffällig entwickelt haben. Er wurde im Bezirk Wedding altersgemäß eingeschult, mußte aber eine Klasse der Grundschule wiederholen. Nach dem Umzug in das Märkische Viertel hat er dann die Julius-Leber-Oberschule in Tegel besucht, die er zu Ostern 1973 verlassen hat. Den Abschluß der neunten Klasse hat er nicht erreicht. Sein Versuch, sofort anschließend auf einer anderen Hauptschule die neunte Klasse zu wiederholen, scheiterte zur Zeit der großen Ferien vergangenen Jahres. Er hatte überhaupt kein Interesse mehr am Schulbesuch und begann, den Unterricht zu schwänzen. Ralfs Verhältnis zu seiner Mutter, welches in den letzten Jahren nicht mehr sehr gut war, und zwar deshalb, weil er von seinem letzten Stiefvater abgelehnt wurde, verschlechterte sich immer mehr. Diese Schwierigkeiten wurden noch dadurch vergrößert, daß Ralf nach dem Schulabgang keine Arbeit aufnahm bzw. keine Arbeitsstelle finden konnte, da er keinen ordnungsgemäßen Schulabschluß hatte. Im Herbst vergangenen Jahres kam es dann zum Bruch zwischen Mutter und Sohn. Ralf mußte im September die Wohnung verlassen. Nachdem er einige Tage bei Freunden Unterkunft gefunden hatte, wurde ihm vom Landesjugendamt eine öffentlich unterstützte Wohngemeinschaft im Bezirk Kreuzberg zugewiesen, wo er sich bis zum November 1973 aufgehalten hat. Seit dem 22. November 1973 befand sich Ralf Z. in dieser Sache in Untersuchungshaft. Freitag vergangener Woche ist Ralfs Freundin, die bisher noch die zehnte Klasse einer Schule besucht hat, Mutter eines kleinen Jungen geworden, dessen Vater Ralf ist.
Mit der am 29. Januar 1974 erhobenen Anklage ist dem Angeklagten ein gemeinschaftlich begangener Autostraßenraub, in Tateinheit begangen mit schwerem Raub, zur Last gelegt worden. Die Hauptverhandlung hat hierzu folgenden Sachverhalt ergeben:
In den späten Abendstunden des 8. Januar 1973 ging der Angeklagte in das von ihm gelegentlich besuchte Lokal »Kullerpiste« im Tegel-Center.

Dort hielten sich bereits zwei andere junge Männer auf, die er zwar vom Lokalbesuch her kannte, mit denen er aber nicht besonders befreundet war. Es waren dies die Zeugen S., der damals bereits über 21 Jahre alt war, und B., der damals knapp 20 Jahre alt war. Diese beiden Zeugen, die miteinander befreundet und in diesem Lokal gut bekannt waren, sind bereits wegen dieser Tat nach mehrtägiger Hauptverhandlung am 3. Dezember vergangenen Jahres zu mehrjährigen Freiheitsstrafen abgeurteilt worden. Das Urteil ist jedoch noch nicht rechtskräftig. Nach 22 Uhr erschien im Lokal der Zeuge R. Er hatte nach 18 Uhr mit einem Arbeitskollegen zusammen schon zwei andere Gaststätten aufgesucht und dort auch einige Gläser Bier und einige Schnäpse getrunken. Er hatte eigentlich die Absicht gehabt, mit einer Taxe nach Hause zu fahren, hatte sich dann aber entschlossen, noch in das Lokal »Kullerpiste« zu gehen, um etwas zu trinken. Er hielt sich schließlich an der Bar auf, wo er von der Serviererin, der Zeugin E., bedient wurde. Der Zeuge R. kam mit den beiden anderen Zeugen S. und B. ins Gespräch und spendierte ihnen einige Whisky. Er selbst trank ebenfalls Whisky, während Z. dieses Getränk ablehnte,. R. war dabei bereits so angetrunken, daß er den drei anderen jungen Männern zwar erzählen konnte, daß er zu dem zuletzt von ihm besuchten Lokal mit dem Wagen gefahren wäre, daß er aber jetzt nicht mehr wisse, in welcher Straße der Wagen stünde. Der Zeuge B. bot dem Zeugen R. an, ihn nach Hause zu fahren, was dieser auch annahm. Andererseits hatte B. auch dem Angeklagten Z. versprochen, ihn nach Hause zu bringen. Da aber auch der Zeuge R. im Märkischen Viertel wohnte, konnte B. beide in dem Wagen mitnehmen. Man entschloß sich deshalb, kurz nach Mitternacht aufzubrechen, um die Heimfahrt anzutreten. Dabei wollte man aber einige andere Querstraßen mit abfahren, um nach dem Wagen des Zeugen R. zu schauen. Als sie das Lokal »Kullerpiste« verließen, mußten B. und S. den R. in die Mitte nehmen. Auf der Straße bestiegen alle vier Personen einen NSU-PKW, welcher B. gehörte. B. setzte sich auch an das Steuer des Fahrzeuges, während der Angeklagte Z. auf dem Beifahrersitz Platz nahm. Im Fond des Wagens saßen S. und R., wobei R. hinter dem Fahrer B. Platz genommen hatte. Während der Fahrt wurde nicht viel gesprochen, und insbesondere Z. kümmerte sich nicht darum, was die anderen machten. Insbesondere wurde während der Fahrt keine Verabredung darüber getroffen, den Zeugen R. zu berauben. Auf der Fahrt wurden dann auch einige Nebenstraßen abgefahren und der Zeuge R. wurde hin und wieder gefragt, ob er seinen Wagen inzwischen entdeckt habe. Bei dieser Fahrt gelangte B. mit dem Fahrzeug auch in die Miraustraße. Auf Anweisung von S. bog dann das Fahrzeug in eine einsame und dunkle, aber breite unbefestigte Seitenstraße ab. Nachdem B. mit dem Fernlicht den Weg ausgeleuchtet hatte, aber keine Fahrzeuge weiter entdecken konnte, wendete er. Spätestens hier auf diesem Seitenwege merkte Z., daß sich hinter ihm etwas tat. Er hörte die Stimme des Zeugen R. und hatte auch den Eindruck, daß dieser ängstlich war. Unmittelbar danach hielt B. aber an. Z. stieg auf der rechten Fahrzeugseite aus und ging einige Schritte weiter weg, um zu urinieren. Er merkte aber, daß auch die anderen Personen ausgestiegen waren und auf der linken Seite des Fahrzeuges standen. Er bekam ferner mit, daß R. zusammengeschlagen wurde. Irgendwelche Einzelheiten konnte er aber nicht wahrnehmen, da es sich um einen dunklen Weg handelte und sich das Fahrzeug zwischen ihm und den anderen befand. Inzwischen war R. von dem Zeugen S. tatsächlich durch einen Faustschlag niedergeschlagen worden.

Hierbei war auch B. zu Boden gefallen, und der Zeuge R. war auf ihn gestürzt. B. rief deshalb Ralf Z. zu Hilfe. Ralf ging vorn um den Wagen herum und holte den Zeugen R. von B. herunter. Unmittelbar danach stiegen alle drei Personen ein, wobei der Zeuge R. auf dem Weg liegenblieb. Nachdem B. sofort losgefahren war, zählte S. einige Geldscheine und gab sowohl B. als auch Z. jeweils 600,– DM. Danach wurde erst S. zurück zum Lokal »Kullerpiste« gefahren und anschließend Z. nach Hause. Der Zeuge R. konnte sich, nachdem das Fahrzeug weggefahren war, mühsam erheben. Er wußte von dem Fahrzeug nichts weiter, als daß es sich um einen hellfarbigen NSU gehandelt hat. Ein Kennzeichen hatte er nicht erkennen können, zumal ihm auch noch die Brille entzweigegangen war. Der Zeuge lief einige 100 m weiter, bis er die Pförtnerloge der Firma F. in der Holzhauser Straße erreichte. Durch den Pförtner, den Zeugen P., ließ er die Polizei benachrichtigen. Da er aber im Gesicht stark blutete, wurde er von der alsbald darauf eingetroffenen Feuerwehr in das Humboldt-Krankenhaus gebracht. Als die beiden Zeugen D. und J., beides Kriminalbeamte, die in jener Nacht Dienstbereitschaft hatten, ihn im Krankenhaus befragen wollten, stand er noch deutlich unter Schockeinwirkung und konnte ihnen nur wenige sachdienliche Angaben machen. Der Zeuge R. hatte zwar verschiedene Platz- und Rißwunden davongetragen, jedoch sind keine Schäden zurückgeblieben.

Die Blutalkoholkonzentration, die zur Tatzeit um 0.15 Uhr bei dem Zeugen R. vorhanden gewesen sein muß, hat bei 1,8 bis 2 ‰ gelegen. Exaktere Angaben waren vom Sachverständigen nicht zu machen, da auch die genaue Trinkmenge und das genaue Trinkende nicht bekannt geworden ist.

Nachdem Z. zu Hause abgesetzt worden war, versteckte er die 600,– DM in seiner Wohnung, ohne sie anzurühren. Später hat er dann von diesem Geld S. einmal 100,– DM und kurz danach noch eine weitere Summe »geliehen«. Eine Rückgabe des Geldes ist nicht erfolgt.

Dieser Sachverhalt beruht einmal auf der Einlassung des Angeklagten, soweit das Jugendschöffengericht dieser Einlassung zu folgen vermochte, und auf den Bekundungen der Zeugen R., D., J., P., W. und E. Die zuletztgenannten fünf Zeugen wurden vereidigt, während der Zeuge R. als Geschädigter und Verletzter unvereidigt geblieben ist. Von den beiden Zeugen S. und B. hat sich der Zeuge S. auf sein Aussageverweigerungsrecht berufen, und zwar im Hinblick darauf, daß sein Verfahren noch nicht rechtskräftig abgeschlossen ist. Der Zeuge B. hat ausgesagt, ist aber gemäß § 60 Ziff. 2 StPO unvereidigt geblieben. Ferner beruht der Sachverhalt noch auf dem mündlich erstatteten Gutachten des medizinischen Sachverständigen Dr. P., der gemäß § 79 StPO unvereidigt geblieben ist.

Der Angeklagte Z. hat den äußeren Hergang des Tatgeschehens zu keiner Zeit in Abrede gestellt. Er hat sich aber von Anfang an dahin eingelassen, daß zumindest mit ihm zu keiner Zeit, weder im Lokal noch im Wagen, eine Abrede des Inhalts getroffen worden sei, R. zu irgendeinem geeigneten Zeitpunkt zu überfallen und auszurauben. Als der Wagen in die Seitenstraße von der Miraustraße abgebogen war, habe er zwar gemerkt, daß irgendetwas im Gange sei. An der ängstlichen Stimme von R. habe er auch gemerkt, daß S. anscheinend mit ihm etwas vorhabe. Dies sei ihm vollends klargeworden, als er bemerkt habe, daß R. verprügelt wurde, und als er R's Stimme »Hört auf, hört auf« gehört habe. Er habe sich aber an nichts beteiligt und abseits gestanden und uriniert. Danach sei er auch sofort eingestiegen, ohne Fragen zu stellen.

Die Einlassung des Angeklagten konnte in der Hauptverhandlung auch nicht widerlegt werden.

Zwar hat der Zeuge R. bekundet, er sei bereits innerhalb des Fahrzeuges niedergeschlagen worden, doch hat er selbst einräumen müssen, daß es hinsichtlich dieses Vorfalles bei ihm schon mehrfach zu Verwechslungen gekommen ist. Der Zeuge hat früher einmal davon gesprochen, daß ein Mädchen in dem Fahrzeug gewesen sei, im Verhandlungstermin gegen die Zeugen S. und B. hat er geäußert, daß überhaupt nur zwei Männer, nämlich S. und B., im Fahrzeug gewesen seien. Auch hat der Zeuge R. bekundet, er selbst habe vorn auf dem Beifahrersitz gesessen und sei von diesem Platz aus aus der Wagentür herausgestoßen worden. Auch hier war es so, daß im Krankenhaus, bei der ersten Befragung durch die Zeugen D. und J., der Zeuge R. die Sitzverteilung etwas anders geschildert hatte. Bei diesen widersprüchlichen Aussagen mußte sich das Gericht an das halten, was nicht nur der Angeklagte Z. ausgesagt hat, sondern was auch von dem Zeugen B. in der Hauptverhandlung bekundet worden ist. B. hat hier als Zeuge die gleichen Angaben gemacht wie bereits in seiner Verhandlung. Schon damals hat er darauf hingewiesen, daß der Angeklagte Z. auf dem Beifahrersitz gesessen habe. Das Gericht ist deshalb dieser Einlassung des Angeklagten und der übereinstimmenden Bekundung des Zeugen B. gefolgt.

Die übrigen Zeugen konnten Angaben nur zu Detailfragen machen, die den eigentlichen Vorfall selbst nicht berühren. So steht zwar nach den Bekundungen der beiden Zeuginnen fest, daß der Zeuge R. stark unter Alkoholeinfluß gestanden hat, doch war zu der eigentlichen Tat von ihnen keine Aussage zu erwarten. Die Zeuginnen konnten lediglich sagen, daß in dem Lokal selbst von keiner Seite darüber gesprochen worden ist, den

Zeugen R. zu überfallen. Später jedoch sollen S. und B. geäußert haben, sie hätten — und hier sei in der Mehrzahl gesprochen worden — R. überfallen und ihm das Geld abgenommen. Derartige Äußerungen sind andererseits aber wieder so leichtfertig, daß das Gericht hieraus nicht den Schluß ziehen konnte, Z. und S. hätten nach einem vorgefaßten Plan gehandelt.
Bei diesem Ergebnis der Beweisaufnahme war das Gericht lediglich in der Lage festzustellen, daß auf den Zeugen R. ein Raubüberfall im Sinne des § 316 a StGB begangen worden ist, nicht aber, daß der Angeklagte Mittäter dieser Tat war. Eine Mittäterschaft im Sinne des § 47 StGB hätte bei dem Angeklagten Z. zur Voraussetzung gehabt, daß er in irgendeiner Weise die Durchführung des Überfalles mit beherrscht hätte. Dies war nicht der Fall. Die Hauptverhandlung hat keine Anhaltspunkte dafür ergeben, daß Ralf etwa die Fahrtroute bestimmt oder angegeben hätte, wann und wo B. anhalten sollte. Seine bloße Anwesenheit am Tatort begründet noch nicht die Mittäterschaft. In diesem Sinne hätte die Anwesenheit nur dann genügen können, wenn die Absicht damit verfolgt worden wäre, den übrigen Tätern Sicherheit und Selbstvertrauen bei der Ausführung der Tat zu geben. Dies war nicht festzustellen. Auch von der inneren Tatseite her hat nichts dafür gesprochen, daß der Angeklagte Mittäter hätte sein wollen. Dies hätte den Willen zur Tatherrschaft ebenso zur Voraussetzung gehabt wie die innere Einstellung des Täters mit dem Gefühl, für das Gelingen der Tat mitverantwortlich zu sein. Auch dies konnte das Gericht nicht feststellen. Der äußere Tatablauf hat nichts erkennen lassen, was als Indiz dafür hätte gewertet werden können, daß der Angeklagte die Tat irgendwie hätte fördern wollen. Das Gericht hat vielmehr die Überzeugung gewonnen, daß der Angeklagte die Tat zwar nicht gebilligt hat, andererseits aber auch wieder zu willensschwach war, um etwas Entscheidendes zu unternehmen. Dies mag darauf zurückzuführen sein, daß die beiden anderen, S. und B., einige Jahre älter waren als er. S. und B. waren auch diejenigen, welche miteinander befreundet waren, während der Angeklagte Z. mehr oder weniger lose mit ihnen bekannt war. Sein Verhalten erinnert an das sogenannte »Vogel-Strauß-Verhalten«. Es ist moralisch nicht zu billigen, kann aber strafrechtlich nicht als Mittäterschaft zu der Tat gewertet werden.
Die innere Einstellung des Angeklagten kommt nach Auffassung des Gerichts eher dadurch zum Ausdruck, daß er die Beute, die er zwar genommen hat, zu Hause aufbewahrt hat, ohne sie auszugeben.
Gleichwohl war der Angeklagte nicht freizusprechen, da sein Verhalten, soweit es die Annahme des Geldes betrifft, als Hehlerei gemäß § 259 StGB zu würdigen ist. Der Angeklagte wußte ja, auf welche Weise S. in den Besitz des Geldes gekommen ist. Er hätte deshalb die 600,— DM nicht nehmen dürfen, wenn er sich nicht hätte strafbar machen wollen. Der Angeklagte hat das Geld trotzdem angenommen. Somit hat er sich im Sinne der genannten Vorschrift schuldig gemacht.

Der Angeklagte war zur Tatzeit und ist auch jetzt noch Jugendlicher. Gleichwohl haben bei ihm zur Tatzeit auch schon die Voraussetzungen des § 3 JGG vorgelegen. Er war in sittlicher und geistiger Hinsicht reif genug, um das Unrecht der Tat einzusehen. Hiermit ist nicht nur die eigentliche Raubtat zu verstehen, sondern auch das, was sich später im Auto abspielte, als S. das Geld verteilte. Ralf hätte auch nach dieser Einsicht handeln können.

Bei der Frage, wie diese Tat geahndet werden sollte, ist das Gericht zu der Überzeugung gekommen, daß zumindest Jugendstrafe nicht aus dem Gesichtspunkt heraus zu verhängen war, daß bei ihm schädliche Neigungen vorliegen, § 17 Abs. 2 JGG. Hier drängte sich vielmehr die Frage auf, ob von einer besonders schweren Schuld gesprochen werden muß, die die Verhängung von Jugendstrafe erforderlich macht. Grundsätzlich war das Jugendschöffengericht der Meinung, daß dieser Fall von Hehlerei nicht verglichen werden kann mit den Hehlerei-Fällen, die sonst bei Jugendlichen derartiger Altersstufen am häufigsten auftreten, so, wenn ein Jugendlicher Zigaretten von seinem Freund annimmt, obwohl er genau weiß, daß dieser zuvor einen Automaten geknackt hat. Wenn ein Jugendlicher nach einer Vortat wie der, die an dem Zeugen R. verübt worden ist, seines Vorteils wegen Sachen annimmt, dann ist das Ausmaß an Schuld erheblich größer einzuschätzen. Im Einzelfall mag dieses Maß an Schuld auch die Verhängung von Jugendstrafe rechtfertigen, nicht jedoch hier im vorliegenden Falle. Die Annahme des Geldes kann, wie das Jugendschöffengericht meint, nicht von den vorhergegangenen Geschehnissen losgelöst betrachtet und gewürdigt werden, sondern ist vielmehr im Zusammenhang mit diesen Ereignissen zu sehen. Demgemäß meint das Jugendschöffengericht, daß die Annahme des Geldes lediglich die Fortsetzung der »Vogel-Strauß-Politik« war, derer sich der Angeklagte bei der eigentlichen Tat bereits bedient hat. Der Angeklagte hat von S., aus welchen Motiven auch immer, die 600,– DM angeboten bekommen. Ralf Z. war dagegen zu feige, das Geld abzulehnen. Wenn er sich dagegen über moralische Bedenken hinweggesetzt hätte, hätte er auch von diesem Geld Gebrauch gemacht, was aber nicht geschehen ist. Das Gericht ist deshalb zu der Überzeugung gekommen, daß so und nicht anders die Tat gewürdigt werden kann. Bei dieser Würdigung jedoch scheidet die Verhängung von Jugendstrafe aus, und das Gericht hat sich deshalb für Zuchtmittel entschieden, um dem Angeklagten klarzumachen, daß man für jedes Unrecht einstehen muß, auch wenn es im Verhältnis zur Haupttat nur ein »am Rande« begangenes Unrecht ist. Dieses Unrecht mußte dann auch mit einem Dauerarrest geahndet werden, der in Höhe von vier Wochen unbedingt erforderlich war, § 16 Abs. 4 JGG. Im Hinblick darauf, daß sich der Angeklagte vom 23. November ab in Untersuchungshaft befunden hat, hat das Gericht aber gleichzeitig angeordnet, daß dieser Arrest nicht mehr vollstreckt werden soll, § 51 Abs. 4 JGG. Darüber hinaus ist dem Angeklagten aber auch eine beson-

dere Pflicht im Sinne des § 15 JGG auferlegt worden. Auch wenn er später einen Teil oder den ganzen Betrag, den S. ihm ausgehändigt hat, wieder an S. zurückgegeben hat, soll er trotzdem eine Schadenswiedergutmachung leisten. Er soll 600,– DM an den Geschädigten, den Zeugen R., zurückerstatten. Diese Zurückerstattung soll bis spätestens 31. Dezember 1974 erfolgen, wobei das Gericht berücksichtigt hat, daß der Angeklagte nach seiner Entlassung erst einmal Schwierigkeiten haben wird, eine Arbeit zu finden. Darüber hinaus wird er in Zukunft aber auch unterhaltspflichtig sein, was ebenfalls berücksichtigt werden mußte.
Die Kostenentscheidung beruht auf § 465 StPO. Das Gericht hat keine Veranlassung gesehen, von der Ausnahmevorschrift des § 74 JGG Gebrauch zu machen.

D.

Beglaubigt:
(R.), Justizangestellte als Urkundsbeamter der Geschäftsstelle

LE 4: Instanzen sozialer Kontrolle 1: Polizei und Staatsanwaltschaft

LS 1: Problemaufriß

● **Aufgabe:** Lesen Sie die Anklageschrift gegen S und B.

Die Erhebung der Anklage gegen S und B leitet das Strafverfahren erster Instanz, das aus dem **Vorverfahren**, dem **Zwischenverfahren** und dem **Hauptverfahren** besteht, bereits in den zweiten Abschnitt über. Es werden deswegen zunächst die vorangegangenen Verfahrensschritte geschildert und aufrißartig die Aufgaben von Polizei und Staatsanwaltschaft erläutert. Fragen der Strafprozeßrechtslehre (Verfahrensnormen) werden dabei um Probleme der Strafprozeßlehre ergänzt, die sich mit der Verfahrenswirklichkeit beschäftigt und den Strafprozeß nicht nur als Rechts-, sondern auch als Sozialverhältnis versteht. Zu den aktuellen sozialwissenschaftlichen Fragestellungen der Strafprozeßlehre gehören dabei das Rollenverhalten der Verfahrensbeteiligten und die Art und Weise ihrer Entscheidungsfindung. Die Rolle von Polizei und Staatsanwaltschaft im Kriminalisierungsprozeß ist Gegenstand exemplarischer Vertiefung.

LS 2: Strafverfahren

2.1 Ziele des Strafverfahrens

Die kriminalpolitische Zielrichtung des Strafverfahrensrechts besteht darin, einen Beitrag zur Bekämpfung von Kriminalität zu leisten, indem es Normen zur Verfügung stellt, die der Verwirklichung des materiellen Strafrechts dienen. Aufgabe des Strafprozesses ist es zu klären, ob sich der Beschuldigte einer Straftat schuldig gemacht hat, um gegebenenfalls Sanktionen gegen ihn zu verhängen. Aus dieser Aufgabenstellung ergibt sich zugleich die Verpflichtung, das Verfahren auf rechtsstaatlicher Grundlage so auszugestalten, daß der Schutz vor ungerechtfertigter Strafverfolgung gewährleistet ist. »Wahrheit und Gerechtigkeit« (*Eb. Schmidt*) sowie die Herstellung des Rechtsfriedens sind die Ziele des Strafverfahrens (*Kern-Roxin* 1976, 2), die sich allerdings nicht immer in Einklang bringen lassen, sondern in einem Spannungsverhältnis stehen.
Gerechtigkeit als Ziel des Strafverfahrens sollte dabei jedoch nicht nur im Zusammenhang mit dem Schutz vor ungerechtfertigter Verfolgung gese-

hen, sondern vor allem auch i. S. von **Sanktionsgerechtigkeit** gegenüber Straffälligen verstanden werden.
Sanktionsgerechtigkeit meint dabei die »negative Chancengleichheit« bzw. die «Gleichheit im Unrecht« (*Kaiser* 1972, 78 ff). Die einzelnen Verfahrensschritte werden unter diesem Blickwinkel auf mögliche Selektionsfilter hin untersucht.

2.2 Einleitung des Strafverfahrens

Das Strafverfahren erster Instanz zerfällt in das Vorverfahren (= Ermittlungsverfahren, §§ 151–177 StPO), das Zwischenverfahren (§§ 199–212b StPO) und das Hauptverfahren (§§ 213–295 StPO), in dem der Schwerpunkt des Strafprozesses in der Hauptverhandlung liegt. Unter dem Aspekt der Selektivität der Strafverfolgung ist diese Gewichtung jedoch unrichtig, weil entscheidende Selektionsmechanismen vor der Hauptverhandlung ausgelöst werden. Eingeleitet wird das **Ermittlungsverfahren**, sobald die Strafverfolgungsbehörden (Polizei und Staatsanwaltschaft) von dem Verdacht einer strafbaren Handlung Kenntnis erlangen.
Im Ausgangsfall hat R als Opfer der Straftat unmittelbar nach dem Tatgeschehen am 9. Januar 1973 die Polizei benachrichtigen lassen und Anzeige erstattet. Die Anzeige ist der häufigste Auslöser für eine Ermittlungstätigkeit der Strafverfolgungsbehörden. Die beiden anderen Möglichkeiten, ein Strafverfahren in Gang zu bringen, nämlich amtliche Wahrnehmung und Antrag auf Strafverfolgung, treten ihr gegenüber in den Hintergrund.
Mithin ist für die Frage, welche Straftaten aus dem Gesamtbereich der Kriminalität im Dunkelfeld verbleiben und welche amtlich bekannt werden, das Anzeigeverhalten von Opfer und Dritten, die von einer strafbaren Handlung erfahren haben, von ausschlaggebender Bedeutung.
Empirische Untersuchungen zum Problemkreis der Anzeigeerstattung fehlen noch weitgehend. Die Arbeit von *Weis und Müller-Bagehl* (1971) über die Motive für die Erstattung privater Anzeigen gelangt über Vermutungen (einerseits Durchsetzung der Rechtsordnung und andererseits Mittel persönlicher Rache) nicht hinaus und läßt den Gesichtspunkt der schichtspezifischen Verzerrung durch die Anzeigeerstattung außer Betracht (*Brusten* 1971). Sehr viel breiter angelegt ist die 1966 in den USA durchgeführte Befragung von 10 000 Haushalten durch das Nationale Meinungsforschungszentrum an der Universität Chicago (*Ennis* 1967): Von den Tatopfern wurden lediglich 50 % aller Straftaten der Polizei angezeigt. Selbst bei gefährlichen tätlichen Angriffen (wie etwa im Ausgangsfall) betrug die Anzeigebereitschaft nicht mehr als 65 %. Höher lag die Anzeigequote nur, wenn Versicherungsleistungen eine Strafanzeige erfordern wie z. B. beim Diebstahl von und aus Kraftfahrzeugen. Als Gründe für den Verzicht auf eine Anzeige nannten die Opfer an erster Stelle mangelnde Erfolgsaussichten der Strafverfolgung (= 55 %), an zweiter Stelle (34 %) den Wunsch, den Täter vor einer Strafverfolgung zu schüt-

zen, sowie die Meinung, daß die Tat eine Privatangelegenheit sei, und an dritter Stelle (9 %) Scheu vor dem mit einer Anzeige verbundenen Zeitaufwand, Unsicherheit und Angst vor Schwierigkeiten. Die Opfer von Raubüberfällen verzichteten aus Angst vor Rache oder aus anderen persönlichen Gründen auf eine Anzeige und zwar insbesondere, weil es sich nicht um eine Angelegenheit der Polizei handele. Gerade die sich hinter den zuletzt genannten Motiven verbergenden Probleme der Geltung subkultureller Normen und die Frage des organisierten Verbrechens zeigen, daß sich die Ergebnisse auf deutsche Verhältnisse nur begrenzt übertragen lassen.

Die schon erwähnte Dunkelfeldforschung in Göttingen 1973/1974 hat sich neben der Aufhellung des Dunkelfeldes auch die Erforschung der Bestimmungsgründe für die Unterlassung von Strafanzeigen zum Ziel gesetzt. Im Ergebnis ist festgestellt worden, daß nicht so sehr die Einschätzung der Tätigkeit der Strafverfolgungsbehörden als ineffektiv, sondern eher die geringe Schadenssumme zum Absehen von einer Strafanzeige führen. Die Anzeigebereitschaft ist also in erster Linie von der (subjektiv empfundenen) Höhe des Schadens abhängig (*Schwind* 1975, 211). Interessant ist der Zusammenhang zwischen der Schichtzugehörigkeit des Opfers und dem Anzeigeverzicht. Je höher der sozio-ökonomische Status des Opfers ist, desto geringer ist seine Abneigung gegenüber Behörden, wodurch die Anzeigebereitschaft wächst.

Die Gefahr einer schichtenspezifischen Verzerrung durch Anzeigeerstattung gibt es in Bereichen, in denen Straftaten im Wege von »Privatjustiz« erledigt werden (*Schünemann* 1974, 281). Das ist beispielsweise bei der Betriebsjustiz oder der Selbstjustiz beim Ladendiebstahl der Fall, wenn nach Zahlung einer angemessenen »Bearbeitungsgebühr« als Buße von einer Anzeige Abstand genommen wird. Das Anzeigeverhalten beim Ladendiebstahl hat sich inzwischen jedoch grundlegend geändert, so daß sich andere kriminalpolitische Fragen ergeben (vergl. Gutachten und Verhandlungen des 51. Deutschen Juristentages, 1976, Abteilung »Sanktionen für Kleinkriminalität«).

Insgesamt bedarf es noch weiterer empirischer Untersuchungen zu den Problemen der Selektion durch Strafanzeigen und der Rolle des Anzeigenden im Kriminalisierungsprozeß. Eine vom Max-Planck-Institut für ausländisches und internationales Strafrecht durchgeführte empirische Untersuchung zum Thema »Private Strafanzeigen und polizeiliche Reaktion« (*Kürzinger* 1976) steht unmittelbar vor ihrem Abschluß.

LS 3: Aufgaben von Polizei und Staatsanwaltschaft

3.1 Polizei

Nachdem die Polizei durch R von dem Tatgeschehen erfahren hat, ist es gemäß § 163 StPO ihre Aufgabe, die begangenen Straftaten zu erforschen, wobei sich ihre Ermittlungen zunächst »gegen Unbekannt« richteten. Im Rahmen des § 163 StPO hat sie dabei nur das Recht des ersten Zugriffs und muß die entstandenen Ermittlungsvorgänge ohne Verzug der Staatsanwaltschaft vorlegen, die das Vorverfahren leitet. Die Staatsanwaltschaft kann dann die Polizei aufgrund eines Auftrages oder Ersuchens verpflichten, Ermittlungen aller Art vorzunehmen (§ 161 StPO). Tatsächlich hat die Polizei im Ausgangsfall abschließend ermittelt und dann erst die Akte der Staatsanwaltschaft vorgelegt. Das entspricht der Praxis in den Großstädten, widerspricht aber den Bestimmungen der StPO, weil damit faktisch die Polizei die Leitung des Vorverfahrens übernimmt, und ist auch sonst nicht unbedenklich (*H. Wagner* 1972, 369). Anders als die Staatsanwaltschaft ist die Polizei keine Justizbehörde und es ist deswegen zu befürchten, daß sie von den verschiedenen Zielen des Strafverfahrens zumindest die Schutzfunktion nicht in gleicher Weise wie die Staatsanwaltschaft wahrnimmt.

Die polizeilichen Ermittlungen haben im vorliegenden Fall nach knapp zwei Monaten zur vorläufigen Festnahme des B am 1. März 1973 und des S am 6. März 1973 geführt. Das Recht zur vorläufigen Festnahme nach § 127 Abs. 2 StPO und das Recht zur Vornahme erkennungsdienstlicher Maßnahmen nach § 81 b StPO steht dabei **allen** Polizeibeamten zu, während Polizeibeamte als **Hilfsbeamte der Staatsanwaltschaft** bei Gefahr im Verzug vier weitere Zwangsmittel haben.

● **Aufgabe:** Lesen Sie die §§ 81a, 81c, 98 I, 105 I und 111e II 2 StPO und stellen Sie die vier Zwangsmittel anhand dieser Vorschriften zusammen.

Welche Beamtenklassen der Polizei Hilfsbeamte der Staatsanwaltschaft sind, ist aufgrund des § 152 GVG in Rechtsverordnungen der einzelnen Bundesländer geregelt. Die Weisungsgebundenheit der Hilfsbeamten gegenüber der Staatsanwaltschaft nach den §§ 152 GVG und 161 StPO kann zu Kompetenzproblemen führen, wenn der einzelne Beamte neben der Strafverfolgung zugleich polizeiliche Aufgaben im Bereich der Gefahrenabwehr wahrnimmt, für die die Polizei dem Innenminister des betreffenden Bundeslandes untersteht (*Görgen* 1976). Die Fragen nach der Weisungsgebundenheit der Polizei gegenüber der Staatsanwaltschaft sind im Zusammenhang mit Schießbefehl und Einsatzleitung nach Geiselnahmen aktuell geworden (*Krey* 1971 u. 1973, *E. Kaiser* 1972). Dabei ist für die konkrete Durchführung des Einsatzes entscheidend, ob der Schwerpunkt in der Strafverfolgung oder in der polizeilichen Gefahrenabwehr zu sehen ist.

3.1.1 Vorläufige Festnahme (und Untersuchungshaft)

Im Rahmen der Erforschung strafbarer Handlungen hat die Polizei alle keinen Aufschub gestattenden Anordnungen zu treffen (§ 163 StPO), zu denen auch die vorläufige Festnahme gehört. Da B und S nicht auf frischer Tat betroffen oder verfolgt worden sind, kommt als Rechtsgrundlage für ihre vorläufige Festnahme nur § 127 Abs. 2 StPO in Betracht. Nach dieser Vorschrift können Polizei und Staatsanwaltschaft bei **Gefahr im Verzug**[1] eine vorläufige Festnahme vornehmen, wenn die Voraussetzungen eines Haftbefehls gegeben sind. Es muß also **dringender Tatverdacht** bestehen **und** zusätzlich ein besonderer **Haftgrund** gegeben sein (§ 112 I StPO).

Skizze 1

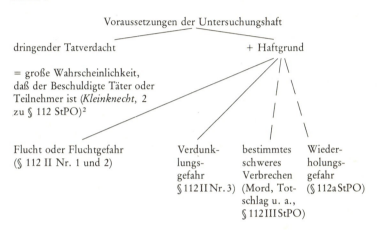

Voraussetzungen der Untersuchungshaft

dringender Tatverdacht + Haftgrund

= große Wahrscheinlichkeit, daß der Beschuldigte Täter oder Teilnehmer ist (*Kleinknecht*, 2 zu § 112 StPO)[2]

Flucht oder Fluchtgefahr (§ 112 II Nr. 1 und 2)

Verdunklungsgefahr § 112 II Nr. 3)

bestimmtes schweres Verbrechen (Mord, Totschlag u. a., § 112 III StPO)

Wiederholungsgefahr (§ 112a StPO)

Ziel der Untersuchungshaft ist die Sicherung des Strafverfahrens einschließlich der Vollstreckung. Unter Beachtung dieser Zielrichtung sind die ersten beiden Haftgründe unproblematisch. Der dritte Haftgrund (»Schwere der Tat«) ist nur dann unbedenklich, wenn man die Auslegung des Bundesverfassungsgerichts[3] berücksichtigt, daß auch bei den in § 112 III StPO genannten Fällen Flucht oder Verdunklungsgefahr bestehen müsse, an deren Prüfung allerdings geringere Anforderungen als bei § 112 II StPO zu stellen seien. Mit dem Ziel der Verfahrenssicherung läßt sich der Haftgrund der Wiederholungsgefahr nicht erklären. Es handelt sich vielmehr um eine vorbeugende Maßnahme zum Schutze der Allgemeinheit, die jedoch eine rechtsstaatlich bedenkliche Verdachtsstrafe darstellt. Auch wenn das Bundesverfassungsgericht[4] den Haftgrund der Wiederholungsgefahr für verfassungsgemäß erklärt hat, bleiben die Bedenken im Hinblick auf Ziel und System der Haftgründe sowie in bezug auf die tatsächliche Situation im Vollzug der Untersuchungshaft bestehen (*Kern-Roxin* 1976, 150). Es muß zu denken geben, daß der Gesetzgeber ausgerechnet über diesen fragwürdigen und systemwidrigen Haftgrund eine Verschärfung des Haftrechts erreicht hat.

Das System der Haftgründe sollte jedoch nicht nur unter rechtsstaatlichen Gesichtspunkten kritisch gewürdigt werden, sondern zugleich auch unter dem Aspekt der schichtenspezifischen Selektion. Sowohl das Merkmal des »dringenden Tatverdachts« als auch einzelne Haftgründe üben für den Selektionsprozeß eine Art Filterwirkung aus. Ob jemand die Situation des Verdachts ausräumen kann, hängt entscheidend von seiner Beschwerdemacht ab, die bei Angehörigen der Unterschicht wesentlich geringer ist als bei Mittelschicht- oder Oberschichtangehörigen (*Wolff* 1975, 19). Wenn etwa für den Haftgrund der Fluchtgefahr Wohnungs- und Arbeitsplatzwechsel von Bedeutung sind (*Kleinknecht*, 5 zu § 112 StPO) bzw. im Fall des § 113 II Nr. 2 StPO der feste Wohnsitz, müssen sich diese Kriterien zum Nachteil von Unterschichtangehörigen auswirken, weil sie sich an typischen Wertvorstellungen der Mittelschicht orientieren. Selbst bei den Haftgründen der dritten Gruppe (= besonders schwere Delikte) wird man entgegen der Ansicht *Wolffs* (1975, 23) noch Selektionskriterien feststellen können. Die Frage, ob ein Delikt strafrechtlich als Totschlag oder als Körperverletzung mit Todesfolge gewürdigt wird, ist nicht zuletzt von dem schichtenspezifischen Kräftespiel zwischen Definitionsmacht der Instanzen sozialer Kontrolle einerseits und der Beschwerdemacht des Beschuldigten andererseits abhängig. Damit wird man eine Benachteiligung von Unterschichtangehörigen in einem frühen Verfahrensstadium mit Auswirkung auf die Verurteilung zu einer höheren Strafe nicht leugnen können. Das wird besonders deutlich, wenn auch die Gründe für die **Aufhebung des Haftbefehls** unter diesem Aspekt gesehen werden. Nach § 120 StPO ist z. B. der Haftbefehl aufzuheben, wenn die weitere Untersuchungshaft zu der Bedeutung der Sache und der zu erwartenden Strafe außer Verhältnis steht. Lehnt der Haftrichter die Aufhebung des Haftbefehls ab, so ist damit eine Vorentscheidung über die Schwere der Tat und damit verbunden über die zu erwartende Strafhöhe gefallen, die zwar das erkennende Gericht **rechtlich** in keiner Weise bindet, faktisch aber erhebliche Konsequenzen hat (*Wolff* 1975, 25 f).

Eine schichtenspezifische Benachteiligung kann sich schließlich im Zusammenhang mit der **Aussetzung des Vollzugs des Haftbefehls** (= Haftverschonung) ergeben, wie der Ausgangsfall zeigt. B und S sind entsprechend § 128 StPO am Tage nach ihrer vorläufigen Festnahme dem Richter vorgeführt worden, der in beiden Fällen Haftbefehle erlassen und wie folgt begründet hat:

»Der Beschuldigte ist der Tat aufgrund seines Geständnisses dringend verdächtig. Es besteht der Haftgrund der Fluchtgefahr, da er mit einer höheren Freiheitsstrafe zu rechnen hat.«

Wird aber der Haftbefehl lediglich auf Fluchtgefahr gestützt (wobei die pauschale Begründung im vorliegenden Fall rechtlich bedenklich ist [*Kern-Roxin* 1976, 149]), muß der Vollzug des Haftbefehls nach § 116 I StPO ausgesetzt werden, wenn der Zweck der Untersuchungshaft auch durch weniger einschneidende Maßnahmen gewährleistet werden kann, zu denen z. B. Meldepflicht und Aufenthaltsbeschränkung rechnen. Während der Haftbefehl gegen S sofort vollzogen worden ist, hat das Amtsgericht Tiergarten im Fall des B einen Haftverschonungsbeschluß gemäß § 116 I StPO erlassen. Die Aussetzung des Vollzuges der Untersuchungshaft ist später aufgrund des § 116 IV StPO widerrufen und B erneut festgenommen worden, ehe er nach wenigen Tagen Untersuchungshaft durch einen zweiten Haftverschonungsbeschluß vom weiteren Vollzug der Untersuchungshaft verschont worden ist: Sein Vater hatte eine angemessene Sicherheit i. S. des § 116 I Nr. 4 StPO geleistet.

Die Unterschiede im Hinblick auf den Vollzug der Untersuchungshaft lassen sich hier nur mit dem unterschiedlichen Sozialstatus von B und S erklären. § 116 I Nr. 4 StPO kann insoweit zum Einfallstor für eine schichtenspezifische Benachteiligung werden.

3.1.2 Weitere Maßnahmen der Polizei im Vorverfahren

Nach der vorläufigen Festnahme hat die Polizei die Beschuldigten vernommen und ihnen dabei eröffnet, welche Straftaten ihnen zur Last gelegt werden (§ 163 a IV StPO). B und S sind entsprechend § 136 I S. 2 StPO belehrt und auf ihre Verteidigungsmöglichkeiten hingewiesen worden. Beide haben sich zu der Beschuldigung geäußert, was sich mittelbar aus dem Urteil ergibt (III/12). B und S erklären nämlich Widersprüche in ihren Einlassungen damit, daß ihnen die Kriminalbeamten bei der Vernehmung bestimmte Aussagen in den Mund gelegt hätten. Man wird sehr schnell geneigt sein, eine solche Erklärung als bloße Schutzbehauptung abzutun, wird aber skeptischer, wenn man sich einmal ausführlicher mit den polizeilichen Vernehmungsmethoden beschäftigt.

Zu den nach § 136 a StPO verbotenen Vernehmungsmethoden gehört die bewußte Lüge. Zulässig sind dagegen »feinere Täuschungen«, die z. B. darin bestehen können, den Beschuldigten über den Kenntnisstand im Unklaren zu lassen und ihm nicht zu erklären, warum bestimmte Fragen gestellt werden (*Schäfer* 1976, 146 f mit weiteren Beispielen). Auch die Verunsicherung des Beschuldigten mit dem Ziel, ihn in Widersprüche zu verwickeln, indem schon beantwortete Fragen immer wieder gestellt werden oder bestimmte Geschehensabläufe in zeitlich veränderter Reihenfolge zu schildern sind, überschreitet nicht die Grenze zulässiger Kriminaltaktik. Durch solche Vernehmungsmethoden kann sich für den Beschuldigten ein psychologischer Zwang bis hin zu einem fehlerhaften Geständnis ergeben, das besonders schwer zu korrigieren ist, wenn es der Aufklärungsstrategie und der subjektiven Erwartung des vernehmenden Beamten entspricht. *Karl Peters* (1972, 195 ff) kommt nach Auswertung von rund 1 200 in der Bundesrepublik Deutschland durchgeführten Wiederaufnahmeverfahren zu dem Ergebnis, daß unzulängliche und fehllaufende Ermittlungen im

Vorverfahren in der Hauptverhandlung regelmäßig nicht mehr beseitigt werden können. Im Hinblick auf diese Fehlerquellen sind die aufgrund einer Analyse der Strategie und Taktik polizeilicher Vernehmung gewonnenen Ergebnisse, daß die von der Polizei ausgeübte Sozialkontrolle sich einseitig negativ zum Nachteil von Unterschichtangehörigen auswirkt (*Malinowski/Brusten* 1975), besonders ernst zu nehmen. Sie bestätigen die Untersuchungen, die eine faktische Benachteiligung von Unterschichtangehörigen infolge der Definitionsmacht der Polizei und ihrer Fahndungstechniken (Schwerpunkteinsätze in einer »verdächtigen« Gegend nach Personen »verdächtigen« Aussehens) festgestellt haben (*Feest* 1971 und 1972, *AJK* 1975).

Freilich muß in diesem Zusammenhang vor einem Irrtum gewarnt werden: Ergebnisse der Polizeisoziologie werden oft als diffamierend und ideologisch einseitig abgetan. Es wird jedoch nirgends behauptet, polizeiliches Handeln sei **bewußt** selektiv. Wie überall im Bereich sozialer Kontrolle geht es darum, ein Problembewußtsein hinsichtlich des eigenen Vorverständnisses und im Hinblick auf die eigene Rolle im Kriminalisierungsprozeß zu schaffen. Insbesondere die Gerichte sollten Selektionsmechanismen bei Polizei und Staatsanwaltschaften durchschauen lernen, um möglicherweise noch Korrekturen vornehmen zu können (*Hoffmann-Riem* 1972, 301).

3.2 Staatsanwaltschaft

Die Staatsanwaltschaft leitet das Vorverfahren. Nach Kenntnis von dem Verdacht einer strafbaren Handlung hat sie den Sachverhalt zu erforschen und dabei nicht nur Belastungs-, sondern auch Entlastungsumstände zu ermitteln (§ 160 I u. II StPO). Sie wird von der Polizei und – wenn bestimmte Untersuchungshandlungen dem Richter vorbehalten sind (wie z. B. im vorliegenden Fall der Erlaß eines Haftbefehls) – auch vom Ermittlungsrichter (§ 162 StPO) unterstützt. Aus dem in § 152 II StPO verankerten **Legalitätsprinzip** (i. G. zu dem in den Fällen der §§ 153–154c StPO geltenden Opportunitätsprinzip) ergibt sich über die §§ 160 I, 170 I StPO für die Staatsanwaltschaft nicht nur ein Verfolgungs-, sondern auch ein Anklagezwang.

Mithilfe des Legalitätsprinzips soll der sich aus Art. 3 GG ergebende Grundsatz der Gleichbehandlung verwirklicht werden. Im Hinblick auf die Rolle von Opfer, Anzeigeerstatter und Polizei im Kriminalisierungsprozeß wird dieses Ziel insgesamt nicht erreicht werden. Außerdem werden die Strafzwecke der Vergeltung und Abschreckung zur Begründung gegen Durchbrechungen des Legalitätsprinzips herangezogen, was jedoch nicht überzeugend ist, weil sie in der Palette möglicher Strafzwecke nur einen kleinen und in ihrer Bedeutung geringer werdenden Ausschnitt darstellen (vgl. *Naucke* 1977, 164–168). In der Vergangenheit ist das Legalitätsprinzip zunehmend ausgehöhlt worden (zuletzt durch die seit dem 1. 1. 1975 geltende Reform der §§ 153 ff StPO), so daß sich *Baumann* (1972) veranlaßt sah, den »Grabgesang für das Legalitätsprinzip« anzustimmen. Streitpunkt ist die rechtliche Behandlung der Bagatellkriminalität. Gerade in diesem Bereich wird deutlich, daß es der Gesetzgeber bisher nicht verstanden hat, ausgehend von dem Grad der Sozialschädlichkeit eine klare Trennung von Verhaltensweisen in Straftaten und Ordnungswidrigkeiten, deren Verfolgung »im pflichtgemäßen Ermessen« liegt (§ 47 I OWiG. Opportunitätsprinzip), vorzunehmen. Statt z. B. den ehemaligen Übertretungstatbestand des »Mundraubes« als Ordnungswidrigkeit zu behandeln, hat ihn der Gesetzgeber zum Vergehen aufgewertet und eine prozessuale Lösung (Strafantrag, erweiterte Einstellungsmöglichkeit) einer klaren materiell-rechtlichen Regelung vorgezogen. Auch weitere Beispiele etwa im Bereich der Wirtschaftskriminalität unterstreichen die Forderung, daß sich der Gesetzgeber nicht länger »hinter dem Opportunitätsprinzip verstecken dürfe« (*Baumann* 1972, 275).

Ziel der Erforschung des Sachverhalts ist es, der Staatsanwaltschaft eine Entscheidungsgrundlage zu geben, ob sie die öffentliche Klage zu erheben hat oder nicht. Das Ermittlungsverfahren wird also entweder durch die Erhebung der öffentlichen Klage oder durch die Einstellung des Verfahrens abgeschlossen. Dabei werden im Durchschnitt 3/4 aller Verfahren eingestellt, eine Zahl, die zugleich die große praktische Bedeutung der staatsanwaltlichen Entscheidungsmöglichkeiten beweist (*Sessar* 1975, 1035) und die Frage nach der Rolle der Staatsanwaltschaft im Kriminalisierungsprozeß aufwirft.

Die Staatsanwaltschaft erhebt gemäß § 170 I StPO öffentliche Klage, wenn die Ermittlungen »**genügenden Anlaß**« bieten. Dieser Begriff muß in folgenden Zusammenhang gestellt werden:

1. Ein Ermittlungsverfahren ist bei »**Verdacht einer Straftat**« einzuleiten (§ 160 I StPO).
2. § 170 I StPO verlangt einen »**genügenden Anlaß zur Erhebung der öffentlichen Klage**«.
3. Voraussetzung der Eröffnung des Hauptverfahrens ist, daß »der Angeschuldigte **einer Straftat hinreichend verdächtig** erscheint« (§ 203 StPO).
4. Eine Verurteilung darf nur erfolgen, wenn die Begehung der Straftat zur vollen **Überzeugung** des Gerichts feststeht (arg. § 261 StPO. Prinzip der materiellen Wahrheit, d. h. daß Zweifel zugunsten des Täters gehen – »in dubio pro reo«).

Aus dieser Gegenüberstellung ergeben sich zunächst zwei Zwischenergebnisse: Für die Erhebung der öffentlichen Klage reicht der bloße Verdacht

nicht aus (i. S. der Möglichkeit strafbaren Verhaltens). Da Ziel der Anklage zunächst einmal die Eröffnung des Hauptverfahrens ist (vgl. die entsprechenden Anträge I/4 und VI/4), muß der »genügende Anlaß« mit dem »hinreichenden Tatverdacht« als Voraussetzung der Eröffnung des Hauptverfahrens gleichgesetzt werden.
Angesichts der Voraussetzungen einer Verurteilung und mit Rücksicht auf die negativen Wirkungen der Anklage (Stigmatisierung) erfordert »hinreichender Tatverdacht« zwar nicht die Beseitigung aller Zweifel, aber mindestens doch die **Wahrscheinlichkeit der Verurteilung.** Verlangt wird dabei nicht nur eine »retrospektive Beurteilung der Sachlage«, sondern auch eine »prozessuale Prognose« (*Lüttger* 1957 und in *Lüderssen/Sack (Hrsg.)* III, 1977, 122).
Tatbegehung **und** ihr Nachweis müssen also wahrscheinlich sein. Anders ausgedrückt: Es geht (nach Ausräumung eventuell bestehender Verfahrenshindernisse) um die (wahrscheinliche) »Erweislichkeit des objektiven und des subjektiven Tatbestandes der in Rede stehenden Straftat sowie die Entkräftung etwaiger Rechtfertigungs-, Schuld- und Strafausschließungsgründe, wenn Anklage und Eröffnungsbeschluß gerechtfertigt sein sollen« (*Lüttger* a.a.O. 127).
Verlangt wird also im Grunde genommen ein strafrechtliches Gutachten, wie es der Student der Rechtswissenschaft in den strafrechtlichen Übungen in Form von Klausuren und Hausarbeiten anzufertigen hat. Damit beweist sich zugleich die praktische Relevanz der strafrechtlichen Fallmethodik.

LS 4: Strafrechtliches Gutachten

Jedes strafrechtliche Gutachten erfordert zunächst, daß man sich über den Gesamtaufbau, den Aufbau innerhalb eines einzelnen Straftatbestandes sowie über das methodische Vorgehen bei der Prüfung einzelner Tatbestandsmerkmale schlüssig wird.
Innerhalb des Gesamtaufbaus gehört dabei die Arbeit am Sachverhalt an die Spitze. Das muß deswegen nachdrücklich betont werden, weil die akademischen Fallkonstellationen von festumrissenen Sachverhalten ausgehen, während der Schwerpunkt der Strafrechtspraxis gerade in der Sachverhaltserforschung liegt. Erst dann ist zu fragen, ob sich umfangreiche Sachverhalte in einzelne Handlungskomplexe zerlegen lassen, und in welcher Reihenfolge bei mehreren Personen und mehreren Straftatbeständen vorzugehen ist.
Die Reihenfolge bei der Prüfung eines einzelnen Straftatbestandes ergibt sich aus den drei Elementen der Straftat (Tatbestandsmäßigkeit, Rechtswidrigkeit, Schuld), zu denen in Einzelfällen weitere – unter dem Begriff »Strafwürdigkeit« nur wenig aussagekräftig zusammengefaßte – Elemente hinzukommen können.

Die Prüfung eines einzelnen Tatbestandsmerkmals schließlich erfolgt in vier Phasen (Gutachtenstil): Nach dem Herausarbeiten der konkreten Fragestellung wird versucht, eine rechtliche Erläuterung zu geben, der sich die Subsumtion anschließt, d. i. die Anwendung des erläuterten Tatbestandsmerkmales auf den konkreten Lebenssachverhalt. In der vierten Phase bleibt dann noch das Ergebnis der Subsumtion mitzuteilen.

- *Aufgabe:* Lesen in der Anklageschrift gegen S und B noch einmal das wesentliche Ergebnis der Ermittlungen (I/3 und 4) und fertigen Sie ein entsprechendes Gutachten an, das Sie zum Vergleich und zur Kritik der folgenden Ausführungen heranziehen.

4.1 Zur Methodik der Fallbearbeitung

A. Gesamtaufbau:

I.	Arbeit am Sachverhalt	– Behauptungen von S (Raubidee erst während der Fahrt, R sei allein ausgestiegen) und von B (er habe von dem geplanten Überfall nichts gewußt) beachten
II.	Mehrere (einer selbständigen rechtlichen Prüfung zugängliche) Handlungskomplexe (chronologisch vorgehen)	– 1. Geschehen im Sandweg 2. Wegfahren
III.	Mehrere Personen (mit dem »Tatnächsten« beginnen, Täterschaft vor Teilnahme)	– S vor B
IV.	Mehrere Straftatbestände (mit dem Grundtatbestand bzw. Sondertatbestand bzw. »Schwerpunktdelikt« beginnen)	– § 249 StGB vor § 250 I Nr. 3 a. F. StGB und vor § 316a StGB
V.	Konkurrenzen (am Schluß des Gutachtens)	

B. Aufbau innerhalb eines einzelnen Straftatbestandes
(dargestellt am Beispiel des Raubes – § 249 StGB –)

Vorbemerkung: Bei dem folgenden Aufbaumuster handelt es sich um ein Grundmodell, das auf vollendete vorsätzliche Begehungsdelikte zugeschnitten ist. Für alle anderen Delikte ergeben sich (nur) in einzelnen Punkten Abweichungen.

I. **Tatbestandsmäßigkeit**
   1. Objektiver Tatbestand
      a) Tatsubjekt — jeder (»wer ...«)
      b) Tatobjekt
      c) Tathandlung (i. w. S., d. h. unter Einschluß des § 13 StGB) — Wegnahme einer fremden beweglichen Sache mit Nötigungsmitteln

   2. Subjektiver Tatbestand
      a) Vorsatz in bezug auf alle Merkmale des objektiven Tatbestandes (§ 16 I 1 StGB beachten)[5]
      b) besondere Absichten oder Gesinnungen und Motive z. B. »niedrige Beweggründe« bei § 211 StGB) — Absicht rechtswidriger Zueignung

II. **Rechtswidrigkeit** (regelmäßig i. S. des Fehlens von Rechtfertigungsgründen wie z. B. §§ 32, 34 StGB)

III. **Schuld**
   1. Schuldfähigkeit nur bei Anhaltspunkten im Sachverhalt prüfen.
   2. (Schuldform: Vgl. Hinweis unter B I 2a)
   3. Unvermeidbarer Verbotsirrtum (§ 17 Satz 1 StGB)
   4. Entschuldigungsgründe (z. B. §§ 33 und 35 StGB)

IV. **»Strafwürdigkeit«**
   1. Objektive Bedingungen der Strafbarkeit (z. B. Begehen einer rechtswidrigen Tat — Rauschtat — bei § 330a StGB)
   2. Persönliche Strafausschließungsgründe (z. B. § 173 III StGB)
   3. Persönliche Strafaufhebungsgründe (z. B. §§ 24, 310 StGB)
   4. Strafantrag (z. B. §§ 194, 232, 248a StGB), Verfolgungsverjährung (§ 78 StGB)

C. *Aufbau bei Prüfung einzelner Tatbestandsmerkmale:*
I. Herausarbeiten der konkreten Fragestellung
II. Rechtliche Erläuterung
III. Subsumtion
IV. Ergebnis

4.2 Ausgangsfall als Beispiel eines strafrechtlichen Gutachtens

Es sei noch einmal daran erinnert, daß es hier um eine Beurteilung der Sachlage und eine prozessuale Prognose aus der Sicht der Staatsanwaltschaft geht, mit der Frage, ob ein genügender Anlaß zur Erhebung der öffentlichen Klage i. S. eines hinreichenden Tatverdachts besteht. Einzelheiten im Sachverhalt, die sich erst in der Hauptverhandlung ergeben haben, die der Leser aber aufgrund der Lektüre des gesamten Aktenmaterials schon kennt, müssen deswegen unberücksichtigt bleiben.

A. Das Geschehen im Sandweg
I. Strafbarkeit des S
1. Raub

S könnte sich dadurch, daß er auf R einschlug und ihm die Brieftasche mit (mindestens) 1800 DM entwendete, eines Raubes nach § 249 StGB schuldig gemacht haben.
Der Raub ist zwar ein eigenständiger Tatbestand, verlangt aber aufgrund der Kombination von Diebstahl und Nötigung, daß alle Tatbestandsmerkmale des § 242 StGB erfüllt sind. S hat den Gewahrsam des R an der Brieftasche gebrochen, neuen – hier eigenen – begründet und damit eine fremde, bewegliche Sache i. S. des § 242 StGB weggenommen. Zur Überwindung des Widerstandes schlug er auf R ein, handelte also zum Zwecke der Wegnahme mit Gewalt[6] gegen eine Person. Folglich hat S den objektiven Tatbestand des Raubes erfüllt. Er handelte in der Absicht rechtswidriger Zueignung und mit Wissen und Wollen, also vorsätzlich in bezug auf alle objektiven Tatbestandsmerkmale.
Rechtfertigungs- und Schuldausschließungsgründe fehlen. Fest steht, daß S unter Alkoholeinwirkung stand. Schuldunfähigkeit liegt jedoch erst bei einer Blutalkoholkonzentration von über 3 Promille nahe. Für eine so hohe Blutalkoholkonzentration sind keine Anhaltspunkte ersichtlich.
S ist somit wegen Raubes nach § 249 StGB strafbar. Die Gewaltanwendung gegenüber R erfolgte auf einem dem allgemeinen Verkehr freigegebenen, also öffentlichen Weg, so daß sich S nach den §§ 249, 250 I Nr. 3 a. F. StGB schuldig gemacht hat. (Seit dem 1. 1. 1975 ist Straßenraub kein Qualifikationstatbestand mehr).

2. Räuberischer Angriff auf Kraftfahrer

S hat zur Begehung eines Raubes Gewalt gegen R angewendet und einen Angriff auf Leib und Entschlußfreiheit eines Mitfahrers unternommen. Dieser Angriff müßte gemäß § 316 a I StGB unter »Ausnutzung der besonderen Verhältnisse des Straßenverkehrs« erfolgt sein. Der Täter muß sich also die dem **fließenden** Straßenverkehr eigentümliche Gefahrenlage zunutze gemacht haben, die für Mitfahrer beispielsweise in den durch ihre Isolierung und durch die räumliche Enge bedingten geringen Möglichkeiten zu fliehen, sich zur Wehr zu setzen oder Dritte zu Hilfe zu holen, liegen. Man könnte meinen, Angriffe in oder außerhalb **haltender** Kraftfahrzeuge würden das Tatbestandsmerkmal der »Ausnutzung der besonderen Verhältnisse des Straßenverkehrs« nicht erfüllen. In diese Richtung geht jedenfalls die Einlassung des S. Er hat jedoch den PKW in einen dunklen, einsam und abseits befahrener Straßen gelegenen Sandweg dirigiert. Damit steht die Tat in naher Beziehung zur Benutzung des Kraftfahrzeuges als Verkehrsmittel, u. z. gleichgültig, ob S noch im Wagen oder schon außerhalb auf R eingeschlagen hat. Auch im letzteren Falle liegen Halteort und Tatort unmittelbar nebeneinander. Der räumliche Zusammenhang zum Fahrzeug ist noch nicht unterbrochen (vgl. BGH NJW 1968, 1435). Daß S die Idee, R zu berauben, erst während der Fahrt und nicht schon bei Fahrtantritt gekommen ist, kann außer Betracht bleiben. Er selbst räumt nämlich ein, daß sein Angriff jedenfalls nicht erst auf einem nach dem Halten des PKW gefaßten Entschluß beruht, was regelmäßig einen Autostraßenraub ausschließen würde (vgl. BGH NJW 1972, 913 m. w. N.)

S hat sich somit wegen eines räuberischen Angriffs auf Kraftfahrer nach § 316 a I StGB strafbar gemacht.

3. Körperverletzung

Durch die Schläge, die bei R zu Gesichtsverletzungen und Schädelprellungen geführt haben, hat S das körperliche Wohlbefinden des R nicht nur unerheblich beeinträchtigt und ihn somit körperlich mißhandelt (§ 223 StGB).

II. Strafbarkeit des B

1. (Schwerer) Raub

B könnte sich nach den §§ 249, 250 I Nr. 3 (a. F.), 25 II StGB schuldig gemacht haben, wenn er sich den Tatbeitrag des S als Mittäter zurechnen lassen müßte.

Voraussetzung dafür ist, daß S und B den (schweren) Raub in bewußtem und gewolltem Zusammenwirken, also gemeinschaftlich, begangen haben. Für jeden Mittäter handelt es sich dabei um eine **eigene** Tat. Hierin liegt

zugleich der Unterschied zu den Teilnahmeformen der Anstiftung (§ 26 StGB) und der Beihilfe (§ 27 StGB), die beide das Vorliegen einer **fremden** Tat erfordern. Von diesem Ausgangspunkt her zu folgern, die Abgrenzung zwischen Täterschaft und Teilnahme habe nach subjektiven Kriterien danach zu erfolgen, ob der Beteiligte »die Tat als eigene oder als fremde wollte« (RGSt 2, 160), ist angesichts der Neuregelung des § 25 I 1 StGB nicht zwingend. Auszugehen ist vielmehr davon, daß Mittäter aufgrund eines gemeinsamen Tatentschlusses arbeitsteilig vorgehen, d. h. jeder seinen Tatbeitrag durch den des anderen ergänzen läßt. Der gemeinsame Tatentschluß setzt dabei allerdings keinen ausdiskutierten und lange vorbereiteten Plan voraus. Es genügt ein spontanes, schlüssiges Handeln, durch das ein entsprechendes stillschweigendes Einvernehmen zwischen den Beteiligten hergestellt wird. Die Einlassung des B, er habe von einem **geplanten** Überfall auf R nichts gewußt, ist insoweit unbeachtlich.
B hat aber gegenüber R weder Gewalt angewendet noch ihm die Brieftasche weggenommen, selbst also kein Tatbestandsmerkmal des Raubes verwirklicht. Die Erfüllung eines Tatbestandsmerkmales ist jedoch dann nicht erforderlich, wenn der Beteiligte sonst einen **wesentlichen** Tatbeitrag geleistet hat. Maßgebend dafür ist als objektives Kriterium die Tatherrschaft, d. h. der Einfluß auf das »Ob, Wann und Wie« der Tat. Diesen Einfluß hat B gehabt, als er am Steuer des PKW das Kraftfahrzeug von der Straße in den einsamen und dunklen Sandweg lenkte und dort anhielt.
B hat sich daher eines mittäterschaftlich begangenen Raubes schuldig gemacht (§§ 249, 250 I Nr. 3 [a. F.], 25 II StGB).

2. Räuberischer Angriff auf Kraftfahrer

Das gleiche gilt in bezug auf den räuberischen Angriff auf Kraftfahrer (§§ 316 a, 25 II StGB).

3. Körperverletzung

B hat zwar selbst nicht auf R eingeschlagen, muß sich aber die Tat des S aus den genannten Gründen als Mittäter zurechnen lassen. Allein die körperliche Anwesenheit eines anderen Tatbeteiligten am Tatort erhöht schon die Gefährlichkeit des Angriffs. Auch wenn der andere Tatbeteiligte selbst keinen Schlag ausgeführt hat, ist die Körperverletzung dennoch von mehreren gemeinschaftlich begangen. Sie erfüllt damit den qualifizierten Tatbestand des § 223 a StGB.

B. Das Wegfahren

1. Aussetzung

S und B könnten sich dadurch, daß sie den unter Alkoholeinfluß stehenden

R verletzt liegengelassen haben, gemäß § 221 StGB strafbar gemacht haben. § 221 StGB gehört zu den Straftaten gegen das Leben. Daraus ergibt sich, daß das Verlassen in hilfloser Lage zu einer konkreten Lebensgefährdung führen muß, was bei R jedoch nicht der Fall war.

2. Unterlassene Hilfeleistung

Als Täter des vorsätzlich begangenen Autostraßenraubes sind S und B wegen unterlassener Hilfeleistung nach § 330 c StGB nur strafbar, wenn dem Opfer ein **weiterer** Schaden droht als der, den sie gewollt haben. Da das nicht der Fall ist, entfällt bereits der objektive Tatbestand des § 330 c StGB.

C. Ergebnis

S und B haben sich wegen gemeinschaftlich begangenen (schweren) Raubes, räuberischen Angriffs auf Kraftfahrer und wegen gefährlicher Körperverletzung strafbar gemacht. Die gefährliche Körperverletzung steht dabei mit dem (schweren) Raub in Tateinheit (§ 52 StGB). Problematischer ist das Verhältnis des räuberischen Angriffs auf Kraftfahrer zum (schweren) Raub. Es könnte entweder Gesetzeseinheit (scheinbare Konkurrenz) oder Tateinheit (echte Konkurrenz) vorliegen. Gesetzeseinheit ist gegeben, wenn »der Unrechtsgehalt der Handlung durch einen oder mehrere Tatbestände erschöpfend erfaßt wird; dabei muß der eine Straftatbestand eine wenn nicht notwendige, so doch regelmäßige Erscheinungsform des anderen sein« (BGH NJW 1974, 2098). Die Tathandlung des § 316 a StGB besteht darin, daß der Täter unter Ausnutzung der besonderen Verhältnisse des Straßenverkehrs zur Begehung eines Raubes einen Angriff auf Kraftfahrer **unternimmt**. Unternehmen einer Tat ist nach § 11 Nr. 6 StGB deren Versuch und deren Vollendung. Mit dem Versuch des Angriffs ist also die Tat des § 316 a StGB bereits vollendet. Wer wie im vorliegenden Fall einen (schweren) Raub vollendet, tut demnach mehr als § 316 a StGB verlangt. Zwischen **vollendetem** (schweren) Raub und räuberischem Angriff auf Kraftfahrer besteht also keine Gesetzes-, sondern Tateinheit (§ 52 StGB = § 73 StGB a. F.).

Ergebnis: §§ 223, 223 a; 249, 250 I Nr. 3 (a. F.); 316 a, 25 II, 52 StGB).

LS 5: Erhebung der öffentlichen Klage

Diese gutachtliche Beurteilung sowie die prozessuale Prognose sprechen für die Wahrscheinlichkeit einer späteren Verurteilung von S und B. Damit bieten die Ermittlungen »genügenden Anlaß« zur Erhebung der öffentlichen Klage. Die Frage, ob die Staatsanwaltschaft das Verfahren nach § 170

II StPO einstellt oder öffentliche Klage erhebt, ist also zugunsten der Klageerhebung entschieden. Von den drei Arten, öffentliche Klage zu erheben (1. Anklage, 2. Antrag auf Erlaß eines Strafbefehls – § 407 StPO, 3. Antrag auf Aburteilung im beschleunigten Verfahren – §§ 212 ff StPO), kommt hier nur die Anklageerhebung durch Einreichung einer Anklageschrift nach den §§ 199 ff StPO in Betracht.

5.1 Anklageschrift gegen S und B

Der Inhalt der Anklageschrift ergibt sich aus den §§ 199 II, 200 StPO. Er orientiert sich an acht Punkten, von denen die ersten vier den **Anklagesatz** bilden, der in der Hauptverhandlung vom Staatsanwalt verlesen wird und den Schwerpunkt der Anklageschrift kennzeichnet.

1. Die Anklageschrift enthält zunächst den Namen des Angeschuldigten (so heißt der Beschuldigte gemäß § 157 StPO nach Erhebung der öffentlichen Klage, während er nach Eröffnung des Hauptverfahrens zum Angeklagten wird) sowie Angaben über Alter, Beruf, Wohnort, Staatsangehörigkeit und Familienstand. Dazu gehört bei Minderjährigen wie im Fall des Heranwachsenden B (vor Herabsetzung der Volljährigkeitsgrenze auf 18 Jahre!) auch die Angabe des gesetzlichen Vertreters. Bei S wird außerdem auf die Tatsache hingewiesen, daß er (vor-)bestraft ist. Nach richtiger Auffassung hat jedoch ein solcher Hinweis, der erst im Rahmen der Strafbemessung eine Rolle spielen und im Anklagesatz höchstens Vorurteile aufbauen kann, hier zu unterbleiben (*Schäfer* 1976, 163). Dagegen sind Ort und Dauer der Untersuchungshaft anzugeben. Bei noch fortdauernder Untersuchungshaft (wie bei S) wird die Anklageschrift mit dem Vermerk »Haft« versehen.

2. Für die Festlegung des Prozeßgegenstandes (§ 155 I StPO) ist die anschließende Sachverhaltensschilderung einschließlich der Angaben zu Ort und Zeit der Tat von ausschlaggebender Bedeutung. »Tat« ist dabei nicht als Straftatbestand, sondern als Lebenssachverhalt zu verstehen, der dem Gericht zur Prüfung vorgelegt wird.

3. Die gesetzlichen Merkmale der Straftat werden im Wortlaut des Gesetzes aufgeführt, u. z. begrenzt auf den einschlägigen Gesetzesausschnitt, wie im vorliegenden Fall die zusammengefaßte Darstellung der §§ 249, 250 I Nr. 3 (a. F.) und 316 a StGB zeigt. Hinzu kommen Angaben zur Teilnahmeform (I/2: »gemeinschaftlich handelnd«) und zu den Konkurrenzen (I/3: »durch eine und dieselbe Handlung«).

4. Mit den anzuwendenden Strafvorschriften endet der Anklagesatz. Bei der Anklage gegen S und B fällt auf, daß die §§ 223, 223 a StGB nicht

aufgeführt sind. Der Grund dafür ist, daß die gefährliche Körperverletzung nach § 374 I Nr. 4 StPO zu den Privatklagedelikten gehört, bei denen das staatliche Anklagemonopol durchbrochen ist. Bei Privatklagedelikten wird die öffentliche Klage von der Staatsanwaltschaft nur erhoben, wenn dies im öffentlichen Interesse liegt (§ 376 StPO). Insoweit gilt hier das Opportunitätsprinzip. Im vorliegenden Fall steht die privatklagefähige gefährliche Körperverletzung jedoch in Tateinheit mit den Offizialdelikten der §§ 249, 250 I Nr. 3 (a. F.), 316 a StGB. Damit ist eine Privatklage unzulässig. Das privatklagefähige Delikt muß von Amts wegen mit verfolgt werden. Wenn die §§ 223, 223 a StGB dennoch nicht erwähnt sind, so deshalb, weil die Staatsanwaltschaft aus Gründen der Opportunität die Verfolgung auf die Raubdelikte beschränkt hat. Das ist wegen relativer Geringfügigkeit nach § 154 a StPO zulässig: Angesichts der hohen Strafandrohung in § 316 a StGB (Freiheitsstrafe nicht unter fünf Jahren) fällt das tateinheitlich zusammentreffende privatklagefähige Vergehen der gefährlichen Körperverletzung nicht ins Gewicht, so daß eine Beschränkung der Strafverfolgung im Interesse der Prozeßökonomie angezeigt ist.

Bei den anzuwendenden Strafvorschriften sind neben den §§ 249, 250 I Nr. 3, 316 a StGB außerdem die §§ 47 (jetzt § 25) und 73 StGB (jetzt § 52 StGB) genannt, die sich auf die Teilnahmeform sowie auf die Konkurrenzen beziehen.

Die §§ 1, 103 II, 105 ff JGG sind im Hinblick auf B erwähnt. B ist zum Zeitpunkt der Tat noch nicht ganz 20 Jahre alt gewesen und somit Heranwachsender (18, aber noch nicht 21 Jahre alt), so daß nach § 1 JGG das Jugendgerichtsgesetz gilt. Damit wäre grundsätzlich das Jugendgericht zuständig (§§ 108 I, 39–42 JGG). Nach den §§ 112, 103 JGG ist es möglich, Strafsachen gegen Heranwachsende und Erwachsene zu verbinden und Anklage – wie hier geschehen – vor dem »Erwachsenen-«Gericht zu erheben, wenn das Schwergewicht bei dem Verfahren gegen den Erwachsenen (S) liegt und wichtige sachliche Gründe (z. B. Umfang der Beweisaufnahme, Gefahr divergierender Entscheidungen) die Verbindung rechtfertigen. Vom Vorliegen dieser Voraussetzungen geht die Staatsanwaltschaft im vorliegenden Fall aus, wie der Hinweis auf die §§ 1, 103, 105 ff JGG beweist.

5. Nach dem Anklagesatz sind die Beweismittel anzugeben, wobei hier das Opfer der Straftat (R) als Zeuge genannt ist.

6. Das folgende »wesentliche Ergebnis der Ermittlungen« enthält eine Darstellung des Tatgeschehens aus der Sicht der Staatsanwaltschaft. Es wird in der Hauptverhandlung nicht verlesen und damit auch den Schöffen als Laienrichtern nicht bekannt, um von vornherein jede Voreingenommenheit auszuschließen.

7. Die nach § 200 Abs. 1 StPO erforderliche Angabe des Gerichts, vor dem

die Hauptverhandlung stattfinden soll (Landgericht Berlin – große Strafkammer –) ist hier (wie allgemein üblich) mit dem Antrag verbunden, das Hauptverfahren zu eröffnen (vgl. § 199 II StPO). In diesem Antrag wird zugleich die auf dem **Akkusationsprinzip** (§ 151 StPO) beruhende Trennung von Anklagebehörde und Gericht und die daraus resultierende Rollenverteilung zwischen Staatsanwalt und Richter sichtbar. Die Verfahrensherrschaft geht mit Erhebung der öffentlichen Klage auf das Gericht über.

8. Die Nennung des Verteidigers erfolgt im Anschluß an die Personalien des Angeschuldigten.

5.2 Anklageschrift gegen Z

● **Aufgabe:** Vergleichen Sie die Anklageschrift gegen Z mit der Anklageschrift gegen S und B.

Z ist zum Zeitpunkt der Tat noch nicht ganz 17 Jahre alt gewesen und damit Jugendlicher (14, aber noch nicht 18 Jahre alt) i. S. des § 1 JGG. Da Jugendliche nur bedingt strafmündig sind, die strafrechtliche Verantwortlichkeit also in jedem einzelnen Fall geprüft werden muß, bedarf es in der Anklageschrift bei den anzuwendenden Strafvorschriften des Hinweises auf § 3 JGG (vgl. VI/2). Zuständig ist nach den §§ 39–42 JGG das Jugendgericht. Eine Verbindung von Strafsachen gegen Jugendliche und Erwachsene wird im allgemeinen nicht für zweckmäßig gehalten, scheitert im vorliegenden Fall auch an tatsächlichen Gegebenheiten, weil Z als dritter Tatbeteiligter neben S und B zunächst namentlich nicht bekannt war. Daß die Staatsanwaltschaft das Jugendschöffengericht des Amtsgerichts Tiergarten zum Adressaten der Anklageschrift macht, beruht auf der Prognose, im Falle Z seien nicht nur Erziehungsmaßregeln oder Zuchtmittel, sondern Jugendstrafe zu erwarten (vgl. §§ 39, 40 JGG). Diese Einschätzung erweist sich später freilich als Fehlprognose.

LS 6: Die Rolle der Staatsanwaltschaft im Kriminalisierungsprozeß

Verglichen mit entsprechenden Arbeiten über Polizei und Gericht gibt es nur wenige Untersuchungen, die sich mit der Rolle der Staatsanwaltschaft innerhalb der Instanzen sozialer Kontrolle beschäftigen. Erklärt wird diese Tatsache damit, daß das Vorverfahren, dessen Herrin die Staatsanwaltschaft ist, im Schatten des Hauptverfahrens steht (*Sessar* 1975, 1033). Das »späte« kriminologische Interesse an der Staatsanwaltschaft dürfte seinen Grund jedoch in der Situation der Kriminologie in der Bundesrepublik Deutschland haben. Die kriminologische Forschung der ersten beiden Nachkriegsjahrzehnte war von dem Ziel bestimmt, Anschluß an den internationalen Stand kriminologischen Wissens zu finden. Ende der 60er Jahre ging es darum, den Wandel von biologischen, psychologischen und psychiatrischen zu kriminalsoziologischen Forschungsschwerpunkten nachzuvollziehen. Dementsprechend stand die Rezeption anglo-amerikanischer Ergebnisse im Vordergrund kriminologischen Interesses. Innerhalb der Instanzenforschung konnte dabei die Rolle der Staatsanwaltschaft kaum in das kriminologische Blickfeld kommen, weil das anglo-amerikanische Strafverfahren keinen berufsmäßigen Staatsanwalt kennt. Anwälte (barristers) übernehmen in verschiedenen Strafverfahren einmal die Rolle des Staatsanwalts und einmal die Rolle des Verteidigers (vgl. *Trifferer* und *Allen* 1974). Der anglo-amerikanische Strafprozeß wird durch die Parteien bestimmt, die durch sich gleichberechtigt gegenüberstehende Verteidiger und Staatsanwälte vertreten werden. Die Parteien laden selbst Zeugen und befragen sie (Höhepunkt ist das Kreuzverhör). Der Richter übernimmt eine Art Schiedsrichterfunktion.

Bei uns ist die Staatsanwaltschaft eine staatliche Justizbehörde. Sie ist selbständiges Organ der Rechtspflege zwischen Exekutive und Jurisdiktion, nicht aber Partei wie im anglo-amerikanischen Strafprozeß. Damit hat die Tätigkeit der Staatsanwaltschaft einen anderen Stellenwert innerhalb der Sozialkontrolle als im anglo-amerikanischen Recht.

Eine erste Einzelfallstudie zur Rolle des Jugendstaatsanwalts im Kriminalisierungsprozeß legte *Best* 1971 vor. Das Arbeitsfeld des Jugendstaatsanwalts ist für entsprechende Untersuchungen besonders geeignet, weil der Spielraum des Jugendstaatsanwalts durch die Einschränkung des Legalitäts- zugunsten des Opportunitätsprinzips sowie durch die Geltung des Subsidiaritätsprinzips größer ist als im allgemeinen Strafverfahren. Als Beispiele seien hier nur das formlose Erziehungsverfahren nach den §§ 45, 47 JGG und das vereinfachte Jugendverfahren nach den §§ 76 ff JGG genannt, wobei der Jugendstaatsanwalt auf die Wahl der Verfahrensart entscheidenden Einfluß hat. Um diesen Einfluß auch tatsächlich ausüben und dabei dem Vorrang des Erziehungsgedankens Rechnung tragen zu können, **soll** (leider nicht **muß**) der Jugendstaatsanwalt (ebenso wie der Jugendrichter) gemäß § 37 JGG »erzieherisch befähigt und in der Jugenderziehung erfahren sein«. Voraussetzung sind also pädagogische, psychologische, psychiatrische und soziologische Kenntnisse. Mittelbar ist § 37 JGG damit gesetzliche Grundlage für die im Rahmen der Reform der Juristenausbildung erhobene Forderung nach interdisziplinären Lehrveranstaltungen im strafrechtlich-kriminologischen Bereich[7]. Hier setzt auch die Untersuchung von *Best* an, der den Widerspruch zwischen dem Idealtypus des Jugendstaatsanwalts und der Wirklichkeit aufzeigt, ehe er auf das staatsanwaltschaftliche Instrumentarium, das Verfahren »in die richtigen Bahnen zu lenken«, eingeht. Dabei arbeitet er u. a. als Fragestellungen heraus, nach welchen Kriterien sich die Wahl der Verfahrensart richtet, wann ein förmliches Gerichtsverfahren und wann statt dessen ein reines

Erziehungsverfahren durchgeführt und vor welchem Gericht Anklage erhoben wird. An dieser Stelle zeigen sich bereits ebenso wie in folgenden Ausführungen zu den Interaktionsbeziehungen des Jugendstaatsanwalts zur Polizei, zum Jugendrichter, zum medizinischen und zum psychologischen Sachverständigen sowie zum Sozialarbeiter in der Jugendgerichtshilfe die Stärken und Schwächen der Studie: *Best* gelingt es, die Probleme, die sich aus der Rolle des Jugendstaatsanwalts ergeben, zu umreißen und entsprechende Fragen zu formulieren, er kann sie jedoch (von Ansätzen abgesehen) nicht beantworten. Dazu war die dreimonatige Ausbildung bei einem Jugendstaatsanwalt, auf der die Einzelfallstudie beruht, sicher auch zu kurz. Außerdem gab es 1971 noch keine größeren empirischen Untersuchungen zur Rolle des Staatsanwalts.

Umfangreiches empirisches Material ist erst von *Brusten* (1974) sowie innerhalb eines Projekts der Forschungsgruppe Kriminologie des Max-Planck-Instituts für ausländisches und internationales Strafrecht in Freiburg von *Blankenburg* (1973), *Blankenburg* und *Steffen* (1975), *Sessar* (1975) sowie *Steffen* (1976) zusammengestellt worden.

6.1 Empirische Daten zur Selektionsfunktion der Staatsanwaltschaft

Brusten (1974) hat alle 14 626 Einzelfälle, die in einer süddeutschen Großstadt in den Jahren 1969 und 1970 von der Polizei als aufgeklärt an die Staatsanwaltschaft weitergeleitet worden sind und über deren strafrechtlichen Ausgang weitere Informationen vorlagen, empirisch ausgewertet. Dabei ging es darum, die Schaltstellen aufzuzeigen, die den Ausfilterungsprozeß von 14 626 aufgeklärten Fällen zu 8163 (= 55,8 %) Verurteilungen bestimmen. Die Ergebnisse sind in der folgenden, unter didaktischen Gesichtspunkten anders als bei *Brusten* aufgestellten Tabelle zusammengestellt.

Tabelle 14

Instanzen sozialer Kontrolle		»Selektionsfilter«	Rechtsgrundlage	Fälle
Polizei	14 626 aufgeklärte Fälle			
Staatsanwaltschaft		kein genügender Anlaß zur Erhebung öffentlicher Klage	§ 170 II StPO	3 845
		Verweis auf den Privatklageweg	§ 376 StPO	376

Staatsanwaltschaft und/oder Gericht		Nichtverfolgung von Bagatellsachen	§ 153 StPO	1319
		Unwesentliche Nebenstraftaten	§ 154 StPO	336
		Einstellung nach JGG	§§ 45, 47, JGG	311
Gericht	8448 Aburteilungen 8163 Verurteilungen	Freispruch	§§ 260, 267 V StPO	285
	4214 Verurteilungen nach Hauptverhandlung	Strafbefehl	§§ 407 ff. StPO	3949

Problematisch ist, inwieweit dieser Ausfilterungsprozeß auf formelle, d. h. gesetzlich festgelegte Faktoren zurückzuführen ist und inwieweit informelle Faktoren (selektive Wahrnehmung, Vorverständnis, Vorurteile, Alltagstheorien usw.) eine Rolle spielen. *Brusten* stellt fest, daß der Staatsanwaltschaft eine wichtige, bisher kaum beachtete Selektionsfunktion zukommt. Die Gefahr der Hinzuziehung informeller Faktoren und damit die Gefahr schichtenspezifischer Benachteiligung durch die Staatsanwaltschaft besteht nach seiner Auffassung überall dort, wo der Gesetzgeber »auslegungsträchtige Sprachformeln« wie »geringe Schuld«, »kein öffentliches Interesse«, »kein **genügender** Anlaß zur Erhebung der öffentlichen Klage«, »kein **hinreichender** Tatverdacht« u. ä. verwendet. *Brusten* muß aber am Schluß seiner Untersuchung einräumen, daß die Frage, ob bei den einzelnen Selektionsfiltern informelle Handlungsprogramme zur Anwendung kommen, erst noch durch »eine interdisziplinäre empirische Forschung von Strafrechtlern und Sozialwissenschaftlern« beantwortet werden muß.

6.2 Freiburger Staatsanwaltschaftsuntersuchung

Gegenstand des Freiburger Projekts der Forschungsgruppe Kriminologie sind »Empirische Untersuchungen zu Funktion und Tätigkeit der Staatsanwaltschaft«. Zum Forschungsprogramm gehörten dabei die Frage nach den Zusammenhängen zwischen der staatsanwaltschaftlichen Ermittlungs- und Erledigungspraxis zur Behördengröße sowie die Frage nach der Selektion durch staatsanwaltschaftliches Handeln. Aus den 93 westdeutschen Staatsanwaltschaften sind 8 unterschiedlich große Behörden mit unterschiedlich hohen Einstellungsquoten ausgewählt worden, die repräsentativ für alle

Staatsanwaltschaften sind. Nach verschiedenen Auswahlprozeduren sind schließlich rund 6500 Akten aus dem Jahre 1970 ausgewertet worden, die Diebstahls-, Betrugs-, Unterschlagungs-, Raub-, Notzuchts- und Wirtschaftsdelikte des Nebenstrafrechts zum Gegenstand haben (vgl. zur Anlage des Projekts *Blankenburg* 1973). Die einzelnen Delikte sind außerdem nach ihren besonderen Erscheinungsformen aufgegliedert worden, um differenziertere deliktsspezifische Aussagen zu der Frage machen zu können, ob die staatsanwaltschaftliche Erledigungspraxis von Sozialmerkmalen beim Täter oder auch beim Opfer beeinflußt wird. Diebstahl ist z. B. nach Fahrzeug-, Laden- und Einbruchsdiebstahl aufgeschlüsselt, Betrug nach Geld-, Kredit- und Bagatellbetrug (Schwarzfahren, Zechprellerei) und Unterschlagung nach Taten gegenüber dem Arbeitgeber und sonstigen Fällen.

Als Gesamtergebnis wird festgestellt, daß der Gang eines Strafverfahrens von der Anzeigeerstattung über die Ermittlungen durch Polizei und Staatsanwaltschaft bis hin zum Gericht schichtspezifischen Einflüssen unterliegt (*Blankenburg* und *Steffen* 1975). Verfahren gegen Angehörige aus der Mittelschicht werden abgesehen von Fahrzeug- und Ladendiebstahl häufiger wegen Geringfügigkeit eingestellt als Verfahren gegen Tatverdächtige aus der Unterschicht. Insgesamt ist die Anklagewahrscheinlichkeit bei Unterschichtangehörigen größer als bei Mittelschichtangehörigen[8].

Ein Grund für diese Tatsache wird in der geringeren Beschwerdemacht von Beschuldigten aus der Unterschicht gesehen (*Sessar* 1975, 1061). Hinzu kommen Verzerrungen durch unterschiedliche strafrechtliche Beurteilungen: So wird beim Diebstahl als einem Unterschichtdelikt von der Wegnahmehandlung leichter auf die Zueignungsabsicht als beim Betrug (eher ein Mittelschichtdelikt) von der Täuschungshandlung auf die Absicht geschlossen, sich oder einem Dritten einen rechtswidrigen Vermögensvorteil zu verschaffen. Bei gleichartigen Delikten ist das staatsanwaltschaftliche Handeln im wesentlichen von dem an die Staatsanwaltschaft abgegebenen Aktenmaterial geprägt. Darin zeigt sich zugleich, daß die faktische Herrschaft der Polizei im Vorverfahren noch wesentlich stärker ist, als bisher ohnehin schon vermutet (*Sessar* 1975, 1046). Unterschichtangehörige sind bereits infolge der Tätigkeit von Opfer, Anzeigeerstatter und Polizei überrepräsentiert. Staatsanwaltschaft und Gericht verstärken die Ungleichverteilung nur noch unwesentlich, eine Erkenntnis, die im Hinblick auf die Rolle von Opfer und Anzeigeerstatter zu einer Überprüfung der am Handeln der formellen Instanzen sozialer Kontrolle (Polizei, Staatsanwaltschaft, Gericht) orientierten Etikettierungstheorie wird führen müssen (vgl. *Steffen* 1976).

6.3 Diskussion der Ergebnisse

Die (bisherigen) Ergebnisse des Freiburger Projekts sind auf einem Kolloquium des Max-Planck-Instituts für ausländisches und internationales Strafrecht diskutiert worden. Der von *Steffen* (1975) veröffentlichte Tagungsbericht verdient deswegen Erwähnung, weil er aufzeigt, wie schwer sich Strafrechtspraktiker und Strafrechtswissenschaftler im Umgang mit empirischen Daten der Kriminologie und insbesondere der Kriminalsoziologie tun. Da werden Alltagstheorien vertreten wie z. B., daß manche Delikte bei Angehörigen der Unterschicht nicht zu einer Minderung ihres Ansehens führten (*Bockelmann*), Begriffe wie der der Kriminalisierung als untauglich abgelehnt (*Leferenz*) und schließlich dem gesamten Forschungsprojekt gegenüber der Verdacht ideologischer Beeinflussung geäußert (*Würtenberger*).

Angesichts solcher Stellungnahmen sei hier nochmals betont, daß den Instanzen sozialer Kontrolle eine zielgerichtete Selektion zum Nachteil von Vorbestraften und Unterschichtangehörigen ebensowenig vorgeworfen wie eine faktische Benachteiligung geleugnet werden kann. Um diese Tatsache bewußt werden zu lassen, ist die Verwendung des Begriffs »Kriminalisierung« notwendig. Dieser Begriff verhindert die einseitige Betrachtung von Kriminalität als rein individuelle Erscheinung, macht auf das soziale Phänomen »Kriminalität« aufmerksam und rückt den Interaktionsprozeß, an dem der Täter **und** die Instanzen sozialer Kontrolle beteiligt sind, in den Blickpunkt.

LS 7: Erfolgskontrolle

- Lesen Sie in der Anklageschrift gegen Z noch einmal das wesentliche Ergebnis der Ermittlungen (VI/3–4). Teilen Sie die staatsanwaltschaftliche Prognose, Z werde der **Mittäterschaft** am (schweren) Raub und am räuberischen Angriff auf Kraftfahrer überführt werden?
(Vergleichen Sie Tatbeiträge von S, B und Z).
Sehen Sie sich jetzt folgende Literaturstellen zu § 25 II StGB an (aus didaktischen Gründen beachten bitte die angegebene Reihenfolge einhalten!):
- *Baumann*, Strafrecht, Allgemeiner Teil, 8. Aufl., 1977, § 36 I 3 (554–569)
- *Samson* in SK StGB, 1977, § 25 Rn 6–18 und 43–55
- *Blei*, Strafrecht I, Allgemeiner Teil, 17. Aufl. 1977, § 78 (246–253)
Kommen Sie zu unterschiedlichen Ergebnissen, wenn Sie
– der subjektiven Theorie (*Baumann*),
– der Tatherrschaftslehre (*Samson*),
– der von *Blei* vorgeschlagenen komplexen Wertung (objektiv und subjektiv) folgen?
(Zum Ergebnis vgl. Urteil gegen Z – VIII 7–8).

LS 8: Motivationsversuch

Zu LS 1 • *Kern-Roxin*, Strafverfahrensrecht, 14. Aufl., 1976, § 1 (1–8)
      o *Kaiser*, Strafprozeßform . . ., in: Strategien und Prozesse strafrechtlicher Sozialkontrolle, 1972, 71–87

Zu LS 2 • *Kern-Roxin,* Strafverfahrenrecht, 14. Aufl., 1976, § 5 (18–22) und § 39 (193–198)
• *Kerner,* Verbrechenswirklichkeit und Strafverfolgung, 1973, 27–38
o *Brusten,* Anzeigeerstattung als Selektionsinstrument im Kriminalisierungsprozeß, KrimJ 1971, 248–259

Zu LS 3 • *Feest,* Polizeiwissenschaft, in: Kaiser/Sack/Schellhoss (Hrsg.), Kleines kriminologisches Wörterbuch, 1974, 248–250
o *AJK* (Hrsg.), Die Polizei – eine Institution öffentlicher Gewalt, 1975
o *Lüttger,* »Der genügende Anlaß« zur Erhebung der öffentlichen Klage, GA 1957, 193 ff **und** (teilweise) in: Lüderssen/Sack (Hrsg.), Seminar: Abweichendes Verhalten III, Die gesellschaftliche Reaktion auf Kriminalität 2, 1977, 119–137

Zu LS 4 • *Arzt,* Die Strafrechtsklausur, 2. Aufl., 1975 **oder**
• *Kienapfel,* Strafrechtsfälle, 3. Aufl., 1976 oder
• *Roxin-Schünemann-Haffke,* Strafrechtliche Klausurenlehre, 2. Aufl., 1975

Zu LS 5 o *G. Schäfer,* Die Praxis des Strafverfahrens, 1976, § 28 (161–171)

Zu LS 6 o *Sessar,* Empirische Untersuchungen zu Funktion und Tätigkeit der Staatsanwaltschaft, ZStW 87 (1975), 1033–1062

---

1 Damit soll dieses Zwangsmittel ebenso wie die vier zusätzlichen Zwangsmittel der Hilfsbeamten der Staatsanwaltschaft (Blutprobe oder körperliche Untersuchung des Beschuldigten, körperliche Untersuchung von Zeugen, Beschlagnahme, Durchsuchung) auf Ausnahmen beschränkt werden. Es besteht jedoch die Gefahr, daß das Regel-Ausnahme-Verhältnis ins Gegenteil verkehrt wird. Eine solche rechtlich bedenkliche Praxis läßt sich heute schon bei Hausdurchsuchungen feststellen (ohne richterlichen Durchsuchungsbefehl). Vgl. die Stellungnahme der Humanistischen Union, Vorgänge 16 = 4/1975, 110.
2 Diese Formel ist freilich nicht mehr als eine Orientierungshilfe. Zur Problematik vgl. *Lüttger* 1957.
3 BVerfGE 19, 342 (350) = NJW 1966, 243.
4 BVerfGE 35, 185 = NJW 1973, 1363.
5 Der Standort der Vorsatzprüfung ist umstritten. Entweder hier unter B I 2 a oder im Rahmen der Schuldprüfung unter B III 2.
6 Zur hier zwar nicht aktuell werdenden, aber äußerst problematischen Erweiterung des strafrechtlichen Gewaltbegriffes sei wenigstens auf die Arbeiten von *Calliess* (1974) und *Müller-Dietz* (1974) hingewiesen.
7 Entsprechendes ergibt sich mittelbar aus § 38 JGG für die Forderung nach einer fächerübergreifenden Ausbildung von Sozialarbeitern in den Praxisfeldern der Jugendgerichtshilfe, der Bewährungshilfe und der Sozialarbeit im Vollzug.
8 Ebenso werden Vorbestrafte eher als Nichtvorbestrafte und Jugendliche eher als Erwachsene von der Staatsanwaltschaft angeklagt (*Sessar* 1975, 1062).

LE 5: Instanzen sozialer Kontrolle 2: Jugendgerichtshilfe

LS 1: Problemaufriß

Nach § 160 III StPO sollen sich die staatsanwaltschaftlichen Ermittlungen auch auf die Umstände erstrecken, die für die Bestimmung der Rechtsfolgen der Tat von Bedeutung sind. Vor allem im Hinblick auf die Strafbemessung, die Möglichkeiten der Strafaussetzung zur Bewährung sowie der Anordnung von Maßregeln der Besserung und Sicherung sind eine Würdigung der Täterpersönlichkeit und eine umfassende kriminologische Analyse erforderlich. Nicht zuletzt aufgrund »psychologischer Hemmnisse« (*Roxin* 1976, 50) wird die Staatsanwaltschaft diesen Aufgaben nicht gerecht. Sie sollte sich stattdessen der Gerichtshilfe bedienen. Die Beteiligung der Gerichtshilfe bei Erwachsenen ist jedoch nicht obligatorisch, ihre Beteiligung an der Hauptverhandlung nicht vorgesehen. Hierin liegen zugleich die Unterschiede der Gerichtshilfe bei Erwachsenen zur Jugendgerichtshilfe.

Der Jugendgerichtshelfer bringt »die erzieherischen, sozialen und fürsorgerischen Gesichtspunkte« im Verfahren gegen Jugendliche und Heranwachsende zur Geltung (§ 38 II JGG). Zu seinen Aufgaben zählt dabei die »Erforschung der Persönlichkeit, der Entwicklung und der Umwelt des Beschuldigten«. Mit diesen Ermittlungen unterstützt der Jugendgerichtshelfer die Staatsanwaltschaft bei der nach § 43 JGG schon im Vorverfahren gebotenen Persönlichkeitserforschung. Daß dies eine kriminologische Aufgabe ist, betont *Brunner* (1975, 219) zu Recht. Problematisch ist aber sein folgender Katalog der im Rahmen der Ermittlungen nach § 43 JGG zu berücksichtigenden Faktoren:

– »Anlagen (Gewerbsunzucht in der Familie, Trunksucht),
– Umwelt, bes. Familie (uneheliche Abstammung, Scheidung, Getrenntleben, Tod eines Elternteils; Berufstätigkeit, Lebenswandel ggf. Vergnügungssucht, Krankheiten der Eltern, wirtschaftliche Lage; Nestwärme, Einzelkind, jüngstes Kind, Schlüsselkind, Heimkind, Großelternkind; Verhältnisse zu Geschwistern und anderen Verwandten),

- sonstige Umwelt (Ernährung, Wohnung, Kleidung, Taschengeld, Beruf oder Arbeitslosigkeit, Freizeitgestaltung wie Lesen, Film, Sport, Tanzen u. ä., Nachbarschaft, Freundeskreis, Jugendverbände, Vereine, geistige Einstellung, Gebräuche und Sitten der Heimat)
- Entwicklung (Kinderkrankheiten, Unfälle, Schulbildung, Berufsausbildung, Prüfungen, etwaige Verzögerungen, Säumnisse, Interesselosigkeit),
- bisheriges Verhalten auch vor der Strafmündigkeit (Vorstrafen oder Maßnahmen des Vormundschaftsrichters, Erfolge in Schule und Lehre, Verhalten zu Freunden, in Heimen, Verwendung des Einkommens, Freizeitgestaltung, Umgang, Verhältnis zum anderen Geschlecht, Rauchen und Trinken, Interesse am politischen, wirtschaftlichen und sozialen Geschehen, Beeinflußbarkeit und erzieherische Ansprechbarkeit),
- Pläne (Berufsziel, Heiratsabsichten, Ehrgeiz im Sport u. a.)

- Verstand, Begabung, Wille, Gemüt, Gefühls- und Trieblebe, Charakter, Temperament, Wertvorstellungen, Einstellung zu Natur und Technik, allgemeine sowie besonders auffällige körperliche Erscheinungsformen.«

Fragt man nach dem Kriminalitätsverständnis, das sich hinter dieser Aufzählung verbirgt, wird man am ehesten an den Mehrfaktorenansatz erinnert, wie ihn *Mezger* (1951, 5) verstand, der in der kriminellen Tat das Produkt aus der anlage- und entwicklungsbedingten Persönlichkeit des Täters und der persönlichkeits- und tatgestaltenden Umwelt sah und daraus die kriminologische Grundformel entwickelte:

KrT = aeP · ptU

Ausgangspunkt bei dieser Formel ist die Vorstellung, es gebe einzelne Faktoren, die den Straffälligen vom Nichtstraffälligen unterscheiden. Angesichts der von der Dunkelfeldforschung belegten Normalität strafbaren Verhaltens läßt sich diese Vorstellung jedoch nicht länger aufrechterhalten.
Der von *Brunner* skizzierte Themenkatalog zur Persönlichkeitserforschung birgt neben der Gefahr schichtspezifischer Benachteiligung durch die Verwendung nicht immer wertfreier Begriffe auch die Gefahr »naiven« Faktensammelns in sich; naiv deswegen, weil jeder, der mit diesem Katalog

arbeitet, sein eigenes Verständnis von den Entstehungszusammenhängen der Kriminalität unreflektiert in die Ermittlungen einbringen kann. Eine Analyse der beiden JGH-Berichte über B und Z soll zu einem Überblick über die Erklärungsansätze von Kriminalität führen, ehe auf die weiteren Aufgaben der Jugendgerichtshilfe einzugehen ist.

LS 2: Ergebnis der ermittelnden Tätigkeit der Jugendgerichtshilfe in dem Verfahren gegen B und Z

● **Aufgabe:** Lesen Sie die Berichte der Jugendgerichtshilfe über B und Z und stellen Sie die im Rahmen der Persönlichkeitserforschung für wichtig erachteten Faktoren stichwortartig zusammen. Beginnen Sie aus didaktischen Gründen mit dem Bericht über Z.

2.1 Der JGH-Bericht über Z

Der Bericht enthält Angaben über
1. Familiensituation der Mutter (VII/1–2)
   (Ralf Z ist das Kind aus ihrer ersten von drei Ehen: 1. Ehe = 1955–1957, 2. Ehe = 1960–1963, 3. Ehe = 1967–1973)
2. Wohnsituation (VII/2)
3. Berufstätigkeit der Mutter (VII/2)
4. Position des Vaters (VII/2,3 und 6) (nur unregelmäßige Unterhaltszahlungen; spontane Kontaktaufnahme nach Z's Verhaftung)
5. Verhalten der beiden Stiefväter gegenüber Ralf (VII/2)
6. Ralfs frühkindliche Entwicklung (VII/3)
7. Betreuung in einer Kindertagesstätte und zeitweise durch die Großeltern (VII/3)
8. Schulsituation (VII/3) (kein Schulabschluß; erneuter Anlauf scheitert nach Schulschwänzen)
9. Erziehungsstil der Mutter (VII/4–5) (Auseinandersetzungen, Antrag auf Heimunterbringung)
10. Z's Freundin, die von ihm ein Kind erwartet (VII/5)

Aufgrund dieser Angaben schließt der Jugendgerichtshelfer von Fehlentwicklungen der Persönlichkeit (VII/4) über Verhaltensstörungen (VII/6) auf Fehlverhalten (VII/7). Kriminalität läßt sich für ihn also auf Sozialisationsdefizite zurückführen.

2.2 Der JGH-Bericht über B

Der Bericht enthält Angaben über
1. Familiensituation der Eltern (II/1–2)

2. Wohnsituation (II/2)
3. B's frühkindliche Entwicklung (II/2)
4. Schulsituation (II/2)
5. Lehre (II/2)
6. Zulassung zum Studium (II/2)
7. Freizeitgestaltung (II/2)

Bei einem Vergleich der Persönlichkeitsentwicklung von Z und B fällt auf, daß Z zuwenig und B als Einzelkind eher zuviel Zuwendung erfahren hat, so daß infolge der zu sehr behütenden häuslichen Atmosphäre »eine eigene reale Lebensbewältigung« B's (II/3) infragegestellt ist. Mangelnde Verselbständigung (B ist knapp 20 Jahre alt!) ist aber ebenfalls als Defizit im Sozialisationsprozeß anzusehen. Trotz der völlig unterschiedlichen Ausgangssituation (unterschiedlicher Sozialstatus z. B.) sieht der Jugendgerichtshelfer auch hier Kriminalität als durch Sozialisationsdefizite bedingt an. Dieser Erklärungsansatz ist mit anderen Kriminalitätstheorien zu konfrontieren, nachdem zunächst einmal die genannten Faktoren daraufhin untersucht worden sind, ob sie für die Entstehung von Kriminalität eine empirisch belegte Bedeutung haben.

LS 3: JGH-Feststellungen im Vergleich zu empirisch gesicherten Ergebnissen über Entstehungsbedingungen von Kriminalität

3.1 Familie

Die Familie hat drei wichtige Funktionen zu erfüllen: Sie ist primäre Sozialisationsinstanz, sie übernimmt Aufgaben der sozialen Kontrolle gegenüber Kindern und Jugendlichen und ist »Stoßdämpfer der Gesellschaft« (*Sack* in *Kaiser/Sack/Schellhoss* 1974, 85), indem sie Frustrationen in den gesellschaftlichen Beziehungen (besonders im Arbeitsbereich) auffängt, abmildert oder ausgleicht. Am wichtigsten ist ihre Funktion im Sozialisationsprozeß. Gemeint ist damit der Prozeß der Anpassung an Werte, Normen und Einstellungen der das Individuum umgebenden Gruppen (vgl. *H. Kaufmann* 1971, 146 ff). *Claessens* (1972) spricht in diesem Zusammenhang recht anschaulich von der zweiten, der soziokulturellen Geburt des Menschen. Der Sozialisationsprozeß kann dadurch beeinträchtigt werden, daß die Familie strukturell oder funktional unvollständig ist, ferner durch die Berufstätigkeit der Mutter, durch einen häufigen Wechsel der Bezugspersonen und durch den Erziehungsstil.

3.1.1 Strukturell unvollständige Familie

Zu den international wichtigsten Untersuchungen zur Familiensituation von (registrierten) jugendlichen Straftätern und (offiziell) nichtdelinquenten Jugendlichen gehören die Forschungen des amerikanischen Ehepaares *Glueck*. Sie haben in einem 1939 begonnenen Forschungsprojekt versucht, ohne vorausgehende theoretische Festlegung allein aufgrund empirischer Forschungen Kenntnisse zu den Entstehungsbedingungen von Kriminalität zu sammeln, um daraus Maßnahmen zur Kriminalitätsprophylaxe und zur Kriminaltherapie zu entwickeln. Ihre erste Untersuchung diente dem Ziel, signifikante Unterschiede zwischen kriminellen und nichtkriminellen Jugendlichen festzustellen, die für die Entstehung von Kriminalität von Bedeutung sind. Zu diesem Zweck stellten sie zwei Gruppen von je 500 rückfälligen Delinquenten und Nichtdelinquenten gegenüber, u. z. im paarweisen Vergleich, wobei sich die Jugendlichen in folgenden Punkten glichen: Sie stammten alle aus Bostoner Slums, waren paarweise etwa gleichaltrig (zwischen 7 und 17, durchschnittlich 14,7 Jahre), gleicher ethnischer Herkunft und annähernd gleich intelligent. Die delinquenten Jugendlichen kamen aus zwei staatlichen Besserungsanstalten, die nichtdelinquenten aus Bostoner Grundschulen. Ausgewertet wurde alles verfügbare Aktenmaterial einschließlich der Schulberichte und um Familieninterviews, Intelligenztests und psychiatrische Explorationen erweitert.

Die Ergebnisse ihrer Forschungen haben sie zunächst 1950 veröffentlicht und 1956, 1959 und 1962 ergänzt. Im übrigen haben sie die Entwicklung der Probanden bis zum 31. Lebensjahr weiterverfolgt, die neuen Ergebnisse 1968 vorgelegt und unter Präventions- und Therapiegesichtspunkten 1970 ausgewertet.

Im Hinblick auf die Familienstruktur interessieren dabei folgende Ergebnisse:

Tabelle 15

	D	ND
Aufwachsen im »broken home« (Fehlen mindestens eines Elternteils infolge von Trennung, Scheidung, längerer Abwesenheit [z. B. Strafhaft] oder Tod)	60,6%	34,2%
Erste personale Veränderung in der Familie im Alter von unter 5 Jahren	56,7%	47,4%
Erziehung durch andere als die leiblichen Eltern (z. B. Stiefvater, Pflegeeltern)	47,4%	12,0%

Quelle: S. und E. Glueck, 1968, 258 ff.

Hinsichtlich der strukturellen Vollständigkeit der Familie bestehen also signifikante Unterschiede zwischen Delinquenten und Nichtdelinquenten.

Im Ausgangsfall treffen die hier genannten drei Faktoren bei Z (nicht aber bei B) zu. Er ist in einer zumindest zeitweise durch Scheidung strukturell unvollständigen Familie aufgewachsen, wobei sich die erste familiäre Änderung schon in seinem zweiten Lebensjahr ergab. Hinzukommt, daß seine Mutter insgesamt dreimal geheiratet hat und wieder geschieden worden ist.

Die Tatsache des Aufwachsens in einer strukturell unvollständigen Familie ist kriminologisch jedoch erst von Bedeutung, wenn aus der strukturell unvollständigen eine funktional, d. h. in ihren emotionalen Beziehungen gestörte Familie wird (*Schneider* 1976, 209).

3.1.2 Funktional unvollständige Familie

Hinweise auf emotionale Störungen in Z's Beziehungen zu seinem zweiten Stiefvater (VII/2) und zu seiner Mutter (VII/4) lassen Schlüsse auf eine funktionale Unvollständigkeit in der Familie zu. Es gilt als kriminologisch gesichertes Wissen, daß die Wahrscheinlichkeit, straffällig zu werden, bei Jugendlichen aus funktional gestörten bzw. unvollständigen Familien größer ist als bei Jugendlichen aus funktional vollständigen Familien (*Villmow/Kaiser* 1973, 16–19). Auch diese Tatsache soll mit Teilergebnissen der *Glueck*'schen Untersuchungen belegt werden, die allerdings später noch im größeren Zusammenhang kritisch zu würdigen sind.

Tabelle 16

bestimmt durch	Mutter-Sohn-Verhältnis		Vater-Sohn-Verhältnis	
	D	ND	D	ND
Wärme, Sympathie, Zuneigung	72,1%	95,6%	40,2%	80,7%
Gleichgültigkeit	21,2%	3,4%	42,9%	16,0%
Feindseligkeit	6,7%	1,0%	16,9%	3,3%

Quelle: S. und E. Glueck 1950, 125 ff.

Nach diesen Ergebnissen hat die Vater-Sohn-Beziehung einen größeren Einfluß auf delinquentes Verhalten als das Mutter-Sohn-Verhältnis. Die Frage, ob der Vater, die Mutter oder beide gemeinsam den größten Einfluß auf den Sozialisationsprozeß haben, ist umstritten (*Villmow/Kaiser* 1973, 17). Die Wichtigkeit der jeweiligen Personenbeziehungen dürfte im Verlauf des Sozialisationsprozesses alters- und entwicklungsbedingt wechseln.

3.1.3 Berufstätigkeit der Mutter

Im Gegensatz zu B's Mutter, die während ihrer Ehe nie berufstätig gewesen ist, war Z's Mutter ständig berufstätig. Ob es signifikante Beziehungen zwischen der Berufstätigkeit der Mutter und delinquentem Verhalten gibt, läßt sich empirisch nicht eindeutig belegen. *Hirschi* (1969), der 1965 über 4000 Jugendliche nach Straftaten befragte und anschließend die Angaben mit dem Aktenmaterial der Polizei verglich, kommt zu dem Ergebnis, daß die Delinquenzbelastung bei Jugendlichen mit der Dauer der häuslichen Anwesenheit der Mutter abnimmt.

Tabelle 17
Berufstätigkeit der Mutter

	ganztägig	halbtägig	Hausfrau
nach eigenen Angaben nicht kriminell geworden	50%	56%	63%
nach eigenen Angaben eine Straftat	30%	27%	21%
nach eigenen Angaben mehrere Straftaten	20%	17%	16%

Quelle: Hirschi 1969, 237

Bei der Einschätzung dieses Ergebnisses ist zu berücksichtigen, daß sich das Bild von der Rolle der Frau in unserer Gesellschaft seit dem Untersuchungszeitpunkt erheblich geändert hat. Die berufliche Tätigkeit der Frau kann neben einer gewissen finanziellen Unabhängigkeit positive Einflüsse auf die eigene Persönlichkeitsentwicklung haben, die sich in Form größerer Dynamik und Aktivität auf den Erziehungsstil günstig auswirken. Abhängig sind diese positiven Einflüsse von der beruflichen Motivation (finanziell notwendig oder nicht), von der Art der Tätigkeit sowie der Arbeitsplatzsituation. In diesen Punkten ergeben sich deutliche Unterschiede innerhalb der einzelnen sozialen Schichten.

Zusammenfassend wird man feststellen können, daß durch die Berufstätigkeit der Mutter die Delinquenzbelastung von Kindern und Jugendlichen nicht steigt, wenn mit der Abwesenheit der Mutter keine physische und emotionale Vernachlässigung der Minderjährigen verbunden ist (*Villmow/Kaiser* 1973, 21).

Problematisch bleibt aber eine ganztägige Berufstätigkeit der Mutter während der ersten zwei bis drei Lebensjahre des Kindes. Der auf der Sekundäranalyse von *Villmow/Kaiser* über »Empirisch gesicherte Erkenntnisse über Ursachen der Kriminalität« aufbauende Abschlußbericht des vom Senat von Berlin eingesetzten Planungsteams »Verhütung und Bekämpfung der Kriminalität« (1974) enthält in diesem Zusammenhang Forderungen nach der Zahlung eines Erziehungsgeldes. Um vor allem Mütter aus sozial schwachen Schichten von Berufsarbeit freizustellen, soll mindestens bis zum 2. und längstens bis zum 3. Lebensjahr ein Erziehungsgeld gezahlt werden. Ziel ist die Verbesserung der Sozialisationsbedingungen gerade von Kindern aus der Unterschicht durch Einsatz finanzieller Mittel, die später im Heimbereich und im Strafvollzug eingespart werden können.

Angesichts der gegenwärtigen wirtschaftlichen Lage ist in absehbarer Zeit mit der Zahlung von Erziehungsgeld jedoch nicht zu rechnen.

3.1.4 Häufiger Wechsel der Bezugsperson

Anders als bei B wechselten bei Z die Bezugspersonen häufig, allein in seinen ersten elf Lebensjahren mindestens fünfmal (Vater, Großeltern, Kindertagesstätte, erster Stiefvater, zweiter Stiefvater). Ein häufiger Wechsel der Bezugspersonen wird in allen empirischen Untersuchungen (z. B. S. u. E. *Glueck* 1950, *Pongratz/Hübner* 1959, *Brauneck* 1961, *K. Hartmann* 1970, *Göppinger* 1976) als Negativfaktor im Sozialisationsprozeß angesehen. Kinder und Jugendliche, bei denen die Erziehungsstellen häufig wechseln, gelten als signifikant stärker delinquenzanfällig.

Fraglich ist, ob jedes Kind ständig mindestens einer weiblichen und einer männlichen Bezugsperson bedarf. Bei Z wechselten besonders häufig die männlichen Bezugspersonen, während er in seiner Mutter immer eine weibliche Bezugsperson hatte. Die Sozialisation des Kindes wird bei nur einer ständigen Bezugsperson sicherlich dann nicht beeinträchtigt, wenn die Betreuung konsistent (beständig) bleibt und der Erziehungsstil nicht dauernd wechselt.

3.1.5 Erziehungsstil

Aus den Schilderungen der Auseinandersetzungen zwischen Mutter und Sohn im Fall Z (VII/4) und aus dem Hinweis auf die behütende häusliche Atmosphäre (II/2) im Fall B lassen sich Folgerungen über die jeweilige Erziehungssituation ziehen. Zur Frage, welchen Einfluß Erziehungsverhalten und Erziehungstechniken auf delinquentes Verhalten haben, sei nochmals auf Teilergebnisse der Vergleichsuntersuchung durch das Ehepaar *Glueck* verwiesen:

Tabelle 18

	D	ND	Differenz
Erziehungsverhalten			
der Mutter: lax	56,8%	11,7%	45,1%
überstreng	4,4%	1,6%	2,8%
regellos wechselnd (inkonsistent)	34,6%	21,1%	13,5%
mit freundl. Bestimmtheit	4,2%	65,6%	−61,4%
des Vaters: lax	26,6%	17,9%	8,7%
überstreng	26,1%	8,7%	17,4%
regellos wechselnd (inkonsistent)	41,6%	17,9%	23,7%
mit freundl. Bestimmtheit	5,7%	55,5%	−49,8%
Erziehungstechniken			
der Mutter: körperliche Züchtigung	55,6%	34,6%	21,0%
Entziehung v. Vergünstig.	46,5%	45,2%	1,3%
Drohungen o. Schelten	46,9%	37,0%	9,9%
argumentierende Vorhaltungen (reasoning)	16,4%	28,2%	−11,8%
Appell an Stolz, Familienehre usw.	9,7%	9,4%	0,3%
des Vaters: körperliche Züchtigung	67,8%	34,7%	33,1%
Entziehung v. Vergünst.	24,9%	26,2%	− 1,3%
Drohungen o. Schelten	32,2%	31,5%	0,7%
argumentierende Vorhaltungen (reasoning)	11,3%	24,4%	−13,1%
Appell an Stolz, Familienehre usw.	3,7%	6,0%	− 2,3%

Quelle: S. u. E. Glueck 1950, 131 f

Die Unterschiede im Erziehungsverhalten und in den Erziehungspraktiken lassen den Schluß zu, daß ein »freundlich-bestimmtes« Erziehungsklima die Delinquenzanfälligkeit verringert.

3.2 Wohnbereich

Auffällig sind die Unterschiede zwischen B und Z hinsichtlich ihres Wohnbereichs. Während Z nach eigenen Worten lange Zeit »in einer Bruchbude« im Wedding (einem Berliner Arbeiterbezirk) gewohnt hat, ist B im Einfamilienhaus seiner Eltern in einem Berliner Villenvorort aufgewachsen.
Es scheint einleuchtend zu sein, daß zwischen beengten räumlichen Verhältnissen in Wohnungen abrißreifer Häuser in bestimmten Stadtteilen und Kriminalität ein Zusammenhang besteht. Empirische Untersuchungen kommen jedoch zu widersprüchlichen Ergebnissen. Aufgrund ökologi-

scher Unterschiede können die meist in den USA gewonnenen Resultate nicht auf die Verhältnisse in der Bundesrepublik Deutschland übertragen werden. Deutsche Arbeiten fehlen noch weitgehend[1], so daß von einem gesicherten Wissen um die Zusammenhänge von Wohnbereich und Kriminalität nicht gesprochen werden kann (*Villmow/Kaiser* 1973, 29). Feststehen dürfte aber, daß in bestimmten Wohngegenden die Intensität staatlicher Sozialkontrolle und damit die offiziell registrierte Kriminalität größer ist.

3.3 Schul- und Berufsausbildung

Neben der Familie als primärer Sozialisationsinstanz kommt der Schule als sekundärem Sozialisationsträger eine entscheidende Bedeutung im Sozialisationsprozeß zu. Wegen des teilweisen Funktionsverlustes der Familie hat ihr Einfluß in den letzten Jahren sogar eher noch zugenommen. Von daher ist die Regelung des § 43 I 2 JGG, die eine Anhörung der Schule im Rahmen der Ermittlungen zur Persönlichkeit des Jugendlichen vorsieht, durchaus folgerichtig. Umgekehrt ergeben sich aus der Rolle der Schule als Instanz sozialer Kontrolle bestimmte, in § 70 JGG normierte Mitteilungspflichten, die zu einer Zusammenarbeit zwischen Schule und Strafverfolgungsbehörden führen, wobei stigmatisierende Wirkungen zum Nachteil einzelner Schüler nicht auszuschließen sind.

Zusammenhänge zwischen Schule und (registrierter) Kriminalität sind in empirischen Untersuchungen immer wieder festgestellt worden. Mißerfolge in der Schule (schlechte Schulleistungen, Sitzenbleiben, vorzeitiger Abbruch des Schulbesuchs), kein oder nur ein relativ geringer Schulabschluß, Besuch der Sonderschule und Schuleschwänzen sind bei Delinquenten signifikant häufiger als bei Nichtdelinquenten.

Ein Vergleich des erreichten Schulabschlusses zwischen allen im Land Bremen seit 1953 zu unbestimmter Jugendstrafe Verurteilten mit den Schulabgängern des Jahres 1966 belegt diese Zusammenhänge:

Tabelle 19
Schulausbildung

	der Schulabgänger 1966 (Bremen)	der zu unbestimmter Jugendstrafe Verurteilten (Bremen)
Sonderschule	7,3%	13,1%
Volksschule ohne Abschluß	14,0%	69,1%
Schulabschluß	78,7%	17,8%

Quelle: Theen 1970, 6

Sonderschüler und Schüler ohne Schulabschluß sind unter den Straffälligen deutlich überrepräsentiert.

Im Hinblick auf diese kriminologischen Erkenntnisse ist es konsequent, daß der Jugendgerichtshelfer im Bericht über Z auf den auch nach einem wiederholten Versuch fehlenden Schulabschluß, auf Schulschwierigkeiten und auf Schuleschwänzen hinweist.

So eindeutig die Zusammenhänge zwischen Schule und Kriminalität sein mögen, das Bild wird erst vollständig, wenn man zusätzlich die Rolle der Schule für Abstempelungs- und Kriminalisierungsprozesse untersucht (vgl. *Brusten/Hurrelmann* 1973). Dabei wird zu prüfen sein, ob die Mittelschichtorientierung des Schulsystems (*Cohen* 1955) und die damit verbundenen Sprachbarrieren von Unterschichtkindern sie eher zu Außenseitern in der Schule werden lassen.

Für den Bereich der Berufsausbildung sind ähnliche Ergebnisse wie für den Bereich der Schule festgestellt worden. Häufiger Wechsel der Arbeitsstelle, geringe berufliche Qualifikation, fehlende Berufsausbildung, Abbruch der Lehre und Arbeitslosigkeit sind Faktoren, die zu einer höheren Delinquenzbelastung führen können. Auch hier bleibt das Problem, ob die genannten Faktoren nicht bereits die Folge schichtspezifischer Sozialkontrolle sind und damit Sekundärabweichungen begünstigen. Erwähnt seien in diesem Zusammenhang nur die schwierige Arbeitssituation von Strafentlassenen sowie das zunehmend größer werdende Problem der Jugendarbeitslosigkeit.

3.4 Schichtzugehörigkeit

Nach dem in LE 3/LS 6 vorgestellten Schichtmodell zählen 50% der Bevölkerung der Bundesrepublik Deutschland zur Unterschicht. Dazu gehören vor allem Arbeiterfamilien. Unter den Strafgefangenen überwiegen mit etwa 75% Unterschichtangehörige (vgl. *Quensel* 1970). Daß sie im Strafvollzug so stark überrepräsentiert sind, bestätigt die allgemeine Erwartenshaltung, Kriminalität sei in bestimmten Gesellschaftsschichten stärker verbreitet als in anderen. Umso mehr müssen die Ergebnisse der Dunkelfeldforschung überraschen, stellen sie doch eine Vielzahl bisher vertretener kriminologischer Erklärungsansätze infrage. Es gilt nämlich inzwischen als gesichert, daß die Zusammenhänge zwischen Sozialstatus und Kriminalität relativ gering sind (*Villmow/Kaiser* 1973, 33). Nur in den offiziellen Statistiken ist die Kriminalitätsbelastung von Unterschichtangehörigen stärker. Angehörige der Unterschicht werden also von den Instanzen sozialer Kontrolle lediglich eher als tatverdächtig registriert. Der in den Statistiken ausgewiesene Anteil von Straftätern aus der Unterschicht ist nach den Ergebnissen der Dunkelfeldforschung zumindest im Bereich kleiner und mittlerer Delikte (das ist die Masse der registrierten Kriminalität) deutlich überhöht.

Daraus ergibt sich zugleich, daß die registrierte Kriminalität nicht repräsentativ für die gesamte Kriminalität ist. Untersuchungen, die – wie z. B. die Arbeiten des Ehepaares *Glueck* – auf Vergleichen zwischen offiziell Delinquenten und offiziell Nichtdelinquenten basieren, müssen zwangsläufig Fehler enthalten, wenn die Tätigkeit der Instanzen sozialer Kontrolle mit ihren Negativwirkungen der Selektion und Stigmatisierung unberücksichtigt bleibt. Es besteht Konsens darüber, daß – wie *Sack* (in: *Kaiser/Sack/Schellhoss (Hrsg.)* 1974, 288) es formuliert –

»erstens eine beträchtliche Diskrepanz zwischen der Struktur der von der offiziellen sozialen Kontrolle erfaßten Täterpopulation und der durch andere Methoden identifizierten Täterpopulation existiert. Zweitens läßt sich feststellen: Je entfernter die Methoden der Ermittlung delinquenter krimineller Populationen von denen der offiziellen Identifizierung sind, desto eher neigt die identifizierte Population zu einer schicht- und klassenunabhängigen Struktur«.

Die statistischen Zusammenhänge zwischen Unterschichtzugehörigkeit und Kriminalität bestehen in dem ausgewiesenen Maße tatsächlich nicht. Sie sind vielmehr das Ergebnis der Tätigkeit der Instanzen sozialer Kontrolle.

Fraglich ist, welche Konsequenzen sich aus diesem Ergebnis für die kriminologische Forschung und Praxis ergeben: Sieht man Kriminalität als Symptom für Benachteiligung unterprivilegierter Schichten, kann sich kriminologisches Erkenntnisinteresse nicht länger auf die **Symptome** der Schichten- und Klassenstruktur der Gesellschaft beschränken (*Sack* a.a.O.). In den Mittelpunkt kriminologischer Forschung rücken die Sozialstruktur einschließlich der »Legitimationsbedürfnisse einer durch Macht und Herrschaft gekennzeichneten Gesellschaft«. Damit knüpft Kriminologie an allgemeine soziologische Fragestellungen und Theorien zu den gesellschaftlichen Strukturen an. Hierin dürfte auch die Erklärung für den (für *Sack* verwunderlichen) Widerstand vieler Juristen und »klassischer« Kriminologen gegen die festgestellten kriminologischen Befunde zum »sozialstrukturellen Selektionseffekt« liegen.

Sack bezeichnet es ausdrücklich als falsch, die herkömmlichen kriminologischen Erklärungsansätze lediglich um einen durch die Einbeziehung der Instanzen sozialer Kontrolle geprägten neuen (= kritischen) Ansatz zu ergänzen, ohne an die Zusammenhänge zwischen gesellschaftlicher Schicht- und Klassenstruktur und Kriminalität anzuknüpfen. Angesichts der von *Sack* selbst festgestellten Ablehnung der Berücksichtigung der Macht- und Herrschaftdimension und der daraus resultierenden Gefahr völliger Ignorierung kriminalsoziologischer Ergebnisse ist jedoch schon viel gewonnen, wenn Juristen und Sozialarbeiter **in der Praxis** die Rolle der Instanzen sozialer Kontrolle im Kriminalisierungsprozeß überhaupt zur Kenntnis nehmen. Wie sich **in der Forschung** die Schwerpunkte verlagern werden, läßt sich gut an dem von *Feest/Haferkamp/Lautmann/Schumann/Wolff* (1977) vorgelegten Forschungsplan »Kriminalpolitik und Sozialstruktur« ablesen.

3.5 Kritische Würdigung

Ein Vergleich zwischen den Ergebnissen zur Bedeutung von Familie, Wohnbereich, Schul- und Berufsausbildung für Kriminalität einerseits und den Ergebnissen zur Bedeutung der Schichtzugehörigkeit andererseits zeigt, daß auch die als empirisch gesichert geltenden Erkenntnisse zu den Entstehungsbedingungen von Kriminalität nicht theorieunabhängig gewonnen worden sind. Selbst die Arbeiten des Ehepaares *Glueck* sind nicht durch »Theoriefeindlichkeit« *(Sack)* oder Theorielosigkeit geprägt, wird in ihnen doch als Erklärungsmodell der (freilich wenig aussagekräftige) Mehrfaktorenansatz sichtbar.

Genauso wie in der Forschung kriminologisches Erfahrungswissen in bestimmte Theorieansätze eingebettet ist, läßt sich der Praktiker (im Ausgangsfall etwa der Jugendgerichtshelfer bei der Abfassung der Berichte über Z und B) von seinem eigenen Vorverständnis über die Entstehungszusammenhänge von Kriminalität leiten. Das wird im Bericht über Z ganz deutlich:

Hier werden die strukturell bzw. funktional unvollständige Familie, der häufige Wechsel der Bezugsperson, inkonsistenter Erziehungsstil, Schulschwänzen und fehlender Schulabschluß genannt. Alle diese Aspekte sind täterorientiert, d. h. sie beziehen sich auf die Täterpersönlichkeit und seine sozialen Bezüge. Innerhalb der täterorientierten Sicht überwiegen dabei individualpsychologische Kriminalitätsvorstellungen, wie die Frage nach Entwicklungsstörungen bei Z beweist, während hinsichtlich seiner sozialen Bezüge so wichtige Fragen wie nach seinem Verhältnis zu S und B (Gruppe?) sowie nach der veränderten eigenen familiären Situation (Freundin, Kind) nicht vertieft werden.

Die Erörterung von Vorbelastungen und der Hinweis auf vorhandenes Aktenmaterial (über die Regelung der elterlichen Gewalt nach Ehescheidung; Bestehen einer Unterhaltspflegschaft) gleich im Anschluß an die Personalien (also am Anfang des eigentlichen Berichtes) zeigen, daß der interaktionistische Erklärungsansatz für Kriminalität, der das Handeln der Instanzen sozialer Kontrolle mitberücksichtigt, völlig ausgeblendet wird. Diese Tatsache ist Indiz dafür, wie schwierig es im allgemeinen ist, theoretische sozialwissenschaftliche Kenntnisse unmittelbar in Praxishandeln umzusetzen. Außerdem dürfte die Angst vor einer Politisierung und Ideologisierung der Sozialarbeit eine Rolle spielen (*H. Peters* 1973). Umgekehrt gibt es inzwischen so zahlreiche Analysen von Selektions-, Kriminalisierungs- und Stigmatisierungsprozessen durch die Hinzuziehung von Aktenmaterial (*Bonstedt* 1972, *Aich* 1973, *Colla* 1973, *S. Müller* 1973, *Stasik* 1974, *Brusten* 1975), daß Sozialarbeiter ihr eigenes Rollenverhalten kritisch würdigen und – wie *H. Peters* (a.a.O.) es fordert –, »die Biographie ihrer Klienten mit soziologischen Begriffen« schreiben könnten.

LS 4: Kriminalitätstheorien

Die in den JGH-Berichten (mittelbar) angesprochenen täterorientierten Kriminalitätstheorien sind um Erklärungsmodelle zu ergänzen, die an gesellschaftliche Bedingungen anknüpfen. Sehr grob kann man stärker individualwissenschaftlich von stärker sozialwissenschaftlich orientierten Erklärungsansätzen unterscheiden, die herkömmlicherweise wie folgt unterteilt werden (vgl. *Heinz* 1975):

Skizze 2   Erklärungsansätze zur Entstehung von Kriminalität

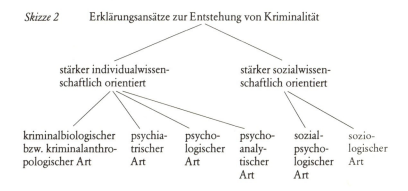

Diese traditionelle Klassifikation kriminologischer Erklärungsmodelle enthält Ansätze, die heute nur noch historische Bedeutung haben. Das gilt vor allem für die kriminalbiologischen Theorien, wie sie von *Lombroso* (1876) und *Kretschmer* (1921) vertreten worden sind. Auch in den neueren biologischen Untersuchungen über Chromosomenabweichungen wird zu Recht nur die Grundlage für »anekdotisch – essayistische Äußerungen« gesehen (*Kaiser* 1976, 184). Mit den Hinweisen auf den Verlauf der Geburt und auf frühkindliche Erkrankungen in den JGH-Berichten werden kriminalbiologische Erklärungsansätze zumindest nicht ganz ausgeschlossen. Auch diese Tatsache ist Indiz dafür, wie langsam die praktische Umsetzung neuerer kriminologischer Erkenntnisse vorankommt.

Als aktuelle Klassifizierung schlägt *Kaiser* (a.a.O.) die Unterteilung kriminologischer Erklärungsmodelle in täterorientierte und interaktionistische Aussagesysteme vor. Bei seiner weiteren Unterteilung ist zusätzlich noch die marxistische Theorie zu berücksichtigen, so daß folgende Überblicksskizze entsteht:

Skizze 3

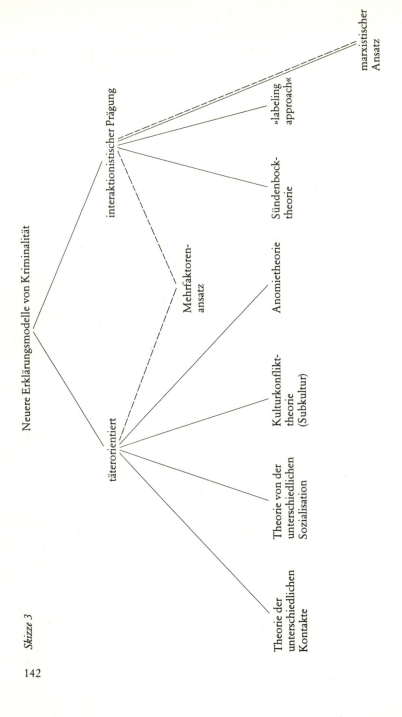

4.1 Theorie der unterschiedlichen Kontakte

Die von *Sutherland* entwickelte Theorie der unterschiedlichen Kontakte geht davon aus, daß kriminelles Verhalten gelerntes Verhalten ist *(Sutherland/Cressey* 1974, 75). Damit enthält dieser Ansatz eine klare Absage an biologische und individualpsychologische Theorien. Er hat einen auf der Lerntheorie basierenden sozialpsychologischen Bezugsrahmen, wie in den folgenden Thesen Sutherlands deutlich wird:

1. Kriminelles Verhalten ist gelerntes Verhalten.
2. Das kriminelle Verhalten wird in der Interaktion mit anderen Personen in einem Kommunikationsprozeß erlernt.
3. Der Hauptteil des Lernprozesses, in dem kriminelles Verhalten erworben wird, vollzieht sich im Rahmen kleiner (»intimate personal-«) Gruppen. (Anm. d. V.: Massenkommunikationsmittel haben also allenfalls eine relativ geringe Bedeutung).
4. Das Erlernen von kriminellem Verhalten umfaßt sowohl Techniken, mit denen das Verbrechen begangen wird, als auch die spezifische Richtung der entsprechenden Beweggründe, Triebe (»drives«), Rationalisierungen und Einstellungen.
5. Die spezifische Richtung von Motiven und Trieben wird gelernt, indem Gesetze positiv oder negativ definiert werden.
6. Eine Person wird delinquent, wenn sie mehr Definitionen erlernt, die eine Gesetzesübertretung begünstigen, als solche, die sie mißbilligen.
7. Unterschiedlich verbundene Einflüsse (»differential associations«) bewirken Unterschiede der Häufigkeit, der Dauer und der Zielrichtung des delinquenten Verhaltens.
8. Der Prozeß des Erlernens von kriminellem Verhalten aufgrund der Assoziation mit kriminellen und antikriminellen Kulturmustern umfaßt die gleichen Mechanismen, die sich auch in allen anderen Lernprozessen finden.
9. Obwohl sich im kriminellen Verhalten eine Reaktion auf die allgemeinen Bedürfnisse und Werte ausdrückt, ist es nicht aus diesem heraus zu erklären, da auch nichtkriminelles Verhalten aus ihnen hervorgeht (Arbeit und Diebstahl dienen der Geld- (Konsum-) Beschaffung).

● (nachzulesen in *Sack/König (Hrsg.)*, Kriminalsoziologie, 1968, 395–399)

4.1.1 Folgt man diesem theoretischen Erklärungsmodell, kommt im **Ausgangsfall** der von dem Jugendgerichtshelfer in seinen Berichten über Z und B übersehenen Gruppenbeziehung zwischen S, B und Z entscheidende Bedeutung zu.

4.1.2 Der **Vorteil** der Theorie der unterschiedlichen Kontakte liegt darin, daß sie nicht (statisch) von Faktoren ausgeht, die im Augenblick der Tat wirksam sind, sondern vergangene und gegenwärtige Umstände berücksichtigt und damit Kriminalität als dynamischen Vorgang begreift. Wenn außerdem kriminelles Verhalten erlerntes Verhalten ist, kann es auch wieder verlernt werden. Damit läßt sich dieser theoretische Erklärungsansatz leicht in praktisches Handeln z. B. im Rahmen sozialtherapeutischer Bemühungen im Strafvollzug umsetzen.

4.1.3 **Der Nachteil** der Theorie liegt vor allem darin, daß kriminellen Subkulturen als gegeben angesehen werden, ohne daß nach dem »warum« gefragt wird. Auch bleibt das Problem des Entstehens von Normen ausgeblendet.

4.2 Theorie von der unterschiedlichen Sozialisation

Kriminalität wird nach diesem Erklärungsmodell mit Defiziten im Sozialisationsprozeß erklärt (vgl. *Kaiser* 1976, 189 f; *Moser* 1975).

4.2.1 Im **Ausgangsfall** geht der Jugendgerichtshelfer sowohl im Bericht über Z als auch im Bericht über B ausführlich auf den Sozialisationsprozeß ein.

4.2.2 Der **Vorteil** dieses Erklärungsansatzes liegt in ihrer interdisziplinären, d. h. soziologische, psychologische, psychiatrische und sozialpsychologische Theorien verbindenden Sicht sowie in ihrer relativ leichten Umsetzbarkeit in sozialpädagogisches Handeln.

4.2.3 Ihr **Nachteil** besteht darin, daß sie sich mit den Ergebnissen der Dunkelfeldforschung zur Normalität von Kriminalität nicht in Einklang bringen läßt und – worauf vor allem *Kaiser* (1976, 191) hinweist – Erscheinungen wie Wirtschaftskriminalität und Verkehrsdelinquenz mit regelmäßig gut sozialisierten Tätern nicht erklären kann.

4.3 Kulturkonflikttheorie

Miller hat in einer umfangreichen empirischen Untersuchung das Verhalten jugendlicher Banden in einem Slum-Distrikt einer Großstadt im Osten der USA untersucht. Wichtigstes Motiv bei kriminellen Handlungen von Bandenmitgliedern ist der Versuch, sich an den Verhaltensnormen und Wertvorstellungen von Unterschichtangehörigen zu orientieren. Ausgangspunkt ist also die These, daß es in der amerikanischen Gesellschaft neben dem kulturellen System der Mittelschicht ein eigenes kulturelles System der Unterschicht gibt. Versucht man diese Kultur der Unterschicht in eine »wenn – dann Beziehung« zur Kriminalität zu setzen, ergibt sich folgendes, vereinfacht dargestelltes Erklärungsmodell:

Wenn männliche Jugendliche in einer Unterschicht aufwachsen, die sich durch ein eigenes, relativ geschlossenes System von tradierten Werten und Normen auszeichnet,

wenn das subkulturelle Werte- und Normensystem mehr oder weniger im Widerspruch steht zu dem gesetzlich abgestützten Werte- und Normensystem einer Gesellschaft,

wenn die Möglichkeit der Identifikation der männlichen Jugendlichen mit ihrer männlichen Rolle in der Familie aufgrund struktureller Bedingungen nicht gegeben ist,

wenn stattdessen die eingeschlechtliche gleichaltrige Gruppe ein häufig auftretendes, bedeutsames sozialstrukturelles Phänomen der Unterschicht ist, das für die Rollenidentifikation der männlichen Jugendlichen eine zentrale Bedeutung einnimmt,

wenn sich männliche Jugendliche der Unterschicht dann zu einer Gruppe zusammenschließen,

wenn die Mitglieder in der Gruppe nach hohem sozialen Status streben,

dann zeichnet sich das Verhalten der Gruppenmitglieder eher durch übermäßiges Streben nach Konformität mit den in der Unterschicht hoch bewerteten Zielen, Zuständen und Bedingungen aus, was delinquentes Verhalten impliziert (weil das kulturelle System der Unterschicht zu dem gesetzlich abgestützten im Widerspruch steht und gesetzeswidriges Verhalten offen oder verdeckt hoch bewertet wird).

(Miller in *Sack/König (Hrsg.)* 1968, 339–359)

4.3.1 Eine Berücksichtigung dieses Erklärungsmodells im **Ausgangsfall** würde eine eingehende Analyse der Gruppenbeziehungen zwischen S, B und Z voraussetzen.

4.3.2 Der **Vorteil** der Theorie liegt in der breiten Fächerung des Ansatzes von der familialen Sozialisation über das kulturelle System der Unterschicht zur Gruppenbildung und zur Einstellung gegenüber dem Gesetz.

4.3.3 Ihr **Nachteil** ist die trotz des breit gefächerten Erklärungsansatzes begrenzte Aussagekraft, die sich auf männliche Jugendbanden in den USA beschränkt.

4.4 Anomietheorie

Grundlage dieses von *Merton* (in: *Sack/König (Hrsg.)* 1968, 283–313) vertretenen Ansatzes ist die Unterscheidung zwischen der kulturellen und der sozialen Struktur. Die **kulturelle Struktur** wird gebildet durch die kulturell festgelegten Ziele, Absichten und Interessen, die allen oder unterschiedlich plazierten Mitgliedern der Gesellschaft als legitime Zielsetzung dienen (die sog. »erstrebenswerten Dinge« wie z. B. wirtschaftlicher Erfolg), und den institutionalisierten Normen als erlaubten Wegen zum Erreichen dieser Ziele. **Die soziale Struktur** bezeichnet dagegen den Komplex sozialer Beziehungen, in die die Mitglieder der Gesellschaft oder Gruppe unterschiedlich einbezogen sind und die diesen daher in unterschiedlicher Weise die tatsächlichen Mittel und Möglichkeiten zur Erreichung der kulturellen Ziele in einer mit den Normen übereinstimmenden Weise zur Verfügung stellen.

Zu Spannungen zwischen der sozialen und der kulturellen Struktur kommt es, wenn die soziale Struktur wert- und normadäquates Handeln den Inhabern bestimmter Positionen in der Gesellschaft ohne weiteres ermöglicht, anderen aber erschwert oder gar unmöglich macht. Sind kulturelle Ziele und soziale Struktur in diesem Sinne schlecht integriert, verlangt also die erstere Verhalten und Einstellungen, die die zweite verhindert, dann folgt daraus eine Tendenz zum Zusammenbrechen der Normen, zur Normenlosigkeit (Anomie).

Innerhalb einer Gesellschaft bestehen für ihre Mitglieder unterschiedliche Möglichkeiten der Anpassung an die jeweiligen kulturellen Ziele und institutionellen Mittel, wobei diese alternativen Verhaltensweisen sich lediglich auf Rollenverhalten in bestimmten Situationen beziehen und nicht etwa als Typen der Persönlichkeitsstruktur verstanden werden dürfen: In einer stabilen Gesellschaft herrscht die **Konformität** als Anpassungstyp vor, bei der die Erreichung der kulturellen Ziele auf den vorgezeichneten institutionellen Wegen gesucht wird.

Innovation (Neuerung) als weiterer Anpassungstyp ist dadurch gekennzeichnet, daß an den kulturellen Zielen festgehalten wird, diese aber nicht mit den kulturell zugelassenen, sondern mit unerlaubten Mitteln angestrebt werden. Das so entstehende, von den gesellschaftlichen Normen abweichende Verhalten ist daher vorwiegend rational und utilitaristisch kalkuliert (Beispiel: Bereicherungskriminalität) –.

Die Anpassung kann bei schlechter Integration von kultureller und sozialer Struktur aber auch so erfolgen, daß das kulturelle Ziel selbst aufgegeben oder zurückgeschraubt wird, während die institutionellen Verfahrensweisen weiter beachtet werden. Das ist die Form des sog. **Ritualismus.**

Für die Entstehung abweichenden Verhaltens von Bedeutung ist schließlich noch die **Rebellion,** die eine Entfremdung von den herrschenden Zielen und Normen voraussetzt. Inhalt dieser Anpassungsform ist der Versuch der Beseitigung oder doch wesentlichen Veränderung der bestehenden und der Schaffung einer neuen oder doch stark veränderten Sozialstruktur.

Das Verhältnis zwischen den kulturellen Zielen und den Mitteln und Wegen der Zielerreichung läßt sich bei den einzelnen Anpassungstypen wie folgt veranschaulichen:

Anpassungstyp	Ziele	Mittel u. Wege
Konformität	+	+
Innovation	+	−
Ritualismus	−	+
Rebellion	−	−

In welcher Form die Anpassung erfolgt, insbesondere ob innovatives oder ritualistisches Verhalten gewählt wird, hängt nach *Merton* von zwei Variablen ab:

1. Vom Ausmaß der Spannungen zwischen kultureller und sozialer Struktur.

Da die Diskrepanz zwischen kulturellen Zielen und sozialstrukturellen Möglichkeiten (strukturelle Inkonsistenz) in den unteren Bevölkerungsschichten am stärksten ausgeprägt ist, ergibt sich hier im Vergleich mit den Mittel- oder Oberschichten ein gesteigerter Druck zum Abweichen. Allerdings nur dann, wenn auch für **diese Bevölkerungsgruppen das allgemeine kulturelle Wertsystem gilt**. Armut und Unterprivilegierung allein schaffen also nicht die Bedingungen für innovatives Verhalten. Sind die kulturellen Ziele der unterprivilegierten Schichten entsprechend reduziert, so entsteht keine erhöhte Spannung zwischen den Zielen und den − geringen − sozialstrukturellen Möglichkeiten. Für die Unterschichten der US-Gesellschaft ist eine erhebliche strukturelle Inkonsistenz und damit ein starker Druck zu abweichendem Verhalten festzustellen: Die herrschende Gleichheitsideologie vermittelt für die Angehörigen aller Schichten als gemeinsames kulturelles Ziel den finanziellen Erfolg, den Wohlstand, die soziale Struktur aber bietet z. B. dem ungelernten Arbeiter keine Chancen, dieses Ziel zu erreichen.

2. Vom Ausmaß der Internalisierung der kulturellen Werte und Normen.

Je stärker die Sozialisierung normorientiert ist (so in der Mittelschicht), desto größer ist die Wahrscheinlichkeit, daß sich das Individuum bei sozialer Spannung eher einem ritualistischen als innovativen Verhalten anschließt. Werden dagegen weniger strenge Normen internalisiert (so in der Unterschicht), so können illegale Mittel mit weniger Schuld- und Angstgefühlen eingesetzt werden, es wird unter sonst gleichen Voraussetzungen eher zu Innovation kommen.

4.4.1 Im **Ausgangsfall** ließe sich das Verhalten von Z (nicht aber das von B) durchaus auf eine durch die abgebrochene Schulausbildung bedingte soziale Drucksituation zurückführen, die ihn veranlaßt, mit Hilfe illegitimer Mittel materiellen Erfolg und Ansehen zu erlangen.

4.4.2 Der **Vorteil** dieses soziologischen Erklärungsansatzes liegt darin, daß die sozialstrukturell bedingten Nachteile von Unterschichtangehörigen ins Blickfeld kommen, so daß die Anomietheorie der Zielerreichung mit unzulässigen Mitteln Anlaß für sozialstrukturelle Änderungen sein kann.

4.4.3 Ihr **Nachteil** ist, daß sie sich mit den Ergebnissen der Dunkelfeldforschung nicht in Einklang bringen läßt, die nachgewiesen hat, daß Kriminalität eben nicht nur ein Phänomen der Unterschicht ist.

4.5 Sündenbocktheorie

In seinem Band »Deutschland, Deutschland unter anderem« schreibt *Hans Magnus Enzensberger:*

»Für den Einzelnen ist jede Verurteilung eines anderen, und der Verbrecher wird stets als der schlechthin Andere betrachtet, ein Freispruch. Wer schuldig ist, der wird bestraft, also ist, wer nicht bestraft werden kann, unschuldig... Die Rolle des Verbrechers als Sündenbock der Gesellschaft ist uralt; sie prägt sich aber unter den gegenwärtigen Bedingungen besonders deutlich aus. Je mehr Schuld sich im Ganzen ansammelt, je diffuser ihr Zusammenhang, je anonymer und unsichtbarer ihre Quelle, desto dringlicher wird es, sie an deutlich kenntlichen Einzelpersonen abzureagieren.« (1967, 89)

Die Gesellschaft benötigt also den Straffälligen als Sündenbock, um die eigenen durch Triebverzicht aufgestauten Aggressionen abreagieren zu können. Der Straftäter befriedigt Triebbedürfnisse, die man sich selbst versagt. Andererseits sind diese Bedürfnisse vorhanden und nicht völlig ins Unterbewußte abgedrängt. Daraus ergeben sich Schuldgefühle, die auf den (oft heimlich beneideten) Täter projiziert werden (vgl. *Reiwald* 1948, *Hochheimer* 1969, *Ostermeyer* 1970, *Mechler* 1971, *Jäger* 1973). Im Grunde genommen sind es die gleichen Triebenergien, die sowohl in der Begehung von Straftaten als auch in der gesellschaftlichen Reaktion auf Normverletzungen zum Ausdruck kommen. Von diesem tiefenpsychologischen Standpunkt erklärt sich, warum unter den Theorien zu Sinn und Zweck der Strafe der Gedanke der Schuldvergeltung auch heute noch eine Rolle spielt und warum eine über die Ansätze des seit dem 1. 1. 1977 geltenden Strafvollzugsgesetzes hinausgehende Reform des Strafvollzuges kaum noch vorankommt: Wenn die Gesellschaft den Sündenbock braucht, kann sie nicht auf einen Strafvollzug verzichten, der zur Verfestigung abweichenden Verhaltens beiträgt. »Die Gesellschaft züchtet sich – im uneingeschränkten Sinne des Wortes – in ihrem Strafvollzug eine Klasse von Gewohnheitsverbrechern heran, deren Existenz sie zur Entlastung von eigenen Triebbedürfnissen benötigt« (*Mechler* 1971, 2).

4.5.1 Im **Ausgangsfall** läßt sich die Theorie von der Sündenbockprojektion nicht direkt anwenden, weil sie nicht erklären kann, warum die Gesellschaft gerade Z und B als Sündenböcke braucht.

4.5.2 Das darf jedoch nicht darüber hinwegtäuschen, daß der **Vorteil** des Erklärungsmodells in der Einbeziehung der Rolle der Gesellschaft in der kriminologischen Betrachtung liegt. Die Sündenbocktheorie führt konsequent zur gesellschaftlichen Mitverantwortung gegenüber dem Straffälligen.

4.5.3 Ein **Nachteil** ist in ihrer begrenzten Aussagekraft zu sehen. Wieviele Sündenböcke eine Gesellschaft braucht, und wie stark der Grad der Stigmatisierung sein muß, läßt sich z. B. nicht erklären.

4.6 »labeling approach«[2]

Ausgangspunkt ist die Überlegung, daß die auch im Fall Z festgestellten Faktoren (strukturell bzw. funktional unvollständige Familie, häufiger Wechsel der Bezugspersonen, Unterschichtzugehörigkeit) nicht Ursachen von Kriminalität, sondern lediglich Auslöser für Zuschreibungsprozesse sind. Kriminalität ist keine Qualität, die schon im Verhalten selbst liegt, sondern erst das Ergebnis eines Interaktionsprozesses, an dem sowohl der Handelnde selbst als auch die Instanzen sozialer Kontrolle beteiligt sind, die auf das Verhalten reagieren *(H. S. Becker* 1973). Mittelpunkt kriminologischer Betrachtung sind daher nicht mehr Täter und Tat, sondern die Instanzen, »zu deren Disposition die Eigenschaft Kriminalität« als »negatives Gut« gestellt ist *(Sack* 1974). Durch die wiederholte Abstempelung als kriminell (Stigmatisierung) ergibt sich bei dem Individuum allmählich eine Statusveränderung, bis es schließlich die ihm zugeschriebene und von ihm erwartete Rolle des Kriminellen übernimmt. Die Übernahme der neuen Rolle begründet die Gefahr von Sekundärabweichungen als Folge des vorangegangenen Selektions- und Stigmatisierungsprozesses *(Lemert* in *Lüderssen/Sack* I, 1975).

4.6.1 Im **Ausgangsfall** führt dieses Erklärungsmodell zu einer Überprüfung der eigenen Rolle des Jugendgerichtshelfers innerhalb der Instanzen sozialer Kontrolle. Auf die Gefahren vorzeitiger Abstempelung durch Hinweise auf Vorbelastungen und unkritische Übernahme von Aktenmaterial ist bereits hingewiesen worden.
Auffällig ist außerdem noch, daß der Jugendgerichtshelfer die Wertung von Z's Verhalten als Autostraßenraub uneingeschränkt übernimmt. Anders sind seine Vorschläge zu den jugendstrafrechtlichen Sanktionen nicht zu erklären. Tatsächlich wird Z aber gar nicht wegen Autostraßenraubes verurteilt. Daß die Einstellung gegenüber dem Jugendlichen, die Abfassung des Berichts und die Stellungnahme vor Gericht durch die Erwartung

einer Jugendstrafe (und nicht nur einer Erziehungsmaßregel oder eines Zuchtmittels) geprägt werden, läßt sich nicht leugnen.

4.6.2 Der **Vorteil** des »labeling approach« liegt in der Erweiterung kriminologischer Betrachtungsweise, indem die Instanzen sozialer Kontrolle in ihrer Bedeutung für den Kriminalisierungsprozeß in das Blickfeld kommen. Ausgehend von den Ergebnissen der Dunkelfeldforschung über die Normalität von Kriminalität sind die Rollen von Opfer, Anzeigeerstatter, Polizei, Staatsanwaltschaft, Jugendgerichtshilfe, Gericht und Strafvollzug Anlaß zu kritischer Betrachtung, die zwangsläufig zu einer gesellschaftlichen Mitverantwortung gegenüber dem Straffälligen führen muß.

4.6.3 Als **Nachteil** wird angesehen, daß der »labeling approach« zwar die Sekundärabweichung, nicht aber die Primärabweichung erklären kann (*Schünemann* 1974, 283). Diese Kritik trifft aber nur noch zum Teil zu, wenn man auch außerstrafrechtliche Instanzen sozialer Kontrolle wie z. B. Schule und Jugendamt berücksichtigt.
Ferner wird der »labeling approach« als untauglich zur Erklärung von Wirtschaftskriminalität angesehen (*Opp* 1975). Einer Wirtschaftsstraftat folgt häufig kein Stigmatisierungsprozeß, der Sekundärabweichungen begünstigt. Damit kann der »labeling-Ansatz« aber immerhin begründen, warum Unterschichtangehörige in den Strafanstalten überrepräsentiert sind und warum nur wenige Wirtschaftskriminelle einsitzen. Das Erklärungsmodell ist also auch im Zusammenhang mit der Erklärung von Wirtschaftskriminalität zumindest nicht ganz untauglich (vgl. auch *Schwartz* 1977).
Trotzdem können Schwächen in der Erklärung der Primärabweichung, in bezug auf mangelnde deliktspezifische Betrachtung und hinsichtlich der Konsequenzen für eine Therapie von Straftätern nicht übersehen werden. Die empirische Untersuchung polizeilichen und staatsanwaltschaftlichen Handelns durch *Steffen* (1976) macht darüberhinaus eine Überprüfung des »labeling approach« notwendig, stellte sie doch nur eine relativ geringe Bedeutung dieser Instanzen für den schichtspezifischen Selektionsprozeß fest.

4.7 Marxistischer Ansatz

Den Anhängern des »labeling approach« wird aus marxistischer Sicht vorgeworfen, sie verschleierten die soziale Wirklichkeit, indem sie die kapitalistische Klassenstruktur ausklammerten (*Werkentin/Hofferbert/Baurmann* 1972). »Kriminalität ist im Kapitalismus – und allen anderen auf Privateigentum an Produktionsmitteln basierenden Gesellschaftsordnungen – durch diese sozialökonomische Grundstruktur der Gesellschaft dem Grundtyp und dem Grundmuster des Sozialverhaltens dieser Gesellschaftsform adäquat; sie erwächst mit Notwendigkeit aus dieser sozialökonomischen Grundstruktur und ist unter der Voraussetzung ihres Fortbestehens nicht aufhebbar« (*Buchholz/Hartmann/Lekschas/Stiller* 1971, 179). Kriminalität wird also als Produkt der Klassenstruktur der kapitalistischen Gesellschaft begründet.

4.7.1 Auf den **Ausgangsfall** läßt sich dieses Erklärungsmodell unmittelbar nicht anwenden.

4.7.2 **Der Vorteil** der marxistischen Theorie liegt darin, daß sie Kriminalität als gesellschaftliches Phänomen begreift,

4.7.3 **ihr Nachteil** in der utopischen Vorstellung vollständiger Überwindung der Kriminalität. Wahrscheinlich benötigt jede Gesellschaft ein gewisses Maß an Kriminalität, weil es einen Zustand absoluter Konformität nicht geben kann (*Durkheim* in: *Sack/König (Hrsg.)* 1968). Darüberhinaus kann Kriminalität auch die Funktion eines Motors für die Veränderung von Rechts- und Verhaltensnormen haben, was freilich eine entsprechende Wandlungsfähigkeit voraussetzt. Dieses Phänomen läßt sich gut an der Diskussion um die Entkriminalisierung des Ladendiebstahls beobachten, wenn auch die strafrechtliche Abteilung des 51. Deutschen Juristentages 1976 mit ihrem Abstimmungsverhalten Wandlungsunfähigkeit bewiesen hat (vgl. *Baumann* 1976).
Gegen die marxistische Theorie ist einzuwenden, daß sich in sozialistischen Staaten auf dem Wege zur völligen Überwindung von Kriminalität im Kommunismus ein entsprechender Trend geringer werdender Kriminalitätsbelastung noch nicht abzeichnet. Eher ist das Gegenteil der Fall.
Ein Vergleich der Entwicklung festgestellter Straftaten nach der Häufigkeitszahl (d. h. bezogen auf je 100 000 Einwohner) zwischen der Bundesrepublik Deutschland und der DDR ergibt folgendes Bild:

Tabelle 20

Jahr	Bundesrepublik Deutschland	DDR
1968	3588	586
1969	3645	620
1970	3924	640
1971	3983	
1972	4171	
1973	4131	
1974	4419	711
1975	4721	

Quellen: (1) 1968–1970 Bundesregierung 1972
(2) 1971–1975 für die Bundesrepublik Deutschland: Polizeiliche Kriminalstatistik
(3) 1974 für die DDR: *Streit* 1976

Diese Gegenüberstellung zeigt zunächst, daß die Kriminalitätsbelastung nach der Häufigkeitszahl (auch wenn man bestimmte Verzerrungen durch unterschiedliche Erfassungsmodalitäten unberücksichtigt läßt) in der DDR deutlich geringer ist als in der Bundesrepublik Deutschland. Die ausgewiesene Kriminalität der Bundesrepublik Deutschland ist etwa sechsmal höher als die der DDR. Erklärt wird diese Tatsache mit der in der DDR stärker ausgebauten informellen Sozialkontrolle durch die gesellschaftlichen Kräfte (z. B. Arbeitskollektive). Andererseits ist die Zahl der Strafgefangenen in der DDR höher als in der Bundesrepublik Deutschland (*Kaiser* 1976, 39). Daß es im Sozialismus überhaupt noch Straftaten gibt, soll ihre Ursache in negativen Denk- und Lebensgewohnheiten haben, die noch aus der alten Gesellschaft herrühren und Rudimente der »Einflüsse aus der Welt des Kapitals« sind (*Streit* 1976, 20). Die in der Gegenüberstellung deutlich werdende Parallelentwicklung hinsichtlich des Anstiegs der Kriminalität läßt sich damit freilich nicht erklären (vgl. auch *Peuckert* 1976).

4.8 Mehrfaktorenansatz (i. S. eines Modells krimineller Karriere)

In der Skizze über neuere Erklärungsmodelle ist schließlich auch der Mehrfaktorenansatz aufgeführt. Dabei geht es nicht um einen Erklärungsansatz, der wie bei *S. u. E. Glueck* zwar mehrere Faktoren berücksichtigt, die aber alle täterorientiert sind, sondern um die Verbindung täterorientierter **und** interaktionistischer Ansätze.
Zutreffender kann man diesen »geläuterten« Mehrfaktorenansatz vielleicht als **Modell der kriminellen Karriere** bezeichnen. *Quensel* (1970) hat ein solches »Verlaufsmodell einer fehlgeschlagenen Interaktion zwischen Delinquenten und Sanktionsinstanz nach dem Vorbild kybernetischer Regelungsprozesse« entwickelt. 8 Phasen kennzeichnen den sich wechselseitig hochschaukelnden Interaktionsprozeß zwischen Individuum und Umwelt.

1. Ausgangspunkt ist ein Problem des Jugendlichen. In der Begehung eines Delikts liegt der Versuch, dieses Problem zu lösen.
2. Kann dieses Problem nicht informell (etwa in der Familie oder im Freundeskreis) gelöst werden, besteht die Gefahr, daß der Jugendliche auffällig wird.
3. Auf das Verhalten des Jugendlichen wird sozial negativ reagiert (z. B. in der Schule). Das ursprüngliche Problem bleibt ungelöst. Als neues Problem ergibt sich die ihm gegenüber wachsende Ablehnung.
4. Ein erneutes kleineres Delikt führt zu härteren Reaktionen, weil er bereits offiziell bekannt ist. Da das ursprüngliche Problem dadurch noch vertieft wird, beginnt jetzt der eigentliche Hochschaukelungsprozeß.

5. Der Jugendliche wird offiziell als »Delinquenter« definiert und registriert. Er fängt an, die ihm zugeschriebene und von ihm erwartete Rolle zu übernehmen. Sein Selbstbild beginnt sich zu ändern.
6. Die Reaktionen Dritter ändern sich ihm gegenüber. Es entsteht ein kriminelles Fremdbild, d. h. er wird zum Außenseiter abgestempelt (Erfolgserlebnisse verbleiben ihm in subkulturellen Gruppen. Dadurch verfestigen sich delinquente Problemlösungstechniken).
7. Die Strafanstalt beschleunigt die Veränderung des Selbstbildes.
8. Als Vorbestrafter übernimmt er endgültig die ihm zugedachte neue Rolle. Es entsteht ein kriminelles Selbstbild, der Rückfall ist programmiert.

4.8.1 Im **Ausgangsfall** lassen sich bei Z zumindest die ersten Stufen des Hochschaukelungsprozesses nachvollziehen:

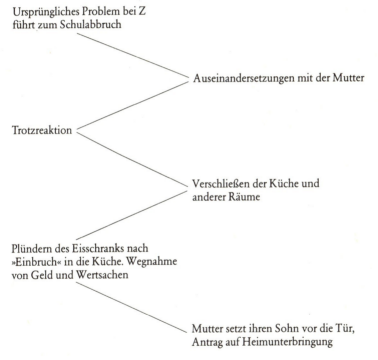

Ursprüngliches Problem bei Z
führt zum Schulabbruch

Auseinandersetzungen mit der Mutter

Trotzreaktion

Verschließen der Küche und anderer Räume

Plündern des Eisschranks nach »Einbruch« in die Küche. Wegnahme von Geld und Wertsachen

Mutter setzt ihren Sohn vor die Tür, Antrag auf Heimunterbringung

4.8.2 Der **Vorteil** von *Quensels* Verlaufsmodell liegt in der einleuchtenden Verbindung täterorientierter und interaktionistischer Erklärungsansätze. Durch diese Verbindung wird Kriminalität als Prozeß und nicht mehr als Folge eines einmaligen Vorgangs begriffen. Individuelle Bedingungen wie z. B. Defizite im Sozialisationsprozeß werden in ihrer Bedeutung für den

Beginn und den Verlauf der kriminellen Karriere erkannt, aber nicht einseitig überbewertet. Gleichzeitig wird die Rolle der Instanzen sozialer Kontrolle im Kriminalisierungsprozeß gesehen.

4.8.3 Ein **Nachteil** des Verlaufsmodells liegt darin, daß der Übergang zur nächsten Stufe von so unbestimmten Kategorien wie »Glück« und »Pech« abhängig gemacht wird. So beschreibt *Quensel* (1970, 377 f.) den Übergang von der zweiten zur dritten Stufe wörtlich: »Wenn der Junge jetzt Glück hat, wird ihm bei der Lösung des Problems geholfen, ohne daß die sonstige soziale Umwelt etwas davon erfährt. Hat er Pech, dann wird er offiziell bestraft«. Empirisch ist der Übergang daher nicht nachprüfbar.

4.9 Folgerungen aus den unterschiedlichen Erklärungsansätzen

Schon dieser knappe Überblick über neuere Kriminalitätstheorien mit ihren oft nur sehr grob angedeuteten Plus- und Minuspunkten zeigt, daß es **die** (empirisch abgesicherte) Kriminalitätstheorie nicht gibt. Trotz der (in LE 5/LS 3.4 geschilderten) Bedenken spricht daher viel für eine Kombination verschiedener Erklärungsansätze. Dabei bietet sich die von *Kaiser* (1976, 9 und 197) vertretene Theorie differentieller Sozialisation **und** Sozialkontrolle an. Trotz der Vielfalt unterschiedlicher Erklärungsansätze bleibt ein **Ergebnis** festzuhalten:
Wer sich angesichts des gegenwärtigen Standes kriminologischer Forschung heute in der Praxis ausschließlich von täterorientierten Erklärungsansätzen leiten läßt, die interaktionistische Komponente also völlig ausklammert, arbeitet einseitig und muß sich zu Recht den Vorwurf der Selektivität gefallen lassen.

LS 5: Sanktionsvorschlag durch die JGH

Nach § 38 II JGG äußert sich der Jugendgerichtshelfer auch zu den Maßnahmen, die zu ergreifen sind. Die erzieherischen und sozialen Gesichtspunkte, die der Jugendgerichtshelfer zur Geltung bringt, werden damit zur Grundlage einer Entscheidungshilfe. Der Jugendgerichtshelfer muß deswegen die Sanktion mitverantworten (*Walter* 1973).
Während sich der Jugendgerichtshelfer im Fall B einen Vorschlag für die Hauptverhandlung vorbehält (II/3), nimmt er im Fall Z zu den Fragen »Verwahrlosung«, »schädliche Neigungen« und »Schwere der Schuld« Stellung (VII/4). Um diese Stellungnahme würdigen zu können, bedarf es zunächst eines Überblicks über das jugendstrafrechtliche Sanktionssystem. Die Zahlen über die wegen Verbrechen und Vergehen angeordneten jugendstrafrechtlichen Maßnahmen sollen die praktische Bedeutung veranschaulichen.

5.1 Überblick über die jugendstrafrechtlichen Sanktionen

	1972	1975
I. Erziehungsmaßregeln (§§ 9 ff JGG)	15 198	20 954
1. Erteilung von Weisungen	14 298	20 321
2. Erziehungsbeistandschaft	623	456
3. Fürsorgeerziehung	277	177
II. Zuchtmittel (§§ 13 FF JGG)	108 251	95 326
1. Verwarnung	37 520	34 746
2. Erteilung von Auflagen	46 469	39 488
a) Wiedergutmachung des Schadens		
b) Entschuldigung		
c) Zahlung eines Geldbetrages	40 062	36 980
3. Jugendarrest	24 262	21 092
a) Freizeitarrest	11 886	10 392
b) Kurzarrest	1 197	1 567
c) Dauerarrest	11 179	9 133
III. Jugendstrafe (§§ 17 ff)	15 296 (3)	15 983
1. Jugendstrafe von bestimmter Dauer		
2. Jugendstrafe von unbestimmter Dauer	795 (3)	490
3. Aussetzung		
a) der Jugendstrafe zur Bewährung		
b) der Verhängung der Jugendstrafe		

Mit rund 78% ist das Übergewicht der Zuchtmittel gegenüber jeweils etwa 11% bei Erziehungsmaßregeln und Jugendstrafe besonders deutlich. (1972).

● **Aufgabe:** In der folgenden Skizze sind die Rechtsgrundlagen für die einzelnen jugendstrafrechtlichen Sanktionen nach Paragraphenzahlen aufgeführt. Überprüfen Sie, für welche Sanktionen die vom Jugendgerichtshelfer im Fall Z aufgeworfenen Fragen nach einer »Verwahrlosung«, nach »schädlichen Neigungen« und nach der »Schwere der Schuld« Bedeutung erlangen.

Skizze 4:

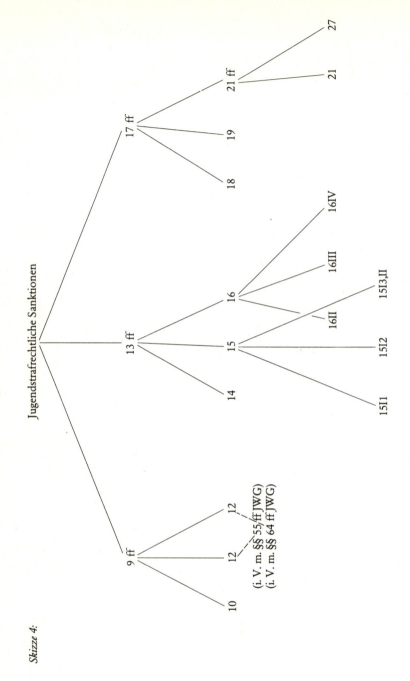

156

5.2 Zusammenfassende Beurteilung des Z.

Eine drohende oder bereits eingetretene »**Verwahrlosung**« ist nach § 64 JWG Voraussetzung für die durch den Vormundschaftsrichter oder über § 12 JGG durch den Jugendrichter anzuordnende Fürsorgeerziehung. »**Schädliche Neigungen**« oder »**Schwere der Schuld**« sind die Voraussetzungen der Verhängung von Jugendstrafe (§ 17 II JGG). Der Jugendgerichtshelfer erörtert im Rahmen der zusammenfassenden Beurteilung des Z die Alternative Erziehungsmaßregel oder Jugendstrafe. Eine solche Alternative scheint aber nach dem in § 5 II JGG verankerten Subsidiaritätsprinzip nicht möglich. Dieses Subsidiaritätsprinzip ist jedoch so zu interpretieren, daß (nicht zuletzt im Hinblick auf negative Wirkungen von Heimerziehung und Strafvollzug) ambulante Maßnahmen Vorrang vor stationären haben (*Brunner* 1975, 22). Da der Jugendgerichtshelfer im Fall Z ambulante Maßnahmen nicht für ausreichend erachtet, stellt sich für ihn durchaus die Alternative zwischen Fürsorgeerziehung und Jugendstrafe.

Verwahrlosung wird definiert als »ein Zustand von einiger Dauer, in dem der davon Betroffene in erheblichem Grade derjenigen körperlichen, geistigen oder sittlichen Eigenschaften ermangelt, die bei einem Minderjährigen unter sonst gleichen Verhältnissen als Ergebnis einer ordnungsgemäßen Erziehung vorausgesetzt werden müssen« (*Schaffstein* 1977, 75). Daß eine solche Definition in der Terminologie veraltet und in der Sache der Verwirklichung moderner Erziehungsvorstellungen entgegensteht, bedarf keiner näheren Erläuterung (vgl. *Sonnen* 1975). Gleichwohl muß die Praxis noch mit diesem veralteten und kaum zu interpretierenden Begriff arbeiten. Als Kriterien dienen dem Jugendgerichtshelfer im Fall Z der Abbruch des Schulbesuchs und der Auszug aus der Wohnung seiner Mutter. Damit hält er sich an gängige Beurteilungsmaßstäbe, wie sie in älteren Untersuchungen über die Haupteinweisungsgründe in öffentliche Erziehung festgestellt worden sind. *Pongratz/Hübner* (1959) untersuchten 582 Jungen und Mädchen aus öffentlicher Erziehung (also sowohl Fürsorgeerziehung – § 64 JWG – als auch Freiwillige Erziehungshilfe – § 62 JWG –), während *Specht* (1967) die Haupteinweisungsgründe bei 200 Mädchen und 200 Jungen aus der Fürsorgeerziehung feststellte.

Tabelle 21
Haupteinweisungsgründe (FE + FEH) nach Pongratz/Hübner 1959, 98:

Jungen	Mädchen
1. Eigentumsdelikte = 46,2%	1. Umhertreiben = 36,7%
2. Umhertreiben = 20,3%	2. Eigentumsdelikte = 22,5%
3. Arbeitsunlust (Schule- schwänzen, Arbeitsbummelei) = 19,3%	3. Sexuelle Auffälligkeit = 16,3%
4. Kinderfehler (Bettnässen etc.) = 4,6%	4. Arbeitsunlust = 11,7%

Tabelle 22
Haupteinweisungsgründe (FE) nach Specht 1967, 22

Jungen		Mädchen	
1. Diebstahl	= 20,5%	1. Unerwünschte sexuelle Beziehung	= 33,0%
2. Fortlaufen	= 9,0%	2. Fortlaufen	= 6,0%
3. Arbeitsbummelei	= 8,5%	3. Äußere Vernachlässigung	= 5,5%
4. Schuleschwänzen	= 7,5%	4. Ausbleiben tagsüber	= 3,5%

Die hier verwendeten Begriffe sind nicht wertneutral, sondern orientieren sich an typischen Wertvorstellungen der Mittelschicht (z. B. in bezug auf die weibliche Rolle). Eine solche Interpretation des Verwahrlosungsbegriffs begründet daher die Gefahr schichtenspezifischer Benachteiligung. Dieser Gefahr entgeht der Jugendgerichtshelfer im Fall Z, indem er auf die Dauer des Orientierungs- und Beziehungsverlustes abstellt, was aber ebenfalls ein sehr problematisches Kriterium ist.

Schädliche Neigungen lassen sich nach Ansicht des Jugendgerichtshelfers bei Z nicht mit letzter Sicherheit erkennen. Darunter sind »erhebliche Anlage- oder Erziehungsmängel« zu verstehen, die »die Gefahr begründen, daß der Jugendliche ohne Durchführung einer längeren Gesamterziehung durch weitere Straftaten die Gemeinschaftsordnung stören würde« (BGHSt 11, 169). Da Z nicht vorbelastet ist, ergibt sich das Problem, ob sich schädliche Neigungen bereits in einer ersten Straftat auswirken können. (**Anm.**: An dieser Stelle und nicht an der Spitze des Berichts ist daher die Frage der Vorbelastung aktuell)

Der BGH (BGHSt 16, 261) führt zu dieser Frage allgemein aus:

»Es sind zwar Straftaten jugendlicher Täter denkbar, in denen sich schädliche Neigungen schon dann kundtun, wenn es sich um erstmalige Verfehlungen handelt. Dann wird es aber regelmäßig der Feststellung von Persönlichkeitsmängeln des Jugendlichen bedürfen, die entscheidend zur Begehung der Tat beigetragen haben. Denn von schädlichen Neigungen eines Menschen, die in einer bestimmten Tat hervorgetreten sind, kann regelmäßig nur gesprochen werden, wenn sie schon vor der Tat in seinem Charakter, wenn auch verborgen, angelegt waren. Es muß sich dabei mindestens um, sei es anlagebedingt, sei es durch unzulängliche Erziehung oder ungünstige Umwelteinflüsse begründete Mängel der Charakterbildung handeln, die den Jugendlichen in seiner Entwicklung zu einem brauchbaren Glied der sozialen Gemeinschaft gefährdet erscheinen und namentlich befürchten lassen, daß er durch weitere Straftaten deren Ordnung stören werde.«

Der vielschichtige Begriff der schädlichen Neigungen verlangt also eine eingehende psychologische, pädagogische und soziologische Würdigung. Schon vor zehn Jahren nannte *Baumann* (1967) die Diskussion um den Begriff der schädlichen Neigungen »hausbacken«. An der Berechtigung dieser Kritik hat sich bis heute nichts geändert. Fest steht, daß die Jugendstrafe wegen schädlicher Neigungen eine erzieherische Funktion ausüben soll (*Schaffstein* 1972). Wenn demgegenüber der Jugendgerichtshelfer feststellt, seinen sozialpädagogischen Überlegungen würde die **Schwere der Schuld** des Z entgegenstehen, befindet er sich zwar in Übereinstimmung mit der herrschenden Meinung, die hinsichtlich der erzieherischen Funktion zwischen Jugendstrafe wegen schädlicher Neigungen und Jugendstrafe wegen der Schwere der Schuld unterscheidet; diese Differenzierung wird aber der Zielvorstellung des Jugendstrafrechts nicht gerecht. Das Jugendstrafrecht ist **durchgängig** vom Erziehungsgedanken geprägt, wie in einem größeren Zusammenhang bei der Besprechung der Urteile gegen B und Z noch näher erläutert werden wird.

LS 6: Rollenkonflikt des Jugendgerichtshelfers

Übernimmt der Jugendgerichtshelfer die Differenzierung hinsichtlich der erzieherischen Funktionen von Jugendstrafe, gerät er zwangsläufig in einen Rollenkonflikt: Seine eigenen sozialpädagogischen Zielvorstellungen finden ihre Grenze an der Schwelle der Schwere der Schuld. Gleichzeitig wird damit ein anderer, im Gesetz selbst angelegter Konflikt aktualisiert (Ermittlung und Beratung): In dem Zwiespalt, einerseits Helfer für das Gericht und andererseits Helfer für den Jugendlichen zu sein, verhält sich der Jugendgerichtshelfer zu stark gerichtskonform. Damit engt er gleichzeitig die Spielräume ein, die ihm das Gesetz durch die Auslegungsbedürftigkeit solcher Begriffe wie »Verwahrlosung«, »schädliche Neigungen« und »Schwere der Schuld« noch belassen hat. Abhilfe könnte nur die Erörterung derartiger Fragen im Rahmen von Aus- und Fortbildungsveranstaltungen mit der Möglichkeit einer Spezialisierung schaffen (*Mattig* 1975, 106). Voraussetzung dafür ist, daß sich der Jugendgerichtshelfer seines »Definitionspotentials« beim Kriminalisierungsprozeß bewußt wird. Dazu gehört auch die Kenntnis von Selektionsgefahren bei der Auswahl der Tatsachen, bei den Methoden der Tatsachensammlung, bei der Gewichtung des Materials und schließlich bei dem Sanktionsvorschlag (vgl. *Sagebiel* 1974).
Der Hinweis auf mögliche Selektionen dient nicht der »Denunzierung« der Jugendgerichtshilfe als stigmatisierende Instanz sozialer Kontrolle, sondern soll die Bereitschaft wecken, sich stärker mit kriminalsoziologischen Theorien und Methoden im Interesse einer Hilfe für den Jugendlichen auseinanderzusetzen. Leisten nämlich die Sozialarbeiter als »die sanften Kontrolleure« keine Definitionshilfe mehr, würde davon »die Instanz Gericht und sodann auch die durch ihre selektive Kriminalisierungspraxis mitproduzierte Machtstruktur« vermutlich nicht unberührt bleiben (*Stallberg* 1977, *H. Peters/Cremer-Schäfer* 1975).

LS 7: Erfolgskontrolle

- Stellen Sie ähnlich wie in den Berichten der Jugendgerichtshilfe über Z und B Daten zu Persönlichkeit, Entwicklung und Umwelt des S zusammen. Entnehmen Sie die Informationen dem Urteil gegen ihn (III/2 f).
  Überprüfen Sie die Daten auf ihre kriminologische Bedeutung, indem Sie sie mit den Ausführungen von *Göppinger,* Kriminologie, 3. Aufl., 1976, 193 ff. (insbesondere: 197–200, 206–213, 222–228, 230 f.) vergleichen.

LS 8: Motivationsversuch

Zu LS 3 • *Brauneck,* Kriminologie, 1974, 187–212
zu LS 4 • *Heinz,* Kriminalitätstheorien, in: *Jung (Hrsg.),* Fälle zum Wahlfach Kriminologie, Jugendstrafrecht, Strafvollzug, 1975, 16–51
 o *Kaiser,* Kriminologie, 3. Aufl. 1976, 180–197
 o *Schneider,* Die gegenwärtige Lage der deutschsprachigen Kriminologie, JZ 1973, 569–583
 • *H. Schünemann,* Selektion durch Strafverfahren? DRiZ 1974, 278–285
zu LS 5 o *Schaffstein,* Schädliche Neigungen und Schwere der Schuld als Voraussetzung der Jugendstrafe, in: Festschrift für Ernst Heinitz, 1972, 461–476
zu LS 6 o *Walter,* Die ermittelnden, berichtenden und beratenden Aufgaben der Jugendgerichtshilfe, Zentralblatt für Jugendrecht und Jugendwohlfahrt 1973, 485 ff.

---

1 Erwähnenswert ist die Untersuchung von *Hess/Mechler* 1973.
2 to label = etikettieren, abstempeln.
3 für 1974 lauten die entsprechenden Zahlen 16 088 und 546.
  Quelle: Stat. Bundesamt Wiesbaden 1976.

LE 6: Instanzen sozialer Kontrolle 3: Gericht

LS 1: Problemaufriß

Mit der Einreichung der Anklageschrift bei dem **zuständigen** Gericht beginnt der zweite Verfahrensabschnitt, das **Zwischenverfahren**. Im Fall S und B ist das Landgericht Berlin (große Strafkammer) sachlich (§§ 60, 74 GVG) und örtlich (§§ 7 ff StPO) zuständig.
Problematischer ist die Zuständigkeitsfrage im Fall Z. Eingegangen ist die Anklage bei dem Richter am Amtsgericht D als dem Vorsitzenden des Jugendschöffengerichts (§§ 33, 40 JGG). Der Richter D (die Gerichte entscheiden im Zwischenverfahren ohne Mitwirkung der Laienrichter) hätte nach den §§ 209 II StPO, 40 JGG das Verfahren vor dem Jugendrichter eröffnen können, falls nur Erziehungsmaßregeln oder Zuchtmittel zu erwarten gewesen wären. Auch an die staatsanwaltschaftliche Würdigung des Verhaltens von Z (räuberischer Angriff auf Kraftfahrer, § 316 a StGB) ist der Richter D nicht gebunden. Er hätte die Möglichkeit gehabt, das Hauptverfahren zu eröffnen und die Anklage mit abweichender rechtlicher Würdigung (z. B. Hehlerei nach § 259 StGB) zur Hauptverhandlung zuzulassen.
Durch die hier angedeuteten Alternativen wird zugleich der Zweck des Zwischenverfahrens deutlich: Eine gerichtliche Prüfung der Ergebnisse des Vorverfahrens soll den Angeschuldigten gegebenenfalls vor den Negativwirkungen der Hauptverhandlung bewahren (z. B. Diskriminierung mit der Gefahr der Stigmatisierung infolge größerer Öffentlichkeit.) Ähnlich wie im Fall Z wird diese »negative Kontrollfunktion« jedoch nur unvollkommen ausgeübt, wie die Eröffnungsquote von 99% (*Roxin* 1977, 110) belegt. Umgekehrt lassen sich Gefahren für die Objektivität insbesondere der Laienrichter nicht leugnen (*Eb. Schmidt* 1963). Zwar wird in dem Eröffnungsbeschluß gem. § 207 StPO sehr vorsichtig formuliert, daß die **Anklage zur Hauptverhandlung zugelassen** wird, in der Sache bedeutet das aber nichts anderes, als daß der Angeschuldigte **der Straftat hinreichend verdächtig** erscheint (§ 203 StPO). Um die daraus resultierenden negativen psychologischen Wirkungen (Vorurteile) auszuschalten, müßte das Zwischenverfahren völlig abgeschafft werden (*Eb. Schmidt* 1963). Will man dagegen auf die Kontrollfunktion des Zwischenverfahrens nicht verzichten und gleichzeitig eine größere Neutralität der Richter gewahrt wissen, bietet sich der Kompromißvorschlag von *Roxin* (1976, 202) an, daß

eröffnender und erkennender Richter nicht identisch sein dürfen. Der Richter, der den Eröffnungsbeschluß erläßt oder daran mitwirkt, soll von der Mitwirkung im Hauptverfahren kraft Gesetzes ausgeschlossen sein. Sowohl im Fall S und B als auch im Fall Z hat das Gericht einen Eröffnungsbeschluß erlassen und gleichzeitig die Fortdauer der Untersuchungshaft für S und Z beschlossen (vgl. § 207 IV StPO). Damit ist das Zwischenverfahren beendet.

Im anschließenden **Hauptverfahren** sind die Phase der Vorbereitung und die Phase der Durchführung der Hauptverhandlung zu unterscheiden. Terminsbestimmung (§ 213 StPO), Ladungen des Angeklagten (so heißt der Beschuldigte nach Eröffnung des Hauptverfahrens), des Verteidigers, der Zeugen und Sachverständigen (§§ 214, 216, 218–222 StPO), Herbeischaffung der Beweismittel (§§ 214, 219, 221 StPO) und Anordnung kommissarischer Vernehmung von Zeugen oder Sachverständigen (§ 223 StPO) sowie richterlicher Augenschein (§ 225 StPO) dienen der Vorbereitung der Hauptverhandlung.

Die Hauptverhandlung selbst zerfällt in acht Abschnitte (**Überblick über den Gang der Hauptverhandlung**):

1. Die Hauptverhandlung beginnt mit dem Aufruf der Sache (§ 243 I StPO). Der Vorsitzende stellt fest, ob der Angeklagte und der Verteidiger anwesend und die Beweismittel herbeigeschafft, insbesondere die geladenen Zeugen und Sachverständigen erschienen sind (§ 243 I 2 StPO). Die Zeugen werden über ihre Pflichten belehrt und verlassen den Sitzungssaal (§ 243 II 1 StPO).
2. Der Vorsitzende vernimmt den Angeklagten über seine persönlichen Verhältnisse (§ 243 II 2 StPO).
3. Darauf verliest der Staatsanwalt den Anklagesatz (§ 243 III StPO).
4. Der Angeklagte wird darauf hingewiesen, daß es ihm freistehe, sich zur Anklage zu äußern oder nicht zur Sache auszusagen. Ist der Angeklagte zur Äußerung bereit, wird er zur Sache vernommen (§ 243 IV StPO).
5. Es folgt die Beweisaufnahme (§§ 244–257 StPO).
6. Nach Schluß der Beweisaufnahme erhalten Staatsanwalt und Verteidiger zu ihren Ausführungen und Anträgen das Wort (Plädoyers). Der Angeklagte hat das letzte Wort (§ 258 StPO).
7. Das Gericht zieht sich zur Beratung und Abstimmung zurück (§§ 192–197 GVG, 260–264 StPO).
8. Mit der Urteilsverkündung (Verlesung der Urteilsformel und Eröffnung der Urteilsgründe) (§§ 260, 268 StPO) und ggfs. der Verkündung von Beschlüssen und Belehrungen in den Fällen der §§ 268 a–268 c, 35 a StPO endet die Hauptverhandlung.

Schon dieser knappe Überblick über den Gang der Hauptverhandlung weist auf ein grundlegendes Problem hin: Noch bevor überhaupt feststeht, **ob** sich der Angeklagte einer Straftat schuldig gemacht hat, werden persönliche Lebensumstände und eventuelle Vorbelastungen erörtert, die erst bei der Frage interessieren, **wie** die Rechtsfolgen der Tat auszugestalten sind. Die vorgezogene Erörterung gefährdet die Unvoreingenommenheit gerade (aber nicht nur) der Laienrichter, wenn man die Alltagstheorien über die Entstehungszusammenhänge von Kriminalität berücksichtigt. Daraus ergibt sich die Forderung nach einer Zweiteilung der Hauptverhandlung. Tat- und Straffrage sollten durch einen Zwischenentscheid (»Schuldinterlokut«) voneinander getrennt werden (vgl. *Roxin* in *Lüttger (Hrsg.)* 1975). Gründe der Prozeßökonomie sprechen ebenso für eine solche Lösung wie die Tatsache, daß der Verteidiger nach dem gegenwärtigen Rechtszustand sich oft gezwungen sieht, neben einem Plädoyer mit dem Ziel eines Freispruchs noch ein Eventualplädoyer mit dem Ziel »mildernder Umstände« zu halten. Damit entwertet er sein eigentliches Plädoyer. Auch der Schutz der Persönlichkeit des Angeklagten läßt sich als zusätzliches Argument heranziehen, wenn man z. B. an den diskriminierenden Einfluß von Massenmedien trotz späteren Freispruchs denkt. Hauptgrund für eine Zweiteilung der Hauptverhandlung ist aber die Reform des materiellen Strafrechts, die – wie bereits dargelegt – ihren Schwerpunkt bei den Rechtsfolgen der Tat hat. In diesem Bereich ist »prognostische Feinarbeit« notwendig (*Blei* JA 1974, 466), die ohne die Hinzuziehung von Sachverständigen nicht zu leisten ist. Dabei ist nicht nur an den Kriminalpsychiater (vgl. die Streitschrift von *Moser* (1971) gegen die repressive Kriminalpsychiatrie), sondern im Hinblick auf die Bandbreite kriminologischer Erklärungsansätze vor allem auch an Soziologen, Sozialpsychologen und Sozialpädagogen zu denken. Eine so eingehende Diagnose und Prognose ist aus Gründen der Prozeßökonomie und dem Angeklagten gegenüber erst gerechtfertigt, wenn die Tatfrage geklärt ist.

Die Bedenken gegen eine Zweiteilung der Hauptverhandlung (z. B. *Heinitz* 1970) sind von *Roxin* (a.a.O.) so überzeugend ausgeräumt worden, daß sich eine Erörterung im Rahmen dieser Darstellung erübrigt. Die Forderung nach einer Zweiteilung der Hauptverhandlung gilt inzwischen als unbestritten, wird sich aber wegen schwieriger prozessualer Einzelfragen dennoch nicht kurzfristig durchsetzen lassen (*Rieß* 1977).

Die Diskussion um die Zweiteilung der Hauptverhandlung hat gleichzeitig noch einmal die seit der Reform des materiellen Strafrechts erheblich gestiegene praktische Bedeutung der Strafbemessung deutlich gemacht. Bei der Besprechung der Urteile gegen S, B und Z soll vor allem ihr Stellenwert herausgearbeitet werden, ehe abschließend auf die Rolle des Gerichts als Instanz sozialer Kontrolle eingegangen wird.

LS 2: Erstinstanzliches Urteil gegen S und B

Das schriftliche Urteil gegen S und B ist folgendermaßen aufgebaut:

1. **Urteilseingang** (»rubrum«, da früher mit roter Tinte geschrieben), der die Personalien des Angeklagten (Name, Geburtstag und -ort, Wohnort),

eine kurze Angabe der Straftat (»Autostraßenraub«), die Bezeichnung des erkennenden Gerichts und die Angabe der Sitzungstage enthält. Gemäß § 275 III StPO sind die Namen der Richter, der Schöffen, des Beamten der Staatsanwaltschaft, der Verteidiger und der Urkundsbeamten der Geschäftsstelle, die an der Sitzung teilgenommen haben, aufgeführt.

2. **Urteilsformel** (Tenor), die der wichtigste Teil des Urteils ist, weil sie z.B. den Umfang der Rechtskraft bestimmt. Sie gibt die rechtliche Bezeichnung der Tat an, deren die Angeklagten schuldig gesprochen worden sind, bezeichnet die Strafe nach Art und Höhe und enthält die Kostenentscheidung.

3. **Urteilsgründe** (§ 267 StPO), die nach
a) Feststellungen zur Person der Angeklagten (III/2–4),
b) Feststellungen zum Sachverhalt (III/4–6),
c) Beweiswürdigung (III/6–12),
d) rechtlicher Erörterung und Begründung des Schuldspruchs (III/12–13),
e) Begründung des Ausspruches über die Rechtsfolgen (III/13–15) und
f) Begründung der weiteren Entscheidungen über Hilfsanträge und Kosten (III/15–17)
gegliedert sind.

4. **Unterschriften** der Richter (nicht auch der Schöffen, § 275 II StPO).

Aus der Aufgliederung der Urteilsgründe ergibt sich, daß die Feststellung des Sachverhalts, die Rechtsanwendung und die Bestimmung der Rechtsfolgen der Tat die drei Kernpunkte richterlicher Entscheidung im Strafprozeß sind. Gleichzeitig wird deutlich, wie wenig praxisbezogen die traditionelle, im wesentlichen auf den mittleren Abschnitt (Subsumtion) bezogene Strafrechtsausbildung ist (der außerdem noch die sozialwissenschaftliche Einbettung fehlt).

Während der Problembereich der Rechtsanwendung schon ausführlich behandelt worden ist (LE 4/LS 4), sind einzelne Fragen zur Beweisführung zu klären, ehe auf die Bestimmung der Rechtsfolgen der Tat einzugehen ist.

2.1 Beweiswürdigung

Innerhalb der Beweiswürdigung mußte das Gericht zu den Punkten Stellung nehmen,
– der Zeuge R habe selbst den Wagen in die dunkle Seitenstraße dirigiert, um auszusteigen,
– dort habe er eine Angreiferstellung eingenommen,

- S sei seinem Angriff lediglich zuvorgekommen,
- B sei durch das Niederschlagen des Zeugen R »entsetzt« und anschließend »willenlos« gewesen,
- anderslautende Einlassungen bei ihrer polizeilichen Vernehmung seien ihnen in den Mund gelegt worden.
- beide hätten am Tattag erhebliche Mengen Alkohol getrunken, S u. a. 1 Flasche Bier, 8 halbe Liter Bier, ½ Flasche Mampe Likör, mehrere Gläser Whisky (was einer Blutalkoholkonzentration von 4‰ zum Zeitpunkt der Tat entspricht).

Nach **Überzeugung** der Strafkammer sind diese Einlassungen in allen Punkten unwahr. Wären **Zweifel** an der Rechtswidrigkeit (S macht Notwehr geltend, § 32 StGB) oder an der Schuld (S beruft sich auf alkoholbedingte Schuldunfähigkeit, § 20 StGB) geblieben, hätte S nach dem Grundsatz »in dubio pro reo« freigesprochen werden müssen.
Zu den Beweisgrundsätzen gehören u. a. der Grundsatz der freien Beweiswürdigung und der Grundsatz »Im Zweifel für den Angeklagten« (»in dubio pro reo«). Der Grundsatz der freien Beweiswürdigung ist in § 261 StPO verankert: »Über das Ergebnis der Beweisaufnahme entscheidet das Gericht nach seiner freien, aus dem Inbegriff der Verhandlung geschöpften Überzeugung«. Mittelbar ergibt sich daraus gleichzeitig die Geltung des gesetzlich nicht ausdrücklich formulierten Grundsatzes »in dubio pro reo«[1]. Wenn nämlich die Verurteilung richterliche **Überzeugung** voraussetzt, kann bei Zweifeln des Richters eine Verurteilung nicht erfolgen. Fraglich ist nur, wann von einer entsprechenden Überzeugung gesprochen werden kann. Hierzu hat das **OLG Zweibrücken** ausgeführt:

»Die Überzeugung besteht nicht in einer exakten naturwissenschaftlichen Erkenntnis. Sie besteht auch nicht in der Erkenntnis der objektiven Wahrheit; diese ist niemandem zugänglich, weil Menschen irren können. Sie besteht andererseits auch nicht in einem mehr oder weniger hohen Grade von Wahrscheinlichkeit. Die freie Überzeugung von der Schuld des Angeklagten, die § 261 StPO verlangt, ist nicht eine Überzeugung von der Wahrscheinlichkeit, sondern eine Überzeugung von der Wahrheit. Der Richter muß in dem Bewußtsein der Unzulänglichkeit menschlicher Erkenntnismöglichkeiten die Überzeugung erlangt haben, daß er sich hier nicht irrt . . . Diese Überzeugung kann der Richter erst gewinnen, wenn er alle Möglichkeiten der Sachaufklärung ausgeschöpft hat und wenn er jeden konkreten, sich auf positive Tatsachen stützenden Zweifel an der Täterschaft des Angeklagten in seine Überlegungen einbezogen hat; negativen, bloß abstrakten und theoretischen Zweifeln darf er dagegen keine Bedeutung zukommen lassen . . . Hat ein Richter diese Rechtsgrundsätze beachtet, und ist er danach zu der Überzeugung gelangt, daß er an der Täterschaft des Angeklagten **keinen** Zweifel hat . . ., so ist diese Überzeugung, die keine Willens- und deshalb auch keine Ermessensentscheidung, sondern Erlebnis ist, unangreifbar« (MDR **1968**, 945).

Ebenso deutlich hat der **Bundesgerichtshof** (BGH NJW 1967, 359, 360) ausgeführt, daß zum Inhalt der freien richterlichen Überzeugung nach § 261 StPO »auch die Freiheit der Entschließung gegenüber an sich möglichen Zweifeln« gehöre. Der Begriff der Überzeugung schließe die Möglichkeit eines anderen, selbst gegenteiligen Sachverhalts nicht aus. Für die Verurteilung genüge es, daß der Sachverhalt für den Tatrichter feststehe.

Daraus folgt, daß der Grundsatz »in dubio pro reo« überhaupt erst anwendbar ist, nachdem eine Beweiswürdigung stattgefunden hat, und dann auch nur, wenn »ein Vorgang unaufklärbar zweifelhaft geblieben ist« (*Volk* 1975, 27). Der Grundsatz »in dubio pro reo« bedeutet also nicht, daß der Richter bei widersprechenden Beweisergebnissen (vgl. im vorliegenden Fall die Zeugenaussagen von R und Z sowie das Sachverständigengutachten zur Blutalkoholkonzentration mit den Einlassungen von S und B) stets der für den Angeklagten günstigeren Möglichkeit folgen müsse (*Sarstedt* 1962, 239 ff.).

Da nach der Beweiswürdigung im Falle S auch die Rechtswidrigkeit und Schuld zur **Überzeugung** des Gerichts feststanden, blieb für eine Anwendung des Grundsatzes »in dubio pro reo« überhaupt kein Raum mehr.

Aus der Lektüre des Urteils gegen S und B und der beiden auszugsweise wiedergegebenen Entscheidungen des OLG Zweibrücken und des Bundesgerichtshofes sollte aber deutlich geworden sein, welcher Stellenwert der Beweiswürdigung in der Strafrechtspraxis zukommt.

> Der fortgeschrittene Student sei in diesem Zusammenhang auf einen Aufsatz von *Sarstedt* hingewiesen, der nicht zu Unrecht als »eines der wenigen Beispiele für von Praktikern geleistete rechtssoziologisch relevante Arbeit« gilt (*Lüderssen* in *Lüderssen/Sack* III, 1977, 146):
>
> o *Sarstedt*, Beweisregeln im Strafprozeß, in: Berliner Festschrift für Ernst Hirsch, 1968, 171–186
>
> **und**
>
> in: *Lüderssen/Sack* (Hrsg.), Seminar: Abweichendes Verhalten III, Die gesellschaftliche Reaktion auf Kriminalität 2, 1977, 224–241.

2.2 Bestimmung der Rechtsfolgen der Tat

Nach der Beweiswürdigung steht für das Gericht fest, daß sich S und B eines gemeinschaftlich begangenen räuberischen Angriffs auf Kraftfahrer in Tateinheit mit gemeinschaftlichem schweren Raub schuldig gemacht haben (§§ 249, 250 I 3 a. F., 316 a, 25 II, 52 StGB). Eine kritische Würdigung der anschließenden Arbeitsschritte (Bestimmung von Strafart und -rahmen, Strafbemessung) setzt einen Überblick über das strafrechtliche Sanktionssystem voraus.

2.2.1 Überblick über die Rechtsfolgen einer Straftat

Neben zivilrechtlichen (z. B. Verpflichtung zur Leistung von Schadensersatz) und verwaltungsrechtlichen Folgen (z. B. aufgrund Polizeirechts) kommen abgesehen von der Möglichkeit des § 60 StGB an strafrechtlichen Rechtsfolgen in Betracht[2]:

	1974
I. *Strafen*	
1. Hauptstrafen	
a) Freiheitsstrafe	*104 726*
a.a. lebenslang	85
a.b. zeitig	104 641
a.c. zur Bewährung ausgesetzt	63 863
b) Geldstrafe	*494 266*
b.a. Verurteilung	
b.b. Verwarnung mit Strafvorbehalt	—
2. Nebenstrafe (Fahrverbot)	16 743
II. *Maßnahmen*	
1. Maßregeln der Besserung und Sicherung	*553*
a) mit Freiheitsentzug	
a.a. Unterbringung in einem Psychiatrischen Krankenhaus	310
a.b. Unterbringung in einer Entziehungsanstalt	174
a.c. Unterbringung in einer sozialtherapeutischen Anstalt (ab 1. 1. 1985)	—
a.d. Unterbringung in Sicherungsverwahrung	69
b) ohne Freiheitsentzug	
b.a. Führungsaufsicht	—
b.b. Entziehung der Fahrerlaubnis	*159 700*
b.c. Berufsverbot	97
2. Verfall, Einziehung, Unbrauchbarmachung; darunter Einziehung	9 625
III. *Nebenfolgen*	
1. Verlust der Amtsfähigkeit, der Wählbarkeit und des Stimmrechts	
2. Bekanntgabe der Verurteilung	

Die Zahlenangaben sind der **Rechtspflegestatistik** 1974 (erschienen 1976), 54 f., 68 f., entnommen. Das am 1. 1. 1975 in Kraft getretene 2. Strafrechtsreformgesetz ist also noch nicht berücksichtigt. Deutlich wird aufgrund dieses Zahlenmaterials aber bereits die (in Zukunft noch größer werdende) Bedeutung der Geldstrafe (1974 = 82,4 % aller Verurteilungen), der Strafaussetzung zur Bewährung (unter den 10,7 % der 1974 verhängten Freiheitsstrafen = 60,8 %) und der Maßregel der Entziehung der Fahrerlaubnis.

Skizze 5:

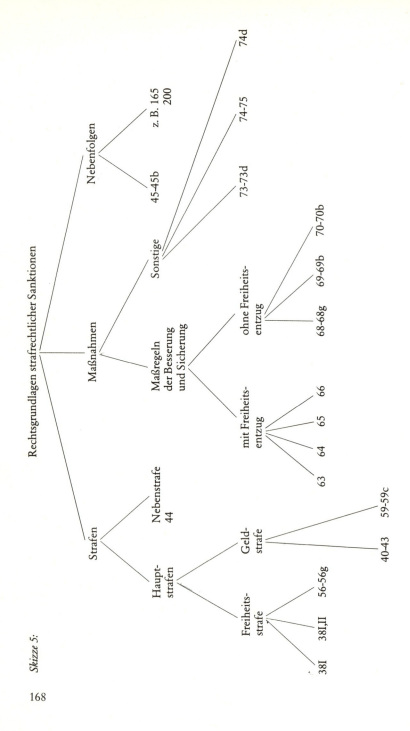

168

- **Aufgabe:** Lesen Sie die in der Skizze angegebenen Paragraphen. Sie bekommen einen Überblick über die Neuordnung des strafrechtlichen Sanktionssystems durch die ersten beiden Strafrechtsreformgesetze, deren Inhalt oben (LE 2/LS 6) bereits kurz umrissen worden ist.

2.2.2 Strafen und Maßregeln der Besserung und Sicherung

Wenn Sie die Vorschriften aufmerksam gelesen haben, werden Sie auch erklären können, warum unser strafrechtliches Sanktionensystem **zweispurig** genannt wird: **Neben** der Strafe können Maßregeln der Besserung und Sicherung angeordnet werden (vgl. z. B. für die Sicherungsverwahrung § 66 I StGB). Das System der Zweispurigkeit wird aber an wesentlichen Stellen durchbrochen. Die Unterbringung in einem psychiatrischen Krankenhaus, in einer Entziehungsanstalt oder in einer sozialtherapeutischen Anstalt werden ebenso wie die Entziehung der Fahrerlaubnis und das Berufsverbot z. B. gegen schuldunfähige Täter auch selbständig **anstelle** von Strafe angeordnet. Im Fall des § 71 StGB handelt es sich also um ein einspuriges System. Eine weitere Durchbrechung des Systems der Zweispurigkeit kann sich schließlich auf der Ebene des Vollzugs ergeben. Die **neben** der Strafe angeordnete Unterbringung in einem psychiatrischen Krankenhaus, in einer Entziehungs- oder in einer sozialtherapeutischen Anstalt wird nach dem Grundsatz des § 67 I StGB vor der Strafe vollzogen. Die Anrechnung der Zeit des Vollzugs auf die Strafe ist in diesem Fall zwingend vorgeschrieben (§ 67 IV StGB). Gleichzeitig werden gemäß § 67 V StGB die Möglichkeiten der Aussetzung des Strafrestes zur Bewährung erweitert. Wird der Strafrest nicht ausgesetzt, so wird regelmäßig der Vollzug der **Maßregel** fortgesetzt. Damit führt das sog. Vikariieren (Vollzug der Maßregel vor der Strafe) praktisch zur Einspurigkeit, weil die **neben** der Strafe angeordnete Maßregel auf der Vollzugsebene **an die Stelle** der Strafe tritt. Zulässig ist das Vikariieren in den Fällen zielgerichteter Behandlung durch freiheitsentziehende Maßregeln, also nicht bei Sicherungsverwahrung.

Die Unterschiede zwischen Strafen und Maßregeln der Besserung und Sicherung liegen in den Voraussetzungen sowie in der Art der Begrenzung der Sanktionsgewalt. Strafen setzen eine tatbestandsmäßige, rechtswidrige und **schuldhafte** Handlung voraus, Maßregeln dagegen eine tatbestandsmäßige, rechtswidrige, aber nicht notwendig auch schuldhafte Handlung. Grundlage der Strafe ist die **Schuld** i. S. von Vorwerfbarkeit, während die Maßregeln an die Gefährlichkeit des Täters anknüpfen und insoweit nicht wie die Strafen vergangenheits-, sondern zukunftsorientiert sind. Begrenzt wird die Sanktionsgewalt bei Strafen durch das **Schuldprinzip**, bei Maßregeln der Besserung durch das in § 62 StGB verankerte Prinzip der Verhältnismäßigkeit.

2.2.3 Strafrechtliche Sanktionen und Schuldprinzip

Dem hier genannten Schuldprinzip als Voraussetzung und Begrenzung von Strafe ist Verfassungsrang eingeräumt worden. In diesem Zusammenhang gehören die beiden auszugsweise wiedergegebenen Entscheidungen zum Mindestbestand strafrechtlichen Wissens.

BVerfGE 20, 323 (331)

»Dem Grundsatz, daß jede Strafe – nicht nur die Strafe für kriminelles Unrecht, sondern auch die strafähnliche Sanktion für sonstiges Unrecht – Schuld voraussetzt, kommt verfassungsrechtlicher Rang zu. Er ist im Rechtsstaatsprinzip begründet.

Das Rechtsstaatsprinzip ist eines der elementaren Prinzipien des Grundgesetzes (BVerfGE 1, 14 ff., Leitsatz 28). Zur Rechtsstaatlichkeit gehört nicht nur die Rechtssicherheit, sondern auch die materielle Gerechtigkeit (BVerfGE 7, 89, 92; 7, 194, 196). Die Idee der Gerechtigkeit fordert, daß Tatbestand und Rechtsfolge in einem sachgerechten Verhältnis zueinander stehen. Die Strafe, auch die bloße Ordnungsstrafe, ist im Gegensatz zur reinen Präventionsmaßnahme dadurch gekennzeichnet, daß sie – wenn nicht ausschließlich, so doch auch – auf Repression und Vergeltung für ein rechtlich verbotenes Verhalten abzielt. Mit der Strafe, auch mit der Ordnungsstrafe, wird dem Täter ein Rechtsverstoß vorgehalten und zum Vorwurf gemacht. Ein solcher strafrechtlicher Vorwurf aber setzt Vorwerfbarkeit, also strafrechtliche Schuld voraus. Andernfalls wäre die Strafe eine mit dem Rechtsstaatsprinzip unvereinbare Vergeltung für einen Vorgang, den der Betroffene nicht zu verantworten hat. Die strafrechtliche oder strafrechtsähnliche Ahndung einer Tat ohne Schuld des Täters ist demnach rechtsstaatswidrig und verletzt den Betroffenen in seinem Grundrecht aus Art. 2 Abs. 1 GG«.

BGHSt 2, 194 (200 f.)

»Strafe setzt Schuld voraus. Schuld ist Vorwerfbarkeit. Mit dem Unwerturteil der Schuld wird dem Täter vorgeworfen, daß er sich nicht rechtmäßig verhalten, daß er sich für das Unrecht entschieden hat, obwohl er sich rechtmäßig verhalten, sich für das Recht hätte entscheiden können. Der innere Grund des Schuldvorwurfs liegt darin, daß der Mensch auf freie, verantwortliche, sittliche Selbstbestimmung angelegt und deshalb befähigt ist, sich für das Recht und gegen das Unrecht zu entscheiden, sein Verhalten nach den Normen des rechtlichen Sollens einzurichten und das rechtlich Verbotene zu vermeiden, sobald er die sittliche Reife erlangt hat und solange die Anlage zur freien, sittlichen Selbstbestimmung nicht durch die in § 51 StGB[3] genannten krankhaften Vorgänge vorübergehend gelähmt oder auf Dauer zerstört ist. Voraussetzung dafür, daß der Mensch sich in freier, verantwortlicher, sittlicher Selbstbestimmung für das Recht und gegen das Unrecht entscheidet, ist die Kenntnis von Recht und Unrecht. Wer weiß, daß das, wozu er sich in Freiheit entschließt, Unrecht ist, handelt schuldhaft, wenn er es gleichwohl tut. Die Kenntnis kann fehlen, weil der Täter infolge der in § 51 Abs. 1 StGB[3] aufgezählten krankhaften Vorgänge unfähig ist, das Unrechtmäßige seines Tuns einzusehen. Hier ist die Unkenntnis des Täters Folge eines unabwendbaren Schicksals. Sie kann ihm nicht zum Vorwurf gemacht und nicht zur Schuld zugerechnet werden. Er ist deshalb strafrechtlich unzurechnungsfähig. Das Bewußtsein, Unrecht zu tun, kann im einzelnen Falle auch beim zurechnungsfähigen Menschen fehlen, weil er die Verbotsnorm nicht kennt oder verkennt. Auch in diesem Falle des Verbotsirrtums ist der Täter nicht in der Lage, sich gegen das Unrecht zu entscheiden. Aber nicht jeder Verbotsirrtum[4] schließt den Vorwurf der Schuld aus. Mängel im Wissen sind bis zu einem gewissen Grad behebbar. Der Mensch ist, weil er auf freie, sittliche Selbstbestimmung angelegt ist, auch jederzeit in die verantwortliche Entscheidung gerufen, sich als Teilhaber der Rechtsgemeinschaft rechtmäßig zu verhalten und das Unrecht zu vermeiden. Dieser Pflicht genügt er nicht, wenn er nur das nicht tut, was ihm als Unrecht klar vor Augen steht. Vielmehr hat er bei allem, was er zu tun im Begriff steht, sich bewußt zu machen, ob es mit den Sätzen des rechtlichen Sollens im Einklang steht. Zweifel hat er durch Nachdenken oder Erkundigungen zu beseitigen. Hierzu bedarf es der Anspannung des Gewissens, ihr Maß richtet sich nach den Umständen des Falles und nach dem Lebens- und Berufskreis des Einzelnen ...«

Die Schuld als individuelle, mit einem sozialethischen Unwerturteil verknüpfte Vorwerfbarkeit ist der Punkt, an dem jede Kooperation zwischen Strafrechtswissenschaft und Kriminologie zu scheitern droht (*Sack* in: *Lüderssen/Sack* II, 1975, 351). Die Chancen für eine Kooperation steigen jedoch, wenn man das Schuldprinzip von der Diskussion um die Willensfreiheit (Indeterminismus – Determinismus), von der Frage nach der Lebensführungsschuld[5] sowie von der Problematik individueller oder sozialer Ursachen von Kriminalität befreit. Nach richtiger Auffassung dient dann das Schuldprinzip ausschließlich der Begrenzung staatlicher **Strafgewalt** (*Roxin*, JuS 1966, 377, 384 f.; *Rudolphi* in SK StGB Rn 1 vor § 19). Schuld hat somit eine strafbegrenzende, nicht aber eine strafbegründende Funktion (a. A. *Otto* 1976, 189).

Die Frage nach der Schuld stellt sich also nicht nur im Zusammenhang mit den Voraussetzungen und der Zumessung (§ 46 I StGB) von Strafe, sondern auch bei dem Problem der Rechtfertigung strafrechtlicher Sanktionen (»Schuldidee«, vgl. *Lackner,* 4 vor § 13 StGB). Welcher Stellenwert der Schuld insoweit zukommt, läßt sich erst nach einem Gesamtüberblick über die möglichen Begründungen strafrechtlicher Sanktionen abschließend beurteilen.

2.2.4 Überblick über die möglichen Begründungen strafrechtlicher Sanktionen

- **Absoluter Ansatz** (Punitur, quia peccatum est) [1]
  - Vergeltung wegen und nach Maß der begangenen Tat als Gebot der Gerechtigkeit (Kant; Hegel: Strafe als »Negation der Negation« notwendig zur ideellen Wiederherstellung des verletzten Rechts) [2]
  - Ermöglichung der Sühne als sittlicher Leistung des Straftäters

- **Relativer Ansatz** (Punitur, ne peccetur) [1]
  - Schutz von Rechtsgütern (der sozialen Ordnung)
    - Resozialisierung (Wiedereingliederung des Straftäters) [3]
    - Durch Verbrechensverhütung
      - Durch Generalprävention (Einwirkung auf die Allgemeinheit)
        - Mittelbare Wirkung durch Wertinternalisierung im Sozialisationsprozeß [5]
        - Unmittelbar motivierende Wirkung durch das Risiko strafrechtlicher Sanktionierung bei strafbedrohtem Verhalten (Anselm v. Feuerbach: Theorie vom psychologischen Zwang) [6]
      - Durch Spezial(Individual)-prävention (Einwirkung auf den Straftäter)
        - Resozialisierung
        - Abschreckung
        - Sicherung (insb. durch Freiheitsentzug)
    - Durch Verhütung von Selbstjustiz als Reaktion auf die Begehung von Straftaten. Strafe damit als Mittel zur Befriedigung des
      - Straf(Rache-)bedürfnisses der Allgemeinheit [4]
      - Genugtuungsbedürfnisses des durch die Straftat Verletzten

Aufgabe: Lesen Sie zur Einführung in die Problematik zunächst die folgenden Anmerkungen und Textauszüge:

(1) *Seneca,* De ira: »Nam, ut Plato ait, nemo prudens punit, quia peccatum est, sed ne peccetur. Revocari enim praeterita non possunt, futura prohibetur.« Entscheidend ist das Argument, daß Geschehenes nicht ungeschehen, aber Bevorstehendes noch verhindert werden kann. Vgl. demgegenüber *Kant,* Die Metaphysik der Sitten, § 49 E I:
»Selbst wenn sich die bürgerliche Gesellschaft mit aller Glieder Einstimmung auflösete (z. B. das eine Insel bewohnende Volk beschlösse, auseinander zu gehen und sich in alle Welt zu zerstreuen), müßte der letzte im Gefängnis befindliche Mörder vorher hingerichtet werden, damit jedermann das widerfahre, was seine Taten wert sind, und die Blutschuld nicht auf dem Volke hafte, das auf diese Bestrafung nicht gedrungen hat; weil es als Teilnehmer an dieser öffentlichen Verletzung der Gerechtigkeit betrachtet werden kann.«

(2) Zweckfreie Vergeltung und allein der seelischen Läuterung dienende Sühne sind verfassungsrechtlich bedenklich, weil ihre Grundlage **ausschließlich** im metaphysischen Bereich liegt (Vergeltung = schuldausgleichende Gerechtigkeit = unmittelbar verpflichtender **sittlicher** Wert; Sühne = sittliche Leistung des Sühnenden). Es ist daher zutreffend, wenn das LG Verden NJW 1976, 980 (983) darauf hinweist, daß staatliches Strafen nur dann verfassungskonform ist, wenn es als **soziales** Problem verstanden und auf »soziologisch-diesseitige Zwecke« bezogen wird.

(3) Ob der Gesichtspunkt der Resozialisierung neben dem Rechtsgüterschutz gleichrangige Bedeutung hat oder ob er nicht nur eine Form der Spezialprävention zur Verbrechensverhütung ist, erscheint zweifelhaft. Im Alternativ-Entwurf eines Strafgesetzbuches (2. Aufl., 1969) heißt es:

§ 2 Zweck und Grenze von Strafe und Maßregel
(1) Strafen und Maßregeln dienen dem Schutz der Rechtsgüter und der Wiedereingliederung des Täters in die Rechtsgemeinschaft.
(2) Die Strafe darf das Maß der Tatschuld nicht überschreiten, die Maßregel nur bei überwiegendem öffentlichen Interesse angeordnet werden.

Mit diesem Gesetzesvorschlag wird gleichzeitig verdeutlicht, daß sich Strafen und Maßregeln nicht in der Zielsetzung und auch nicht in der Tatsache der Übelszufügung, sondern (wie oben – 2.2.2 – festgestellt) ausschließlich in den Voraussetzungen sowie der Art der Begrenzung der Sanktionsgewalt voneinander unterscheiden.

(4) Kritiker betrachten das Strafbedürfnis der Allgemeinheit als wahren Grund für die Existenz von Strafe und halten die verschiedenen Zweckbestimmungen lediglich für Rationalisierungen (vgl. *Hochheimer,* Zur Psychologie von strafender Gesellschaft, KJ 1969, 23–49).
Ostermeyer, Die Sündenbockprojektion in der Rechtsprechung, ZRP 1970, 241, führt zu diesem Problembereich aus:
»Die Gerichte strafen nach dem Strafgesetz. Das Strafgesetz spricht den Willen der

Gesellschaft zum Strafen aus. Dieser Wille der Gesellschaft ist älter als das Gesetz. Deshalb ist die strafende Gerechtigkeit kein mit juristischen Mitteln zu ergründendes Phänomen. Psychologisch gesehen ist das Strafverlangen der Gesellschaft der allgemeine Wille, dem Täter durch die Strafe ein Übel zuzufügen. Dieser Wille ist ursprünglich nicht rational, sondern triebhaft und emotional. Er hat sich mit rechtfertigenden Rationalisierungen umgeben, wobei Rationalisierung zu verstehen ist als die rationale Verkleidung eines Triebs oder einer Emotion. Diese Rationalisierungen, also die juristische, die moralische, die sozialpolitische und die pädagogische sind bewußt, aber ihrer Bewußtheit wegen nur Vordergrund. Die wahren Motive können dahinter verschwinden und unbewußt werden, denn die Triebsphäre wendet viele Kunstgriffe an, um – das Ich täuschend – ihre Ziele durchzusetzen.

Einer dieser Kunstgriffe ist der von der Psychoanalyse aufgedeckte Mechanismus der Projektion. Darunter ist zu verstehen die Übertragung eigener Schwierigkeiten oder Konflikte auf andere Personen: wer etwa ungeschickt im Umgang mit Menschen ist, bezeichnet nicht sich selbst als Tölpel, sondern die anderen als voreingenommen oder böswillig. Die Projektion dient also der Entlastung des Bewußtseins von Inhalten, die das Selbstgefühl stören.«

(5) Der Gesichtspunkt der Wertinternalisierung hat bei der Diskussion um die Fristenlösung (Reform des § 218 StGB) eine wichtige Rolle gespielt. Die Verfassungsbeschwerde gegen die im 5. StrRG vorgesehene Fristenregelung ist u. a. damit begründet worden, daß nach gesicherter rechtssoziologischer Erkenntnis »strafrechtliche Normen normbildende Kraft für das sozialethische Urteil der Bürger besäßen« und deswegen auf die Strafsanktion nicht verzichtet werden dürfe. Das Bundesverfassungsgericht hat diesen Gedankengang aufgenommen und die generalpräventive Funktion des Strafrechts betont, indem es auf die »Fernwirkung« der Strafnorm und damit auf den Einfluß der Strafandrohung auf die Wertvorstellungen der Bevölkerung hingewiesen hat (vgl. oben LE 2/LS 4). Damit rückt der Prozeß der Sozialisation als Anpassung an bzw. Übernahme von herrschenden sozialen (und darin eingeschlossen rechtlichen) Normen in den Mittelpunkt der Diskussion um die Steuerung menschlichen Verhaltens.

(6) Das Bundesverfassungsgericht hat unter dem generalpräventiven Aspekt aber nicht nur die **mittelbare** Fernwirkung der Strafnorm hervorgehoben, sondern auch die **unmittelbar** motivierende Wirkung durch das Wissen um Rechtsfolgen und Strafrisiko berücksichtigt. Ausgangspunkt ist die Annahme, daß dem (Straf-) Recht verhaltenssteuernde Kraft i. S. der Generalprävention zukommt, eine Annahme, die freilich gerade erst soweit empirisch gesichert ist, daß sich feststellen läßt, sie beruhe jedenfalls »nicht nur auf Spekulationen« (*Kaiser* 1976, 97). Im Hinblick auf den Anstieg registrierter Kriminalität stellen sich in diesem Bereich noch umfangreiche sozialwissenschaftliche Forschungsaufgaben.

o Vgl. allgemein zur Generalprävention: *Eisenberg,* 1972, 142–148, *Kaiser* 1976, 93–98 und *Opp* 1973, 207–218 sowie zur Kritik aus lern- und verhaltenstheoretischer Sicht *Breland,* Prävention durch Strafdrohung?, ZRP 1972, 183–186.

Allein diese wenigen Textauszüge und Anmerkungen zeigen die Vielschichtigkeit des Problems der Begründung strafrechtlicher Sanktionen und die Verzahnung rechtlicher und sozialwissenschaftlicher Fragestellungen. Hinzukommt, daß (u. a. auch in dem tabellarischen Überblick) die Fragen nach dem **Grund** (z. B. Tatschuldausgleich in Form der Vergeltung) und dem **Zweck** von Strafe (z. B. Resozialisierung, Abschreckung, Sicherung) nicht immer klar genug voneinander getrennt worden sind. Vor dem Hintergrund mangelhafter Trennung zwischen Strafgrund und -zweck ist auch der Streit zwischen den Anhängern der absoluten Straftheorien (Schuld als **Grund** der Strafe) und denen der relativen Straftheorien (Schuld nur **Anlaß** der Strafe, **Grund** die Gefährlichkeit in bezug auf weitere Straftaten) zu sehen. Der Streit gilt spätestens seit Inkrafttreten der ersten beiden Strafrechtsreformgesetze als erledigt (*Otto* 1976, 24).

2.2.5 Rechtsgrund und Zweck der Strafe in der Strafrechtsreformgesetzgebung

In dem erklärten Bemühen, eine Brücke zwischen den verschiedenen Standorten der vorliegenden Entwürfe (»Entwurf eines Strafgesetzbuches – E 1962« einerseits und »Alternativ-Entwurf eines Strafgesetzbuches«, 1966, andererseits) zu schlagen, mußten die Strafrechtsreformgesetze in den grundlegenden kriminalpolitischen Entscheidungen zwangsläufig Kompromisse finden. Der Kompromißcharakter wird besonders deutlich, wenn man einmal gesondert nach der jeweiligen Funktion von Strafe bei der Strafandrohung, bei der Verhängung und Zumessung und schließlich bei dem Vollzug von Strafe fragt. In diesem Zusammenhang hatte der Gesetzgeber auch die Konsequenzen aus der Kritik zu ziehen, daß die einzelnen Straftheorien jeweils nur Teilaspekte berücksichtigten, wobei die Generalprävention auf der Gesetzgebungsebene, die Vergeltung bei der richterlichen Tätigkeit der Verhängung von Strafe und der Sanktionszumessung und schließlich die Spezialprävention beim Vollzug der Strafe als entscheidend angesehen würden (zur Kritik: *Roxin*, JuS 1966, 381 und *Hassemer* in *Lüderssen/Sack (Hrsg.)* III, 1977, 246).

2.2.5.1 Auf der Ebene der Gesetzgebung ist eine Festlegung der Zwecke von Strafen und Maßregeln im Hinblick auf einen möglichen Wandel der zugrunde liegenden Anschauungen bewußt unterblieben. Der Gesetzgeber ist hier insoweit einen Kompromiß eingegangen, als er einerseits dem Vorschlag des § 2 AE (»Strafen und Maßregeln dienen dem Schutz der Rechtsgüter und der Wiedereingliederung des Täters in die Rechtsgemeinschaft«) nicht gefolgt ist, andererseits aber für das Gesamtsystem strafrechtlicher Sozialkontrolle folgende (freilich nicht bindenden) kriminalpolitischen Leitlinien und Orientierungshilfen gegeben hat (BT-Dr V/4095, 3):

- »Wirksamer Schutz der Rechtsgüter des einzelnen und der Allgemeinheit,
- schuldangemessene und gerechte Beurteilung der Tat des straffällig gewordenen Bürgers,
- moderne Ausgestaltung des Sanktionensystems als wirksames Instrument der Kriminalpolitik mit dem Ziel einer Verhütung künftiger Straftaten, vor allem durch Resozialisierung des Straftäters«.

Diese kriminalpolitischen Erwägungen haben inzwischen Eingang in die Rechtsprechung gefunden. So führt z. B. der Bundesgerichtshof in BGHSt 24, 40 (42 f.) = NJW 1971, 439 aus:

»Dem 1. StrRG liegt der Gedanke zugrunde, daß die Strafe nicht die Aufgabe hat, Schuldausgleich um ihrer selbst willen zu üben, sondern nur gerechtfertigt ist, wenn sie sich zugleich als notwendiges Mittel zur Erfüllung der präventiven Schutzaufgabe des Strafrechts erweist. Einen wesentlichen Akzent hat der Gesetzgeber durch die Aufnahme der spezialpräventiven Klausel als Ziel des Strafzumessungsvorgangs in § 13 I 2 StGB[6] gesetzt. Die Tatsache, daß das Gesetz den Strafzweck der Generalprävention im Gegensatz zur mehrfachen Erwähnung des Gedankens der sozialen Anpassung (§§ 13 I 2, 14 I, 23 I StGB)[6] nicht ausdrücklich nennt, läßt für die Bemessung der Strafe eine bedeutsame Schwerpunktverlagerung auf den spezialpräventiven Gesichtspunkt im weitesten Sinne erkennen. Bei diesem Grundsatz der »Individualisierung« geht es nicht allein um die gezielte Einwirkung auf einen schon entsozialisierten Täter, die Verurteilung und sinnvoller Vollzug erreichen sollen (Resozialisierung), sondern auch um die Vermeidung unbeabsichtigter Nebenwirkungen von Verurteilung und Vollzug, etwa der Gefahr, daß die Strafe einen bisher sozial ausreichend eingepaßten Täter aus der sozialen Ordnung herausreißt. Die Strafvollstreckung soll sich nicht in einem sinnlosen Absitzen erschöpfen, sondern Behandlung im Vollzug sein. Grundsätzlich geht deshalb die Geldstrafe der Freiheitsstrafe, die Aussetzung dem Vollzug vor, soweit dies im Hinblick auf die zu erwartende kriminalpolitische Wirksamkeit der Rechtsgüterschutz zuläßt. Die kurze Freiheitsstrafe wird daher nur noch ausnahmsweise, ihr Vollzug nur unter ganz besonderen Umständen vorgesehen (§§ 14 I, 23 I StGB). Vor allem wird die vermehrte Durchführung einer »ambulanten« Behandlung des Täters in Freiheit angestrebt, die durch Weisungen sinnvoll gestaltet werden soll. Diesem Ziel dient die Erweiterung der Möglichkeit einer Strafaussetzung . . .«

Kritisiert wird an der kriminalpolitischen Gesamtkonzeption, daß die **Strafandrohung** ihre selbständige Bedeutung verloren habe, weil die Verschiedenheit der Zwecke auf den Stufen der Gesetzgebung, der Strafzumessung und des Vollzugs durch die kompromißlose Durchsetzung der Spezialprävention aufgegeben worden sei (*R. v. Hippel* 1976, 16 ff.). Die eigene Funktion der Strafandrohung sei »mit einem Wink entlassen« worden. Statt das durch die Antinomie geförderte Gebot der Pluralität zu achten, habe der Gesetzgeber einseitig Stellung genommen und »einen stark verkürzten Liszt[7] zum alleinigen Sieger proklamiert« mit der Folge, daß ein Delikt nicht länger »seinen Preis« habe und einzelne Sanktionen im Hinblick auf die ausschließlich täterbezogenen Zwecke nicht mehr als Strafe erschienen.

Mit diesen Argumenten und mit der Kritik an der noch immer nicht geleisteten Zuordnung der Maßregeln der Besserung und Sicherung zum Strafrecht begründet *R. v. Hippel* seine Forderung nach einer Reform der Strafrechtsreform.

Die Kritik kann insgesamt nicht überzeugen. Eine Relativierung der Bedeutung der Strafandrohung ist zumindest aus sozialwissenschaftlicher Sicht nicht unberechtigt[8], weil sich der Gesetzgeber zu oft von fragwürdigen, d. h. empirisch unkontrollierten Alltagstheorien über die generalpräventive Wirkung von Gesetzen hat leiten lassen (*Opp* 1973). Außerdem ist durch die ersten beiden Strafrechtsreformgesetze und das Strafvollzugsgesetz nur eine Schwerpunktverlagerung zugunsten der Spezialprävention erfolgt, doch ist die Zweckstrafe keineswegs »absolut gesetzt« worden, wie der Kompromiß bei der gesetzlichen Regelung der Strafzumessung besonders deutlich beweist.

2.2.5.2 Ein Vergleich der Grundsätze der Strafzumessung im geltenden Recht mit den Vorschlägen im Alternativ-Entwurf eines Strafgesetzbuches läßt den Kompromißcharakter des § 46 StGB klar erkennen.

§ 46 Grundsätze der Strafzumessung	§ 59 AE Grundsätze der Strafzumessung
(1) Die Schuld des Täters ist Grundlage für die Zumessung der Strafe. Die Wirkungen, die von der Strafe für das künftige Leben des Täters in der Gesellschaft zu erwarten sind, sind zu berücksichtigen.	(1) Die Tatschuld bestimmt das Höchstmaß der Strafe. Sie wird nach der Gesamtheit der belastenden und entlastenden Umstände beurteilt. Gesetzliche Tatumstände dürfen nicht mehrfach verwertet, unverschuldete Auswirkungen der Tat nicht berücksichtigt werden. Das Verhalten vor und nach der Tat ist nur zu berücksichtigen, soweit es auf das Maß der Tatschuld schließen läßt.
(2) Bei der Zumessung wägt das Gericht die Umstände, die für und gegen den Täter sprechen, gegeneinander ab. Dabei kommen namentlich in Betracht: die Beweggründe und Ziele des Täters, die Gesinnung, die aus der Tat spricht, und der bei der Tat aufgewendete Wille, das Maß der Pflichtwidrigkeit, die Art der Ausführung und die verschuldeten Auswirkungen der Tat, das Vorleben des Täters, seine persönlichen und wirtschaftlichen Verhältnisse sowie sein Verhalten nach der Tat, besonders sein Bemühen, den Schaden wiedergutzumachen.	(2) Das durch die Tatschuld bestimmte Maß ist nur insoweit auszuschöpfen, wie es die Wiedereingliederung des Täters in die Rechtsgemeinschaft oder der Schutz der Rechtsgüter erfordert.
(3) Umstände, die schon Merkmale des gesetzlichen Tatbestandes sind, dürfen nicht berücksichtigt werden.	

Der Unterschied zwischen den beiden Regelungen liegt einerseits in der Funktion, die der Schuld im Rahmen der Strafzumessung zuerkannt wird, und andererseits in der Regelung des Verhältnisses der verschiedenen Strafzwecke zueinander. Schuld erfüllt in der Form des Überschreitungsverbots ersichtlich eine andere Funktion als nach der Grundlagenformel. Wenn die Schuld die **Grundlage** für die Strafzumessung ist, bleibt für Präventionsgesichtspunkte nur noch begrenzt Raum[9]. Eine Abweichung vom Schuldmaß soll möglich sein, doch darf sie sich »nicht soweit von dem durch die Schuld gebotenen Maß entfernen, daß sie aufhört, gerechter Ausgleich für die Schuld und damit in ihrem Kern Schuldstrafe zu sein« (BT-Dr V/4094, 5). Anders als in § 59 II AE kann also z. B. aus Gründen der Wiedereingliederung des Täters nicht (bis zu dem durch den Rechtsgüterschutz gezogenen Untergrenze) auf Schuldvergeltung verzichtet werden.

An welcher Stelle innerhalb der Strafbemessung überhaupt Raum für die Berücksichtigung von spezial- und generalpräventiven Erwägungen bleibt, ist umstritten. Nach der sog. *Spielraumtheorie* [10] ist innerhalb des durch die einerseits **schon** und die andererseits **noch** schuldangemessene Strafe gezogenen Rahmens die Berücksichtigung von Präventionsgesichtspunkten zulässig (vgl. zu dieser auch vom Bundesgerichtshof – z. B. in BGHSt 7, 28, 32 – vertretenen Theorie: *Lackner*, 3 zu § 46 StGB). Demgegenüber dürfen nach der sog. **Stellenwerttheorie** Präventionsgesichtspunkte bei der Frage nach der Strafhöhe überhaupt noch nicht berücksichtigt werden, sondern erst bei den Folgefragen (Strafart, Strafaussetzung, Verwarnung mit Strafvorbehalt und Absehen von Strafe). *Horn* (in SK StGB § 46 Rn 24) formuliert als Faustregel: ›Repression‹ bei der Festlegung der Dauer der Strafe, ›Prävention‹, wenn es darum geht, ob und in welcher Art die schuldangemessene Strafe zu verhängen oder gar zu verbüßen ist.«
Gerade der Streit zwischen der Spielraum- und der Stellenwerttheorie beweist, wie berechtigt die Kritik ist, daß es sich bei § 46 I StGB verglichen mit § 59 AE um eine »mißglückte, weil nichtssagende und unbestimmte Regelung« und somit um eine »gesetzgeberische Fehlleistung von besonderem Rang« handele (*Stratenwerth* 1972, 13). Ein rationales Strafzumessungsrecht auf empirisch gesicherter sozialwissenschaftlicher Grundlage muß in der Tat erst noch geschaffen werden.

2.2.5.3 Sehr viel klarer sind die gesetzgeberischen Entscheidungen für die **Vollzugsebene.** Das (teilweise) am 1. Januar 1977 in Kraft getretene Strafvollzugsgesetz regelt in § 2 die Aufgaben des Vollzuges:

»Im Vollzug der Freiheitsstrafe soll der Gefangene fähig werden, küftig in sozialer Verantwortung ein Leben ohne Straftaten zu führen (Vollzugsziel). Der Vollzug der Freiheitsstrafe dient auch dem Schutz der Allgemeinheit vor weiteren Straftaten«.

Bei dieser Formulierung ist wichtig zu erkennen, daß der Schutz der Allgemeinheit nur **Aufgabe**, aber nicht selbständiges **Vollzugsziel** ist. Es gibt also auf der Ebene des Vollzuges keinen Zielkonflikt zwischen Resozialisierung und Schutz der Allgemeinheit (*Calliess/Müller-Dietz* 1977, Rn 4 zu § 2 StVollzG).
Für den Vollzug der freiheitsentziehenden Maßregeln der Unterbringung in einer sozialtherapeutischen Anstalt, in einem psychiatrischen Krankenhaus und in einer Entziehungsanstalt hat der Gesetzgeber die Ziele in den §§ 123, 136 und 137 StVollzG entsprechend dem § 2 StVollzG formuliert. Nur für die Sicherungsverwahrung ist mit dem Schutz der Allgemeinheit in § 129 StVollzG ein besonderes Vollzugsziel genannt, gleichzeitig aber auch bestimmt, daß dem Sicherungsverwahrten geholfen werden soll, »sich in das Leben in Freiheit einzugliedern«.
In der Regelung des § 2 StVollzG (Vollzugsziel: Resozialisierung bzw. Sozialisation) wird teilweise ein Widerspruch zu § 46 I StGB (Strafzweck: [u. a.] Schuldausgleich) gesehen (*Klussmann* 1973). Das ist jedoch ein Mißverständnis, weil beide Vorschriften ganz verschiedene Bezugsrahmen haben. Über § 46 StGB wird die Entscheidung getroffen, **ob** überhaupt eine Freiheitsstrafe verhängt und **ob** sie auch vollstreckt werden muß. Das Strafvollzugsgesetz regelt dagegen die Frage nach dem »**wie**« des Vollzuges der Freiheitsstrafe. Dabei markiert § 2 StVollzG die Leitlinie für die Vollzugsgestaltung.

2.3 Strafbemessung im Fall S

Mit der Feststellung, daß sich die Angeklagten eines gemeinschaftlich begangenen Autostraßenraubes in **Tateinheit** mit gemeinschaftlichem schweren Raub schuldig gemacht haben (III/12), ist eine erste Vorentscheidung für die Strafbemessung gefallen. Nach § 52 StGB wird nur auf **eine** Strafe erkannt, die nach dem Gesetz mit der schwersten Strafandrohung zu bestimmen ist. Dabei ist der im Einzelfall tatsächlich anzuwendende Strafrahmen maßgebend, d. h. Änderungen des Regelstrafrahmens sind zu berücksichtigen. Bei dem hier in Betracht kommenden § 316 a StGB ist also auch zu prüfen, ob es sich um einen minder schweren oder um einen besonders schweren Fall eines räuberischen Angriffs auf Kraftfahrer handelt. Drei verschiedene Strafrahmen können bei § 316 a StGB zur Anwendung kommen:
1. Freiheitsstrafe nicht unter fünf (und gem. § 38 II StGB bis zu fünfzehn) Jahren = Regelstrafrahmen,
2. lebenslange Freiheitsstrafe in besonders schweren Fällen,
3. Freiheitsstrafe nicht unter einem Jahr in minder schweren Fällen.

In den beiden letzten Fällen handelt es sich um sog. **unbenannte Strafänderungen**, die im Gegensatz zu den benannten Strafänderungen (z. B. die

gemeinschaftlich begangene Körperverletzung, § 223 a StGB) nicht als zusätzliche Tatbestandsmerkmale, sondern als Strafzumessungsregeln anzusehen sind (BGHSt 2, 181). Welche Kriterien für eine Änderung des Regelstrafrahmens im einzelnen ausschlaggebend sind, hat der Gesetzgeber nicht festgelegt. Eine Orientierungshilfe bietet § 62 Entw. 1962, nach dem Faktoren die Tat dann zu einem besonders schweren Fall machen, »wenn sie Unrecht **und** Schuld wesentlich erhöhen«, und zu einem minder schweren Fall, »wenn sie Unrecht **oder** Schuld wesentlich mindern«. Zu den Umständen, die regelmäßig zu einer Milderung des Strafrahmens führen (bzw. führen sollten), gehört die verminderte Schuldfähigkeit i. S. des § 21 StGB (BGH NJW 1976, 1326). Im vorliegenden Fall kam es also entscheidend darauf an, ob sich S zum Zeitpunkt der Tat in einem alkoholbedingten, zu einer erheblichen Verminderung der Schuldfähigkeit führenden Rauschzustand befand. Das ist bei einer Blutalkoholkonzentration um oder über 2‰ der Fall (vgl. OLG Hamm NJW 1974, 614, 615). Bei S hat das Gericht die Frage nach einer alkoholbedingten verminderten Schuldfähigkeit i. S. des § 21 StGB verneint und auch sonst keine strafrahmenverändernden Faktoren gefunden, so daß Anknüpfungspunkt für weitere Strafzumessungserwägungen der Regelstrafrahmen des § 316 a I StGB (Freiheitsstrafe nicht unter 5 und bis zu 15 Jahren) ist.

Aufgabe des Richters bei der Strafzumessung ist es, die konkrete Tat zu gewichten und das Maß der Schuld in eine innerhalb des anwendbaren Strafrahmens liegende Strafhöhe umzurechnen. *Ostermeyer* (1971, 79) hat diesen richterlichen Strafzumessungsvorgang mit einem Bild aus dem Bereich des Sports zu veranschaulichen versucht, indem er die Zumessung einer Strafe mit dem Weitsprung verglichen hat: Der Richter springe bei der Tat ab, durcheile eine Sphäre des Ungewissen und lande irgendwo zufällig im gesetzlichen Strafrahmen. Dieser Sprung sei unkontrollierbar und irrational, nicht von Erkenntnis gesteuert, weil eine Ortung nicht möglich sei, und außerdem in ideologischen Nebel eingehüllt, der in Form der ausführlichen Kasuistik anerkannter Bemessungsfaktoren die Irrationalität verschleiere.

Die Kritik an der Meßbarkeit von Schuld und ihrer Umrechenbarkeit in Strafe ist berechtigt, erscheint in ihrer Pauschalität aber überzogen. Um im Bild des Sports zu bleiben: Der Weitspringer landet eben nicht zufällig irgendwo in der Sprunggrube, sondern zielgerichtet nach einem ausdauernden Training gerade der Flug- und Landephase. Die jeweils erzielte Weite ist nur relativ unwesentlichen, von Tagesform und Motivation abhängigen Schwankungen unterworfen. Übertragen auf den Strafzumessungsvorgang bedeutet das, daß ein entsprechendes »Trainingsprogramm« dem Richter gleichmäßig rationale Leistungen ermöglicht.

Ein solches »Trainingsprogramm« hat von folgenden Rahmenbedingungen auszugehen:
– Die Strafzumessung nach § 46 StGB erfordert eine »Ganzheitsbetrach-

tung von Tatgeschehen und Täterpersönlichkeit« (BGH NJW 1976, 1326). Diesem Gebot zur Individualisierung widersprechen die z. B. von den Verkehrsgerichtstagen beschlossenen Strafzumessungsempfehlungen in Form von pauschalierten Taxstrafen für »mittlere Schuld« (vgl. die berechtigte Kritik von *Jagusch* 1970). Ihre Berücksichtigung im Strafprozeß ist gesetzwidrig, auch wenn die Ziele einer größeren Rechtssicherheit und Rechtsgleichheit anerkennenswert sind.

- Aus ähnlichen Erwägungen müssen auch mathematische Strafzumessungsmethoden ausscheiden (*Bruckmann* 1973).
- Trotz und mithilfe des unglücklich gefaßten § 46 StGB gilt es, den Zustand zu überwinden, den *Wach* im Jahre 1890 (zitiert nach *Spendel* 1964) zutreffend und auch heute noch aktuell so charakterisiert hat:

  »Die richterliche Strafzumessung ist zum guten Teil Willkür, Laune, Zufall. Das ist öffentliches Geheimnis, jedem schmerzliche Erfahrungstatsache« (S. 41).

- Erforderlich ist zunächst eine neue Standortbestimmung der Strafzumessung im Verhältnis zur Tatsachenfeststellung und zur Rechtsanwendung. Gerade im Fall S wird das bestehende Mißverhältnis besonders deutlich. Aufgrund der kriminalpolitischen Zielrichtung der ersten beiden Strafrechtsreformgesetze hat sowohl in der Hauptverhandlung als auch in den schriftlichen Urteilsgründen eine Schwerpunktverlagerung zugunsten der Strafzumessungserwägungen stattzufinden. Dabei sollte sich der Richter einmal in die Lage des Angeklagten versetzen, für den die Fragen nach der Strafhöhe und ihrer Begründung wichtiger als juristische Detailfragen sind. Mangels juristischer Probleme erscheint dem Richter die Strafzumessung dagegen als nebensächliche Anhangsaufgabe, wie leerformelhafte Wendungen in den Urteilsgründen beweisen (*Ostermeyer* 1971, 86).

Auch im Fall S kann die Begründung, die Verhängung einer empfindlichen Freiheitsstrafe sei erforderlich, um »in fühlsamer und nachhaltiger Weise das Unrecht der Verhaltensweise vor Augen zu führen und die Tat schuldangemessen zu sühnen« (III/14), den Entscheidungsvorgang des Gerichts bei der Bestimmung der Strafhöhe nicht transparent werden lassen. Außerdem wählt die Strafkammer mit »Sühne« anstelle von Vergeltung eine falsche Bezeichnung und orientiert sich bei der Strafzumessung einseitig an diesem Strafzweck, indem sie entgegen § 46 I 2 StGB Präventionsgesichtspunkte völlig ausblendet. Auch in diesem Fall gilt also die Feststellung *Stratenwerths* (1972, 31), daß die Schuldfrage der Rechtsprechung den Blick für eine präventiv orientierte Strafzumessung verstellt.

- Dabei hat der Gesetzgeber mit der Formulierung, »die Wirkungen, die von der Strafe für das künftige Leben des Täters in der Gesellschaft zu erwarten sind«, seien bei der Zumessung der Strafe zu berücksichtigen, ausdrücklich auf zwei Punkte aufmerksam gemacht: Erstens ist die Strafe nach § 46 I 2 StGB an den Erfordernissen der Spezialprävention in Form der Resozialisierung auszurichten und zweitens sind in diesem Zusammenhang auch die entsozialisierenden Wirkungen der Strafe zu prüfen (BT-Dr V/4094,4), die sich bei der vollzogenen Freiheitsstrafe am kürzesten mit den Schlagworten »Degradierung, Prisonisierung und Stigmatisierung« umschreiben lassen (so *Schneider* 1976, 454). Verlangt wird also eine **Strafzumessung auf kriminologischer Grundlage.** Kenntnis des aktuellen Standes kriminologischer Ursachen- und Behandlungsforschung ist also ebenso erforderlich wie die Fähigkeit des Strafjuristen, sich mit den Ergebnissen der Instanzenforschung kritisch auseinanderzusetzen und eigenes Handeln infrage zu stellen (»Zurechtschneidern« von Strafzumessungsgründen mit der Folge einer Diskrepanz zwischen den im Urteil schriftlich fixierten und den wahren Zumessungserwägungen). Solange es noch keine zweigeteilte Hauptverhandlung mit der Möglichkeit gibt, im zweiten Teil Sozialwissenschaftler als kriminologische Sachverständige zu bestellen, muß sich der Richter das nötige empirische Wissen selbst aneignen (lebenslanges Lernen auf interdisziplinärer Grundlage). Von daher ist es nur folgerichtig, wenn *Schaffstein* (1973, 116) die Berücksichtigung kriminologischen Erfahrungswissens in den einschlägigen praxisorientierten StGB-Kommentaren insbesondere bei den Erläuterungen zu den §§ 46, 47 und 56 StGB verlangt. Dadurch könnten gleichzeitig die Berührungsängste von juristischen Praktikern und Sozialwissenschaftlern abgebaut und mit dem Vorurteil aufgeräumt werden, die Kriminologie könne keine in die Praxis umsetzbaren Ergebnisse für eine rationale Strafbemessung vorweisen. Das kriminologische Wissen reicht zwar noch längst nicht aus, auf empirischer Grundlage eine ebenso umfassende und überzeugende Darstellung der Strafzumessungslehre zu geben, wie wir sie auf dogmatischer Grundlage bei *Bruns* (1974) finden, doch ist das Erfahrungswissen wesentlich größer als von der Praxis zur Kenntnis genommen; ein Blick in die kriminologischen Lehrbücher von *Göppinger* (1976) und *Kaiser* (1976) oder in die Arbeit von *Schöch* (1973) beweist das.

— Kriminologisch aufzuarbeiten ist vor allem der Katalog exemplarischer Strafzumessungsfaktoren in § 46 II StGB. Nur dadurch kann die Strafzumessung von einer »vulgärmoralisierenden Betrachtungsweise« (*Bruns* 1974, 592) freigehalten werden, wie sie sich etwa bei der **Würdigung des Nachtatverhaltens** (z. B. Reue) einschleichen könnte. Wenn zu den wichtigsten Orientierungspunkten der Strafzumessung das **Vorleben des Täters** zählt, so gehören dazu auch eventuelle **Vorstrafen.** Kriminologisch verfehlt ist jedoch die Praxis, Vorstrafen regelmäßig strafschärfend zu berücksichtigen. Stattdessen sind der Standort der »Vorstraftat« und des jetzt abzuurteilenden Verhaltens im Lebenslängsschnitt des Täters festzustellen und dabei die Entstehungszusammenhänge von Kriminalität (in der gesamten oben unter LE 5/LS 4 dargestellten Bandbreite) ebenso zu berücksichtigen wie mögliche Negativfolgen der Vorstrafen z. B. in Form der Stigmatisierung.

Bei dem Strafzumessungsfaktor der **Art der Tatausführung** schließlich sind auch die Beziehungen zwischen Täter und Opfer zu erörtern. Als Teilbereich der Kriminologie beschäftigt sich die **Viktimologie** mit der Rolle des Opfers bei der Entstehung von Kriminalität (vgl. *Schneider* 1975).

Im Fall S ist die Strafkammer auf die Täter-Opfer-Beziehung eingegangen und hat das Ausnutzen der Freigebigkeit und der alkoholbedingten »etwas hilflosen« Lage des R strafschärfend bewertet. Eine viktimologische Analyse der Situation, wie R zum Opfer geworden ist, hätte aber zum genau gegenteiligen Ergebnis führen können, daß Alkoholbeeinflussung und Freigebigkeit als eine Art »mitwirkenden Verschuldens« eher strafmildernd zu berücksichtigen sind.

Auch an dieser Stelle zeigt sich also nochmals die Notwendigkeit, kriminologisches Wissen bei der Strafzumessung zu verwerten.

2.4 Entscheidung im Fall B

Bei der Straffrage hatte das Gericht zunächst zu entscheiden, ob im Fall des zur Tatzeit noch 19jährigen Heranwachsenden B Jugendstrafrecht oder allgemeines Strafrecht anzuwenden ist. Die Strafkammer hat sich für die Anwendung von Jugendstrafrecht mit der Begründung entschieden, B sei gegenüber Gleichaltrigen **zurückgeblieben** (III/13). Diese Formulierung könnte den Schluß nahelegen, daß die Anwendung von Jugendstrafe auf Heranwachsende nach § 105 JGG die Ausnahme, die Anwendung allgemeinen Strafrechts dagegen die Regel ist. Tatsächlich ist die erst seit 1953 bestehende Möglichkeit der Einbeziehung der Heranwachsenden in die Jugendgerichtsbarkeit von der Rechtsprechung zunächst auch so gesehen worden. Seitdem hat sich aber ein grundlegender Wandel vollzogen, der schließlich zu einer Umkehrung des Regel-Ausnahme-Verhältnisses geführt hat. Betrug der prozentuale Anteil der wegen Verbrechen und Vergehen (ohne Vergehen im Straßenverkehr) nach Jugendstrafrecht verurteilten Heranwachsenden im Jahre 1954 nur 24,2%, so stieg er im Jahre 1974 auf 59,1% (errechnet nach der **Rechtspflegestatistik** 1954 und 1974, 52). Bei schweren Delikten ist die Anwendung von Jugendstrafrecht sogar noch häufiger. In der hier interessierenden Straftatengruppe »Raub und Erpressung (§§ 249–255, 316 a StGB)« sind im Jahre 1974 nur 10,7% der Heranwachsenden nach allgemeinem Strafrecht und 89,3% nach Jugendstrafrecht verurteilt worden.

Zwei Interpretationen, die sowohl von der ständigen Rechtsprechung als auch von der herrschenden Lehre anerkannt worden sind, haben entscheidend dazu beigetragen, daß § 105 I Nr. 1 JGG nicht länger als Ausnahmevorschrift erscheint:

Im Hinblick auf das Problem der Reifungsdisharmonie ist das Wörtchen »**und**« in der gesetzlichen Fassung »nach seiner geistigen **und** sittlichen Entwicklung« als »**oder**« zu verstehen.
Wenn § 105 I Nr. 1 JGG für die Anwendung von Jugendstrafrecht verlangt, daß der Heranwachsende zur Zeit der Tat noch einem **Jugendlichen** gleichstand, so ist damit nicht der 14- bis 17jährige Jugendliche i. S. des § 1 II JGG gemeint. Entscheidend ist vielmehr, ob bei dem Heranwachsenden »Entwicklungskräfte noch in größerem Umfang« wirksam sind (BGHSt 12, 116, 118). Ein **Zurückbleiben** gegenüber Gleichaltrigen (Retardierung) ist also nicht erforderlich.
Wohl aber deutet der noch längst nicht vollzogene Ablösungsprozeß vom Elternhaus bei B darauf hin, daß seine Persönlichkeit noch nicht »ausgeformt« ist. Damit sind über § 105 I Nr. 1 JGG die Weichen in Richtung auf die Anwendung von Jugendstrafrecht gestellt.
Auch wenn sich die gesetzestechnischen Mängel mithilfe der genannten Interpretationsmöglichkeiten abmildern lassen, bleibt § 105 JGG eine Gefahr für die Rechtsgleichheit und Rechtssicherheit, weil die verlangte Reifebeurteilung nach subjektiven Kriterien von Richtern und Sachverständigen erfolgt (vgl. zum gesamten Problembereich *Schaffstein* 1976). Deswegen werden als generelle Lösungsmöglichkeiten die volle Einbeziehung der Heranwachsenden in das Jugendstrafrecht oder das allgemeine Strafrecht sowie die Schaffung eines eigenständigen Jungtäterrechts diskutiert.
Gegen eine generelle Anwendung des allgemeinen Strafrechts und für eine vollständige Einbeziehung der Heranwachsenden in das Jugendstrafrecht sprechen kriminologische Erkenntnisse (*Brunner* 1975, Vorbem. zu § 105 JGG). Nach Senkung des Volljährigkeitsalters von 21 auf 18 Jahre dürften jedoch einer solchen Lösung erhebliche Widerstände entgegengesetzt werden. Die eleganteste Lösung ist sicherlich die Schaffung eines neuen Jungtäterrechts, das, nachdem das 21. Lebensjahr als Zäsur seine Bedeutung verloren hat, auf die 18- bis 25- (oder 27-) Jährigen angewendet werden sollte, um den in dieser Altersgruppe bestehenden größeren Erfolgsaussichten spezialpräventiver Maßnahmen vor allem ambulanter Art (»Bewährung in Freiheit«) Rechnung zu tragen. Wichtige Impulse für entsprechende Gesetzesinitiativen sind von der »Denkschrift über die kriminalrechtliche Behandlung junger Volljähriger« (1977), die von einer Kommission der Deutschen Vereinigung für Jugendgerichte und Jugendgerichtshilfen erarbeitet worden ist, und dem 17. Deutschen Jugendgerichtstag (Saarbrücken 1977) mit dem Thema »Junge Volljährige im Kriminalrecht« zu erwarten.
Im Fall B hat die Strafkammer aus der Anwendung des Jugendstrafrechts als weitere Konsequenz die Verhängung einer Jugendstrafe hergeleitet (Strafrahmen gem. § 18 I JGG = 6 Monate bis zu 10 Jahren Jugendstrafe; die Strafrahmen des allgemeinen Strafrechts gelten hier nicht). Zur Begründung hat sie auf die **Schwere der Schuld** verwiesen, damit aber nur den Wortlaut des § 17 II 2. Alt. JGG wiederholt. Lediglich aus der Tatsache,

daß B nicht der aktive Teil gewesen ist und außerdem den Schaden teilweise wiedergutgemacht hat, erklärt sich der Unterschied in der Strafhöhe zwischen den 5 Jahren Jugendstrafe bei B und den 6 Jahren Freiheitsstrafe bei S. Die Eigenständigkeit jugendstrafrechtlicher Sanktionen, insbesondere die Tatsache, daß es sich bei der Jugendstrafe gegenüber der Freiheitsstrafe des allgemeinen Strafrechts um ein »aliud« handelt, hat das Gericht nicht berücksichtigt. Daß es die auch für die Jugendstrafe wegen Schwere der Schuld geltende **Strafzumessungsregel des § 18 II JGG** beachtet hat, nach der die Strafe im Hinblick auf die erforderliche erzieherische Einwirkung zu bemessen ist, läßt sich den Urteilsgründen nicht entnehmen.

LS 3: Revisionsurteil

Sowohl S als auch B haben gegen das Urteil der Strafkammer Revision eingelegt. Die Revision ermöglicht eine Nachprüfung des angefochtenen Urteils in **rechtlicher,** nicht aber in **tatsächlicher** Hinsicht (§ 337 StPO). Revisionsgericht ist im vorliegenden Fall nach den §§ 135, 121 I Nr. 1c GVG der Bundesgerichtshof, bei dem der erkennende Senat in der Besetzung von fünf Richtern über das Rechtsmittel der Revision verhandelt und entscheidet. Die nach § 333 StPO zulässige Revision ist in beiden Fällen form- und fristgerecht eingelegt und begründet worden (§§ 341, 344, 345 StPO).

3.1 Revision des S

S hat mit der sog. **Verfahrensrüge** zunächst prozessuale Fehler geltend gemacht, die Revision dem § 344 II StPO entsprechend begründet und auf den absoluten Revisionsgrund[11] des § 338 Nr. 3 StPO gestützt. Er geht davon aus, daß sein Ablehnungsgesuch gegen die beiden beisitzenden Richter am Landgericht H und R zu Unrecht verworfen worden ist. Um die Ausführungen des BGH zu diesem Punkt (IV/3 f.) verstehen zu können, sind zusätzliche Hintergrundinformationen nötig:

Die Hauptverhandlung gegen S und B war bereits bis in das Stadium der Beweisaufnahme gelangt, als einer der beiden Schöffen verstarb. Da nach dem Grundsatz des § 226 StPO von der Eröffnung der Hauptverhandlung bis zur Verkündung des Urteils Richter und Schöffen nicht ersetzt werden dürfen (und kein Ergänzungsrichter i. S. des § 192 II GVG zur Verhandlung hinzugezogen worden war), mußte die gesamte Hauptverhandlung wiederholt werden. In der früheren, von dem vorsitzenden Richter am Landgericht N geleiteten Hauptverhandlung hatte die Verlobte des S, die Zeugin W, nach Belehrung über ihr Zeugnisverweigerungsrecht (§ 52 I Nr. 1 StPO) ausgesagt, in der wiederholten Hauptverhandlung dagegen von diesem Recht Gebrauch gemacht. Daraufhin ist in der wiederholten, von dem vorsitzenden Richter am Landgericht P geleiteten Hauptverhandlung beschlossen worden, den damaligen Vorsitzenden N als Zeugen über die Aussage der Verlobten W zu hören. An diesem Beschluß haben die Richter H und R mitgewirkt, die auch schon in der früheren Hauptverhandlung beisitzende Richter gewesen sind.

Aus diesem Verfahrensablauf ergeben sich zwei interessante strafprozessuale Fragestellungen, 1. ob hinsichtlich der früheren Aussage der Zeugin W, S habe ihr gegenüber die Tat zugegeben, ein Verwertungsverbot besteht und 2. ob die Mitwirkung der beiden beisitzenden Richter H und R an der früheren Hauptverhandlung Grund für die Besorgnis ihrer Befangenheit sein kann.

Ausgangspunkt bei der ersten Frage ist die Regelung des § 252 StPO. Danach dürfen Aussagen eines vor der Hauptverhandlung (oder in einer vorangegangenen Hauptverhandlung) vernommenen Zeugen nicht **verlesen** werden, wenn er erst in der (wiederholten) Hauptverhandlung von seinem Zeugnisverweigerungsrecht Gebrauch macht. Nach dem **Wortlaut** dieser Vorschrift müßte es demnach zulässig sein, die frühere Aussage **mittelbar** durch Vernehmung der damaligen Verhörsperson (Vorsitzender Richter N) in die Hauptverhandlung einzuführen. Nun kommt allerdings der grammatikalischen Auslegungsmethode für sich allein keine entscheidende Bedeutung zu. Sie ist nur in Verbindung mit anderen Methoden, namentlich der teleologischen Auslegung, anzuwenden (*Engisch* 1971, 63 ff.). Aus dem **Zweck** der Vorschrift, eine frühere Aussage für die Überzeugungsbildung des erkennenden Gerichts auszuschließen, ergibt sich aber nicht nur ein **Verlesungs-**, sondern ein allgemeines **Verwertungsverbot** (vgl. *Schäfer* 1976, 288). Über die frühere Aussage des jetzt das Zeugnis verweigernden Zeugen dürfen also Verhörspersonen nicht als Zeugen vernommen werden. Nach Ansicht des Bundesgerichtshofs (z. B. BGHSt 13, 394 und 17, 324) sollen jedoch Ausnahmen von diesem Grundsatz zulässig sein, wenn der jetzt das Zeugnis verweigernde Zeuge früher **nach Belehrung** und **von einem Richter** vernommen worden ist.

Eine solche Ausnahmeregelung mag bei Straftaten im sozialen Nahraum (bestimmte Sexualstraftaten, Kindesmißhandlung), bei denen es meist nur weigerungsberechtigte Zeugen gibt, kriminalpolitisch durchaus wünschenswert sein, sie läßt sich aber aus dem Grundgedanken des § 252 StPO nicht überzeugend ableiten.

Im Hinblick auf die ständige Rechtsprechung des BGH konnte die Verfahrensrüge des S im ersten Punkt nicht durchgreifen.

Zum zweiten Punkt (Besorgnis der Befangenheit) hatte S vorgetragen, die beiden beisitzenden Richter H und R hätten in der früheren Hauptverhandlung durch zustimmendes Kopfnicken deutlich zu verstehen gegeben, daß sie den Zeugen R (Tatopfer) für glaubwürdig hielten. Es bestehe deswegen die Gefahr, daß sie an ihrer früheren (für ihn nachteiligen) Auffassung zumindest unbewußt festhielten und in der neuen Hauptverhandlung nicht

unvoreingenommen genug seien. Darin **allein** konnte der BGH jedoch noch keinen Grund für eine Besorgnis der Befangenheit erblicken. Insoweit sind die früheren Ablehnungsgesuche mit Recht verworfen worden, so daß der absolute Revisionsgrund des § 338 Nr. 3 StPO nicht gegeben ist.
Bei der Entscheidung über die **Sachrüge**, mit der S die Verletzung materiellen Rechts im Strafausspruch geltend macht, betont der BGH, daß dem Tatrichter bei der **Strafzumessung** ein **Ermessensspielraum** eingeräumt ist. Die revisionsgerichtliche Nachprüfbarkeit ist damit auf die Fälle fehlerhafter Ermessensausübung (Ermessensüberschreitung und Ermessensmißbrauch) beschränkt. Im übrigen sind Angriffe gegen das bei der Strafzumessung eingeräumte Ermessen unzulässig. Diese Konsequenz ergibt sich aus der vom BGH vertretenen Spielraumtheorie; bei den Anhängern der Theorie der Punktstrafe muß sie folglich auf Ablehnung stoßen. Die Kritik gipfelt in der Frage, ob es im Strafrecht auf der Tatbestands- und/oder der Rechtsfolgenseite überhaupt ein Ermessen i. S. eines Wählendürfens nach eigenem Abwägen gibt bzw. geben darf (vgl. die berechtigten Bedenken bei *Frisch* 1973).

3.2 Revision des B

Außer Verfahrensrügen, die aus formellen Gründen keinen Erfolg haben konnten, hat B mit der Sachrüge die Verletzung materiellen Rechts sowohl im Schuldausspruch als auch im Strafausspruch geltend gemacht.
Zur Problematik des § 316 a StGB und damit zum Schuldausspruch ist bereits oben in LE 4/LS 4.2 Stellung genommen worden.
Daß das angefochtene Urteil auf die Revision des B im **Strafausspruch** aufgehoben werden mußte, ergibt sich aus der bloßen Wiederholung des Gesetzeswortlauts (»Schwere der Schuld«). Sie kann eine Begründung nicht ersetzen, wenn nicht gleichzeitig eine Gesamtwürdigung von Täter und Tat erfolgt. Nach den §§ 353, 354 II StPO war die Sache deswegen an eine andere Kammer des Landgerichts zurückzuverweisen. Funktionell zuständig ist nach Rechtskraft des Urteils gegen S nunmehr die **Jugendkammer**.
Wichtig ist in dem Revisionsurteil schließlich noch der ausdrückliche Hinweis auf die Entscheidung BGHSt 16, 261 (263), die in der Literatur nahezu einhellig abgelehnt wird (Nachweise bei *Brunner*, 5 a zu § 17 JGG). In der umstrittenen Entscheidung lautet die auch für den Fall B aktuelle Passage:

»Indessen wird die Strafkammer in der neuen Hauptverhandlung aus dem in § 17 JGG vorgesehenen Grund der Schwere der Schuld nur dann auf Jugendstrafe erkennen dürfen, wenn diese aus erzieherischen Gründen erforderlich ist. Denn für die Frage, ob und in welcher Höhe die reine Schuldstrafe dieser Bestimmung verhängt werden soll, ist in erster Linie das Wohl des Jugendlichen maßgebend. Von ausschlaggebender Bedeutung sind dabei seine charakterliche Haltung und sein

Persönlichkeitsbild. Demgegenüber kommt dem äußeren Unrechtsgehalt seiner Tat nur insofern Bedeutung bei, als aus ihm Schlüsse auf die Persönlichkeit des Täters und die Schuldhöhe gezogen werden können. Gesichtspunkte des Schutzes der Allgemeinheit müssen dagegen zurücktreten.«

Die Kritik an dieser Entscheidung richtet sich gegen die angeblich unzulässige Harmonisierung von Erziehungs- und Schuldstrafe. Der BGH tabe die **Doppelnatur der Jugendstrafe** nicht hinreichend beachtet. Die **Sozialisationsfunktion** der Jugendstrafe sei nur ausschlaggebend, wenn in der Tat des jungen Menschen **schädliche Neigungen** hervorgetreten sind. Die wegen der **Schwere der Schuld** erforderliche Strafe erfülle dagegen in der Form einer echten Kriminalstrafe die Funktion der **Vergeltung** (*Schaffstein* 1972). Ohne Rücksicht auf Erziehungsbedürftigkeit und Erziehungsfähigkeit des Täters müsse in den Fällen schwerer Schuld dem elementaren Sühnebedürfnis der Allgemeinheit Rechnung getragen werden (*Schaffstein* 1977, 94).

Ein solches Verständnis des § 17 II JGG wird jedoch der Eigenständigkeit des Jugendstrafrechts nicht gerecht. Die zweite Alternative des § 17 II JGG wird zum Einfallstor für Erwägungen aus dem Bereich des allgemeinen Strafrechts. Mit dem sonst das gesamte Jugendstrafrecht beherrschenden Erziehungsgedanken wird ohne Not gebrochen. Von daher ist das Harmonisierungsstreben des BGH überzeugender als die dogmatisch freilich beachtliche Kritik. *Schaffstein* (1976, 106) selbst hat in einem anderen Zusammenhang einmal ausgeführt, daß viele Möglichkeiten des Jugendgerichtsgesetzes entweder noch nicht erkannt oder noch nicht ausgeschöpft worden seien, weil man »allzu konservativ an dem aus dem Erwachsenenstrafrecht Gewohnten« festgehalten habe. *Schaffstein* hat dabei vor allem an die Möglichkeiten der §§ 19 (Jugendstrafe von relativ unbestimmter Dauer) und 27 (Aussetzung der **Verhängung** und nicht erst der **Vollstreckung** der Jugendstrafe) gedacht. Seine Kritik an der zu konservativen Grundeinstellung gegenüber dem JGG ist aber auch gegenüber dem starren Festhalten an der »Doppelnatur der Jugendstrafe« berechtigt. (*Schaffstein* müßte also konsequenterweise seine eigene Kritik an der BGH-Rechtsprechung einmal überprüfen). Dieses Plädoyer für eine durchgängige Berücksichtigung des Erziehungsgedankens auch bei der wegen der Schwere der Schuld verhängten Jugendstrafe darf aber nicht von der grundlegenden Problematik ablenken, ob **entwicklungspsychologisch** und **pädagogisch** ein solches Konzept der »Erziehung durch Strafe« überhaupt sinnvoll sein kann.

Als Ziel der Erziehung wird im JGG ein »rechtschaffener und verantwortungsbewußter Lebenswandel« genannt (§§ 91, 19, 21 JGG). Auch soll das Ehrgefühl des Jugendlichen geweckt und ihm »eindringlich zum Bewußtsein« gebracht werden, »daß er für das von ihm begangene Unrecht einzustehen hat« (§§ 90, 13 JGG). Dieses Ziel soll bei 14- bis 21jährigen erreicht werden, die sich – wenn man einmal die Entwicklungs- und

Reifestufen berücksichtigt – meist schon jenseits der Pubertät und damit jenseits der Erziehbarkeit befinden. »Der in der Pubertät neu aufflammende Geschlechtstrieb, der das Kind mit seinen Energien überschwemmt«, setzt seiner **Erziehbarkeit** ein Ende (*Anna Freud* 1971, 43). Weitere Probleme zeigen sich nach einem Überblick über die Entwicklungs- und Reifestufen (vgl. dazu *Anna Freud* 1971).

Tabelle 23
Entwicklungs- und Reifestufen

	Alter (ungefähr)	Aufgabe	
Kleinkindphase	1– 5	motorische Entwicklung	
Latenzphase	6–11	soziales Lernen	begleitet von dem Erwerb intellektueller Fähigkeiten und der Entwicklung des Ich-Leistungspotentials
Pubertät	12–14	emotionales Lernen	
Adoleszenz	15 und darüber	Konsolidierung zum Erwachsenen	

Zu den Unterschieden der Erziehungsmöglichkeiten in der ersten Kindheitsphase und der Latenzperiode führt *Anna Freud* (1971, 45) aus:

»Die ersten Erzieher und das kleine Kind stehen sich gegenüber wie zwei feindliche Parteien. Die Eltern wollen etwas, was das Kind nicht will, das Kind will, was die Eltern nicht wollen. Das Kind verfolgt seine Ziele mit seiner ganzen ungeteilten Leidenschaft; den Eltern bleibt dem gegenüber nichts übrig als Drohungen oder die Anwendung von Gewalt. Hier steht eine Absicht diametral gegen die andere. Daß der Sieg fast immer auf seiten der Eltern bleibt, ist nur ihren größeren körperlichen Kräften zuzuschreiben.
Ganz anders liegen die Verhältnisse in der Latenzperiode. Das Kind, das dem Erzieher jetzt gegenübersteht, ist kein ungeteiltes Wesen mehr. Es ist . . . im Innern gespalten. Selbst wenn sein Ich gelegentlich noch die früheren Ziele verfolgt, steht doch sein Über-Ich, die Fortsetzung der Eltern, auf seiten der Erzieher. Hier entscheidet die Klugheit der Erwachsenen über die Größe der Erziehungsmöglichkeiten.«

Wenn aber mit ungefähr sechs Jahren die Gewissensbildung (Über-Ich) abgeschlossen ist, sind strikte Verbote ohne jede Begründung sinnlos. Erziehung muß daher von dieser Phase an zu einem immer stärker auf Vereinbarungen basierenden wechselseitigen Prozeß werden. Will man also im Jugendstrafrecht trotz der Bedenken der Erziehbarkeit jenseits der Pubertät mit der Verwirklichung des Erziehungsgedankens ernst machen, so muß ein entsprechender wechselseitiger Prozeß ingang gesetzt werden.

Das bedeutet, daß der Jugendliche, der sich entwicklungsmäßig in der aktiven Phase des Ausprobierens und der Verselbständigung befindet, durch Gericht und Vollzug nicht in eine passive Objektrolle gedrängt werden darf.
Ein Konzept der »Erziehung durch Strafe« läßt sich überzeugend erst verwirklichen, wenn die **Fremdbestimmung** des Jugendlichen durch den Erwachsenen auf ein Mindestmaß reduziert wird.
Außerdem müßte der Jugendrichter, der ja nach § 37 JGG erzieherisch befähigt und in der Jugenderziehung erfahren sein soll, durch eine sozialwissenschaftlich orientierte Juristenausbildung oder Weiterbildung auf die entsprechenden (sozial-)pädagogischen Aufgaben vorbereitet werden. Auf die Paradoxie, daß der Jugendrichter regelmäßig gar nicht in der Lage ist, den »sozialen und pädagogischen Hintergrund der Jugenddelinquenz zu beurteilen«, sowie auf weitere Paradoxien in der Konzeption der Jugendstrafe hat *Kupffer* (1974) aus pädagogischer Sicht nachdrücklich aufmerksam gemacht.

o Lesen Sie: *Kupffer*, Erziehung als Strafform?, KrimJ 1974, 249–260.

LS 4: Urteil der Jugendkammer gegen B

Aufgabe: • Vergleichen Sie die Ausführungen zur Strafbemessung im Urteil der Strafkammer (III/13 f.) und im Urteil der Jugendkammer (V/2–4).
• Überprüfen Sie, ob und inwieweit die Jugendkammer den Anforderungen des BGH gerecht geworden ist, neben dem Gewicht der Tat die persönlichkeitsbegründeten Beziehungen des Täters zur Tat festzustellen.
• Hat die Jugendkammer den in BGHSt 16, 261 aufgestellten Grundsätzen Rechnung getragen?

Auffällig ist der Unterschied in der Strafhöhe (5 Jahre Jugendstrafe gegenüber jetzt nur noch 2 Jahren), der sich daraus erklären läßt, daß die Strafkammer Jugendstrafrecht praktisch wie allgemeines Strafrecht angewendet hat. In diesem Zusammenhang muß aber gleichzeitig vor einem Mißverständnis gewarnt werden. Anwendung von Jugendstrafrecht führt nicht zwangsläufig zu einer gegenüber dem allgemeinen Strafrecht »milderen« Sanktion. Einer solch schematischen Betrachtungsweise steht das Anliegen des Jugendstrafrechts entgegen, mit den Mitteln des JGG einen Beitrag zur Sozialisation des jugendlichen oder heranwachsenden Täters zu leisten.
Die gegen B verhängte Jugendstrafe von (nur noch) **zwei** Jahren eröffnet weitere Möglichkeiten, die die Jugendkammer konsequent genutzt hat: Nach § 21 II JGG kann auch die Jugendstrafe von ein bis **zwei** Jahren noch zur Bewährung ausgesetzt werden. Voraussetzung sind besondere Umstände in der Tat **und** in der Persönlichkeit des Verurteilten, die zu der nach § 21 I JGG erforderlichen günstigen Prognose hinzukommen müssen. Die

Anwendung des § 21 II JGG ist also auf Ausnahmefälle beschränkt. Kriminalpolitisch wäre jedoch eine großzügigere Handhabung zu begrüßen. Sie könnte durch eine Interpretation des Wörtchens »und« als »oder« erreicht werden, so daß dann sowohl besondere Umstände in der Person als auch in der Tat die Möglichkeit der Aussetzung einer Jugendstrafe von ein bis zwei Jahren eröffnen (vgl. *Böhm* 1977, 157). Eine solche Interpretation ist gerechtfertigt, weil die Strafaussetzung zur Bewährung als eigenständige **ambulante** Sanktion mit flankierenden, möglichst sozialpädagogisch orientierten Maßnahmen (Weisungen, Auflagen, Bewährungshilfe – §§ 23, 24 JGG) eher zu einer geringeren Rückfallwahrscheinlichkeit führt als eine noch so behandlungsorientierte **stationäre** Maßnahme (*Schneider* 1974, 73 ff., 91 f., 107).

Das Vorliegen besonderer Umstände in der Tat und in der Persönlichkeit des B hat die Jugendkammer nach sorgfältiger Prüfung bejaht. Mit der Begründung, sie sehe B jetzt nicht mehr als gefährdet an, hat sie eine günstige Sozialprognose i. S. des § 21 I JGG gestellt. Dabei hatte die Jugendkammer zu entscheiden, ob zu erwarten ist, daß sich B »schon die Verurteilung zur Warnung dienen lassen und auch ohne die Einwirkung des Strafvollzugs unter der erzieherischen Einwirkung in der Bewährungszeit künftig einen rechtschaffenen Lebenswandel führen wird.« Verglichen mit dem allgemeinen Strafrecht (§ 56 StGB) ergeben sich zwei Unterschiede:

Einerseits verlangt § 21 I JGG mit der Erwartung eines **rechtschaffenen** Lebenswandels mehr als nur ein künftig **straffreies** Leben (§ 56 I StGB), andererseits dürfen die Möglichkeiten der Strafaussetzung nach JGG nicht aus den generalpräventiven Gründen der **Verteidigung der Rechtsordnung** eingeschränkt werden. Eine dem § 56 III StGB entsprechende Vorschrift fehlt im JGG. Damit sind beispielsweise Erwägungen unzulässig, daß die Vollstreckung der Strafe geboten sei, »weil andernfalls eine ernstliche Gefährdung der rechtlichen Gesinnung der Bevölkerung als Folge schwindenden Vertrauens in die Funktion der Rechtspflege zu besorgen wäre«, da die Strafaussetzung »als ungerechtfertigte Nachgiebigkeit und unsicheres Zurückweichen vor dem Verbrechen verstanden werden könnte« (BGHSt 24, 40, 46).

§ 21 I JGG erfordert eine reine Individualprognose. Als Wahrscheinlichkeitsaussage künftigen Verhaltens setzt sie eine entsprechende **Diagnose** der Entstehungszusammenhänge von Kriminalität voraus. Ziel der Diagnose ist es, eine zuverlässige Grundlage für eine **Therapie** ambulanter oder stationärer Art zu schaffen. Verwendet man schon medizinische Ausdrücke, dann soll auch ein bekanntes Beispiel aus der Medizin die Problematik veranschaulichen: Die Therapie eines an Malaria erkrankten Patienten setzt eine genaue Diagnose voraus. Sieht und behandelt der Arzt nur das Fieber, werden sich die Malariaanfälle wiederholen, weil er nur das **Symptom** erkannt hat.

Auf das Strafrecht übertragen bedeutet das, die Prognose und die dafür erforderliche Diagnose als umfassende **kriminologische** Aufgaben zu erkennen. Dabei ist der Fehler zu vermeiden, nur die Symptome zu sehen. Ob die Prognoseforschung in ihrem gegenwärtigen Stand dazu in der Lage ist, soll nach einem Überblick über Arten, Anwendungsmöglichkeiten und Methoden der Kriminalprognose beurteilt werden.

4.1 Arten und Anwendungsmöglichkeiten der Kriminalprognose

Skizze 6

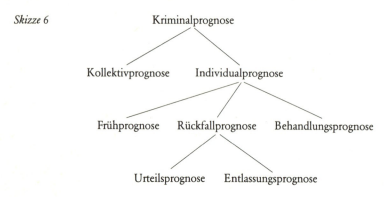

4.1.1 **Kriminalpolitische Kollektivprognosen** sind vor einer Entscheidung über Kriminalisierung oder Entkriminalisierung bestimmter Verhaltensweisen erforderlich. Ein Beispiel dafür ist die Reform des § 218 StGB. Hier ist gegen die Fristenlösung u. a. geltend gemacht worden, sie werde zu einer Steigerung der Schwangerschaftsabbrüche um 40% führen (vgl. oben LE 2/LS 4.2). Andere aktuelle Beispiele sind die Voraussagen über die Entwicklung des Ladendiebstahls nach einer Ersetzung strafrechtlicher durch zivilrechtliche Sanktionen sowie die Überlegungen zur Verschärfung des materiellen und formellen Strafrechts als Instrument einer wirksameren Bekämpfung des Terrorismus. Zu den **Kollektivprognosen** zählen auch die Voraussagen über die Kriminalitätsentwicklung (beispielsweise über den Einfluß steigender Jugendarbeitslosigkeit auf den Umfang der Jugendkriminalität).

4.1.2 Die **Individualprognose** ist eine Wahrscheinlichkeitsvorhersage künftigen Legalverhaltens im Einzelfall. Rückfall- und Behandlungsprognose knüpften an eine Straftat an, während durch die **Frühprognose** kriminell **gefährdete** Kinder und Jugendliche ausfindig gemacht werden sollen, damit z. B. über die Möglichkeiten der Jugendhilfe ein Beitrag zur **Kriminalitätsprophylaxe** geleistet werden kann. Aufgrund ihrer Untersuchungen (vgl. oben LE 5/LS 3.1) und den daraus entwickelten, nur 3 bis 5 Faktoren berücksichtigenden Prognosetafeln glaubt das Ehepaar *Glueck,*

potentielle Straftäter schon im Alter von zwei bis drei Jahren erkennen zu können. Stellt man jedoch nur auf die wichtige frühkindliche, die Persönlichkeit formende Entwicklungsphase ab, wird man der Komplexität der Entstehungszusammenhänge von Kriminalität vor allem in ihrer sozialen Komponente nicht gerecht.
Prognostische Überlegungen zur Rückfallgefahr sind bei den Entscheidungen zur Strafbemessung, zur Strafaussetzung, zur Verwarnung mit Strafvorbehalt und zur Anordnung und Bemessung der Maßregeln der Besserung und Sicherung anzustellen. Hauptanwendungsfälle der **Rückfallprognose** sind daher die §§ 46, 47, 56 (Beispiele einer Urteilsprognose), 57 (Beispiel einer Entlassungsprognose), 61 ff. StGB sowie die entsprechenden Vorschriften im JGG.

o **Aufgabe:** Stellen Sie diese Vorschriften selbst zusammen.

Auch im Bereich des Strafprozeßrechts können Entscheidungen von einer Rückfallprognose abhängig sein. Ein Beispiel bildet der in § 112 a StPO genannte Haftgrund der Wiederholungsgefahr.

4.1.3 Eine zuverlässige **Behandlungsprognose** ist die Grundlage für den Einsatz von unterschiedlichen, auf den einzelnen Strafgefangenen zugeschnittenen Therapietechniken im **Straf- und Maßregelvollzug** (Individual- und Gruppentherapie, Lern-, Arbeits- und Sozialtherapie, gruppendynamische Verfahren z. B. in Form des sog. »group-counselling«; vgl. *Calliess/Müller-Dietz*, 1977, 3 zu § 7 StrVollzG). Die Aufzählung verschiedener Behandlungstechniken darf freilich nicht darüber hinwegtäuschen, daß es eine solche breite Therapiepalette praktisch noch in keiner großen Vollzugsanstalt, sondern nur ansatzweise in kleinen Modellanstalten gibt.

4.2 Prognosemethoden

Unter den Prognoseverfahren werden die intuitive, die klinische und die statistische Methode unterschieden, die durch eine vierte, kombinierte Methode (Strukturprognose) ergänzt werden.

4.2.1 Die **intuitive Prognose** basiert auf Erfahrung und Menschenkenntnis und stellt den Versuch dar, die »Täterpersönlichkeit gefühlsmäßig« zu erfassen (*Göppinger* 1976, 253). Der Nachteil dieser Methode liegt in ihren subjektiven Bewertungskriterien. Soziologisch gesehen arbeitet der Praktiker bei intuitiven Prognosen mit sog. Alltagstheorien (*Opp* 1973, 5 ff.). Es handelt sich insoweit nicht um ein wissenschaftliches Verfahren. Darin dürfte auch der Hauptgrund für die Mißerfolge dieser Prognosemethode liegen (*Leferenz* 1972, 1354). Ihre gleichwohl große Bedeutung ergibt sich daraus, daß fast alle Prognoseentscheidungen in der Praxis »intuitiv« getroffen werden. Das Kammergericht hat diese Praxis damit verteidigt, daß sich wissenschaftliche Prognoseverfahren gegenüber den auf Erfahrung und Menschenkenntnis gestützten intuitiven Voraussagen nicht überlegen gezeigt hätten, weil »keine der Bezugswissenschaften der Kriminologie wie Psychiatrie, Psychologie und Soziologie bisher eine erfahrungswissenschaftlich auch nur einigermaßen abgesicherte, verbindliche Grundlage für die Kriminologie und gar für eine Aussage über die Verbrechensgenese zu liefern« vermochte (KG NJW 1972, 2228 m. krit. Anm. *Sonnen*, JuS 1976, 364). Auch wenn das Kammergericht den gegenwärtigen kriminologischen Erkenntnisstand unterschätzt, ist doch die Kritik an den Mängeln der Prognoseforschung berechtigt. Daß in dieser Situation aber ausgerechnet der herkömmlich ausgebildete Jurist ohne sozialwissenschaftliches Eingangsstudium, ohne kriminologische Spezialisierung und ohne interdisziplinäre Fortbildung relativ zuverlässige Prognoseentscheidungen treffen können soll, erscheint wenig überzeugend.

4.2.2. Grundlage der **klinischen Prognose** sind Untersuchungen der Täterpersönlichkeit durch den Psychiater oder den Psychologen. Diese Prognosemethode gilt als besonders zuverlässig (*Leferenz* 1972, 1366 ff., *Chilian* 1974, 241), wird aber aus prozeßökonomischen – und Kostengründen nur in wenigen Fällen angewendet. Sie ist außerdem ebenfalls nicht frei von subjektiven Bewertungsmöglichkeiten und zu stark auf die rein individualwissenschaftlich orientierten Erklärungsansätze von Kriminalität zugeschnitten. Hinzu kommt der Schulenstreit zwischen der forensischen Psychiatrie, der Psychologie und der forensischen Psychoanalyse. Dieser Streit ist besonders kraß im Fall Jürgen Bartsch zutage getreten (BGHSt 23, 176, *Moser* 1971; vgl. auch RuG 1971, 7 f., 34 ff.).

Allgemein zu diesem Problembereich:
o *Maisch* Methodische Aspekte psychologisch-psychiatrischer Täterbegutachtung
 – Zur Rolle des Sachverständigen im Strafprozeß, MschrKrim 1973, 189–197.

4.2.3. Die Problematik der **statistischen Prognosemethode** soll am Beispiel der Prognosetafel von *Meyer* (1965, 243 f.) erläutert werden.

Prognosetafel von F. Meyer (1965)

1. Kriminalität bei mindestens einem Elternteil,
2. chronische Trunksucht bei mindestens einem Elternteil,
3. a) Scheidungskind im Haushalt der Mutter, sofern diese nicht wieder geheiratet hat,
   b) Scheidungskind im Haushalt des Vaters, sofern dieser wieder geheiratet hat,
   c) Mutterwaise im Haushalt des Vaters, sofern dieser wieder geheiratet hat,
4. a) während der Schulzeit (sofern nicht Hilfsschüler) mindestens zweimal sitzengeblieben,
   b) Schulschwänzer (sofern nicht Hilfsschüler),
5. im Durchschnitt mindestens alle vier Monate Arbeitsplatzwechsel,
6. Aufenthalt im Erziehungsheim (insgesamt länger als sechs Monate),

7. Ausreißer aus Erziehungsheim,
8. Beginn der Kriminalität vor Vollendung des 15. Lebensjahres,
9. mindestens 5 Straftaten durchschnittlich jährlich seit Strafmündigkeit,
10. mindestens zwei (wenigstens teilweise) verbüßte Freiheitsstrafen,
11. mindestens zweimal Jugendarrest (wenigstens teilweise) verbüßt,
12. Rückfall innerhalb der ersten drei Monate nach (eventuell teilweiser) Verbüßung der letzten Vorstrafe,
13. alle oder mindestens 60% der seit Strafmündigkeit verübten Straftaten sind ohne Tatgenossen begangen,
14. jeder der Tatgenossen, die an den seit Strafmündigkeit des Probanden begangenen Delikten beteiligt waren, hat durchschnittlich mindestens bei fünf dieser Straftaten mitgewirkt,
15. Betrug vor Vollendung des 21. Lebensjahres,
16. gewerbsmäßige Unzucht vor Vollendung des 21. Lebensjahres,
17. Widerstandsleistung gegen die Staatsgewalt vor Vollendung des 21. Lebensjahres,
18. Betteln oder Landstreicherei vor Vollendung des 21. Lebensjahres,
19. interlokale Kriminalität (in mindestens zwei verschiedenen Amtsgerichtsbezirken),
20. mindestens fünf Hausstrafen während der Verbüßung der zur Zeit vollstreckten Strafe,
21. Ausreißer aus der Jugendstrafanstalt während Verbüßung der zur Zeit vollstreckten Strafe.

Auf der Grundlage dieser Prognosetafel erfolgt die Einteilung in drei Rückfallgruppen:

Tabelle 24

Rückfallgruppe	Zahl der Schlechtpunkte	Gesamtzahl der Fälle	davon rückfällig	Rückfällige %
Urteilsprognose:				
I	0–2	60	13	22
II	3–6	86	50	58
III	7 u. mehr	26	26	100
Entlassungsprognose:				
I	0–2	56	11	20
II	3–6	86	49	56
III	7 u. mehr	30	30	100

Gruppe I wird eine günstige, Gruppe II eine fragliche und Gruppe III eine ungünstige Prognose gestellt.
Die Punkte werden im Zählverfahren errechnet.

Die Prognosetafel von *Meyer* hat eine relativ große praktische Bedeutung erlangt. So ist sie z. B. in den auf die Bedürfnisse der Praxis zugeschnittenen Kommentar von *Grethlein-Brunner* zum Jugendgerichtsgesetz (3. Aufl.,

1969) übernommen worden. Der Grund dafür liegt in den verhältnismäßig klar erfaßbaren Faktoren (es fehlt z. B. ein für Juristen so schwer verständlicher Begriff wie der der Psychopathie (12), der sich in der ersten deutschen Prognosetafel von *Schiedt* (1936) findet) und in der einfachen Anwendungstechnik des bloßen Zusammenzählens von Schlechtpunkten.
Im Fall B hätte der Einsatz dieser Tafel zu einer eindeutig günstigen Prognose geführt.
Meyer's Prognosetafel beruht auf der statistischen Auswertung der Akten von 172 jugendlichen Verurteilten. Die in der Tafel aufgeführten rückfallbegünstigenden Faktoren sind durch Vergleichsuntersuchungen zwischen Rückfälligen und Nichtrückfälligen festgestellt worden. Hier muß aber bereits die Kritik ansetzen. Die Verwendung von Aktenmaterial läßt die verschiedenen Selektionsmechanismen unberücksichtigt, die dafür entscheidend sind, ob jemand überhaupt aktenmäßig erfaßt wird oder nicht. Geht man von der Jugendkriminalität als normaler Erscheinung aus, kann eine Auswertung der Akten von strafgefangenen Jugendlichen (bei *Meyer* aus der Jugendstrafanstalt Siegburg) nur den ganz kleinen Teil der Straffälligen erfassen, zu deren Nachteil Selektionsprozesse wirksam geworden sind. Infolgedessen können die darauf aufbauenden Prognosetafeln auch nur einen Teilausschnitt kriminogener Faktoren berücksichtigen. Sie sagen mehr über Selektionsprozesse und damit über Kriminalisierung als über Ursachen von Kriminalität aus.
Sehr deutlich kommen in der Prognosetafel von *Meyer* die negativen, stigmatisierenden Wirkungen »totaler Institutionen« wie Heim, Arrestanstalt und Vollzug zum Ausdruck (Nr. 6, 10, 11).
Weitere Mängel der statistischen Prognose sind bei Überprüfung verschiedener Prognosetafeln (u. a. *Meyer*) durch *Höbbel* (1968) festgestellt worden, der schließlich zum Ergebnis gelangt, daß die statistischen Prognosen nicht besser als Zufallsentscheidungen sind (S. 264).

4.2.4 Die Mängel der einzelnen Prognosemethoden lassen sich durch kombinierte Verfahren zwar mildern, aber nicht beseitigen, was nicht zuletzt durch das hinter den einzelnen Methoden stehende Kriminalitätsverständnis bedingt sein dürfte.

4.3 Ausblick

Der gegenwärtige Stand wissenschaftlicher Prognoseforschung ist unbefriedigend. Das darf den Praktiker jedoch nicht veranlassen, allein seiner subjektiven Erfahrung und Menschenkenntnis zu vertrauen. Zu den Leitprinzipien der Strafrechtsreform gehört auch der Gedanke der Zweckmäßigkeit, der u. a. darin zum Ausdruck kommt, daß Straftatfolgen stärker als bisher von Prognosen abhängig gemacht werden. Dieses **Effizienzprinzip** muß zwangsläufig zu einer stärkeren Heranziehung von Sachverständigen führen, denn »die notwendige Feinarbeit prognostischer Art« ist, wie *Blei* (JA 1974, 466) es ausdrückt, »nicht ohne nachhaltige Unterstützung durch Sachverständige zu bewältigen«. So hat auch die *Internationale Jugendrichter-Vereinigung* auf ihrem 9. Kongreß (Oxford 1974) gefordert, daß die Entscheidungen im Bereich des Jugendstrafrechts auf Empfehlungen von Sachverständigen beruhen sollten (Resolution Nr. 14). Demgegenüber warnt *Schaffstein* (1977, 143) vor einer zu starken Abhängigkeit des Richters vom Sachverständigen und fordert stattdessen eine sorgfältigere Auswahl und Ausbildung der Jugendrichter. Beide Forderungen sind jedoch gleichermaßen berechtigt. Erforderlich sind sowohl eine stärkere Hinzuziehung von Sachverständigen als auch eine bessere, interdisziplinäre Juristenausbildung. Eine solche Ausbildung würde dem Richter helfen, das Problem, welcher Sachverständige welcher Fachdisziplin zu welchen Fragen hinzuzuziehen ist, überzeugender als bisher zu lösen. Gleichzeitig würde die Notwendigkeit erkannt werden, sozialwissenschaftliche Sachverständige zuzulassen, wo es um die Entstehungszusammenhänge von Kriminalität geht.

LS 5: Urteil gegen Z

Auch im Fall Z hat eine **günstige Sozialprognose** eine wichtige Rolle bei der Entscheidung gespielt.

o **Aufgabe:** Überprüfen Sie diese Prognose anhand der Angaben im Bericht des Jugendgerichtshelfers (VII) durch Verwendung der Prognosetafel von *Meyer*.

Der Jugendgerichtshelfer hatte in seinem Bericht darauf hingewiesen, daß Z bei intensiver sozialpädagogischer Betreuung eine gute Chance habe, in Zukunft nicht mehr mit den Strafgesetzen in Konflikt zu kommen, gleichzeitig aber angemerkt, daß die **Schwere der Schuld** den erzieherischen Bemühungen erheblich entgegenstehen würde (VII/7). Diese Einschränkung kann jedoch nicht überzeugen. Gerade von dem Jugendgerichtshelfer, der als Sozialarbeiter und Sozialpädagoge ausgebildet ist, hätte man am ehesten erwarten dürfen, daß er die pädagogischen Impulse der (umstrittenen) BGH-Entscheidungen (BGHSt 15, 224 und 16, 261) aufgreift und in seinem Bericht verwertet.

Interessant ist die rechtliche Würdigung des Verhaltens von Z. Die Jugendkammer hat bei der Entscheidung, ob sich Z der **Mittäterschaft** am Autostraßenraub schuldig gemacht hat, alle überhaupt vertretbaren Theorien zugrunde gelegt. Sie hat sowohl nach der objektiven Tatherrschaftslehre (»In-den-Händen-Halten« des Tatgeschehens) als auch nach der subjektiven »animus«-Theorie (Täter = wer die Tat als eigene will) und ebenso nach der der Tatherrschaftslehre angenäherten subjektiven Theorie, für die der »Wille zur Tatherrschaft« ausschlaggebend ist, eine Mittäterschaft des Z verneint. Da eine Teilnahme des Z am Autostraßenraub in Form der Anstiftung oder der Beihilfe nicht in Betracht kam, blieb als strafrechtlich relevantes Verhalten nur die Annahme der aus der Beute stammenden 600 DM. Dieses Verhalten ist von der Jugendkammer zutreffend als Hehlerei nach § 259 StGB gewertet worden.

In der Begründung zum Schuldausspruch hat die Jugendkammer zwar auf die **Schwere der Schuld** hingewiesen, sich aber im Hinblick auf Z's »Vogel-Strauß-Politik« dennoch gegen die Verhängung einer Jugendstrafe entschieden (VII/9). Diese Entscheidung beruht auf der konsequenten Anwendung der in den umstrittenen BGH-Entscheidungen (BGHSt 15, 224 und 16, 261) aufgestellten Grundsätze und verdient aus den schon erwähnten Gründen Zustimmung.

Anzumerken bleibt noch, daß – wie im Fall Z geschehen – neben der Verhängung von Dauerarrest (§ 16 IV JGG) die Auflage der Schadenswiedergutmachung (§ 15 I Nr. 1 JGG) aus erzieherischen Gründen nach § 8 I JGG angeordnet werden darf.

Auf die Konsequenzen der unterschiedlichen Würdigung des Verhaltens von Z durch Polizei und Staatsanwaltschaft einerseits und Gericht andererseits für die Aussagekraft von Kriminalstatistiken ist bereits unter dem Stichwort »Definitionsmacht« hingewiesen worden. Die unterschiedliche Würdigung bietet aber gleichzeitig noch die Möglichkeit, auf ein aktuelles Reformvorhaben aufmerksam zu machen:

Aus der Erwägung, daß Straftaten und sonstiges Fehlverhalten Jugendlicher die gleichen Ursachen haben, Jugendkriminalität (Delinquenz) und Jugendverwahrlosung (Dissozialität) also lediglich unterschiedliche Symptome sind, ist die Einbeziehung des Jugendstrafrechts in ein einheitliches Jugendhilferecht anstelle von JWG und JGG gefordert worden. Einen Schritt in diese Richtung geht der im Jahre 1973 vorgelegte **Diskussionsentwurf eines Jugendhilfegesetzes** (DE-JHG), der von einer durch den Bundesminister für Jugend, Familie und Gesundheit berufenen Sachverständigen-Kommission erarbeitet worden ist. In § 11 DE-JHG wird für das Verhältnis des Jugendkriminalrechts zum Jugendhilferecht folgende Regelung vorgeschlagen:

§ 11 (Anwendung des Jugendgerichtsgesetzes)

Das Jugendgerichtsgesetz gilt:

1. wenn ein Jugendlicher nach Vollendung des 16. Lebensjahres eine Verfehlung begeht, die nach den allgemeinen Vorschriften mit Strafe bedroht ist, und wenn wegen erreichter oder bevorstehender Volljährigkeit Erziehungshilfe nicht mehr gewährt werden darf oder keinen Erfolg mehr verspricht;
2. wenn ein Jugendlicher nach Vollendung des 16. Lebensjahres eine Verfehlung begeht, die nach den allgemeinen Vorschriften mit Freiheitsstrafe von mindestens 5 Jahren bedroht ist und er zur Zeit der Tat nach seiner sittlichen und geistigen Entwicklung reif genug war, das Unrecht der Tat einzusehen und nach dieser Einsicht zu handeln;
3. für eine Anordnung nach § 57.

(§ 57 Sozialtherapeutisches Jugendzentrum
(1) In ein sozialtherapeutisches Jugendzentrum wird ein Jugendlicher nach Vollendung des 16. Lebensjahres aufgenommen, dessen stark auffällige Verhaltensstörungen auf eine weitreichende Fehlentwicklung schließen lassen, wenn diese ihren Ausdruck in schweren oder häufig wiederholten, mit Strafe bedrohten Verfehlungen gefunden haben.
(2) ...).

Diese Regelung enthält eine Heraufsetzung der (bedingten) Strafmündigkeit von jetzt 14 Jahren auf 16 Jahre. Außerdem wird die Anwendung des JGG in der Altersgruppe der 16- bis 18jährigen eingeschränkt.

Im Fall Z wäre z. B. nach § 11 Nr. 2 DE-JHG Jugendstrafrecht anzuwenden gewesen, hätte sich der Anklagevorwurf (§ 316 a StGB) bestätigt. Wertet man sein Verhalten dagegen als Hehlerei nach § 259 StGB, hätte das entsprechend reformierte Jugendhilferecht Anwendung gefunden.

Die Vorschläge der Sachverständigen-Kommission zu einer partiellen Vereinheitlichung von Jugendstraf- und Jugendhilferecht sind weitgehend auf Ablehnung gestoßen. Schon die beiden 1974 vorgelegten **Referentenentwürfe (RE-JHG)** gehen wieder von der herkömmlichen Zweigleisigkeit von Jugendstraf- und Jugendhilferecht aus. Damit dürften leider die Weichen für das noch in dieser Legislaturperiode zu verabschiedende Jugendhilfegesetz gestellt sein (vgl. zur Gesamtproblematik: *Kaiser* 1975, *Müller-Dietz* 1975, *Walter* 1974).

LS 6: Rolle des Richters

»Richter im Dienst der Macht« (*D. Peters* 1973) und »Klassenjustiz heute?« (Vorgänge 1/1973) sind Fest- bzw. Fragestellungen empirischer Sozialforschung, die sich um eine Analyse richterlichen Entscheidungshandelns bemüht. *D. Peters* hat aufgrund der Beobachtung von 51 Hauptverhandlungen Hypothesen zur richterlichen Tätigkeit bei der Beweiswürdigung und bei der Strafbemessung aufgestellt und diese Hypothesen durch Befragung von 98 Richtern überprüft. Sie belegt, daß die Entscheidung des Richters vom Sozialstatus des Angeklagten beeinflußt wird. Einfallstor für eine Benachteiligung von Unterschichtangehörigen ist dabei das an typischen Mittelschichtnormen orientierte Kriterium der »geregelten Lebensführung«, das z. B. für die Sozialprognose von ausschlaggebender Bedeutung ist.

In seiner Untersuchung zur Bedeutung der Herkunft des Richters für die Entscheidungsbildung konnte *W. Richter* (1973) dagegen keine entsprechend eindeutigen Zusammenhänge feststellen. Für den Entscheidungsprozeß komme der Ausbildung größeres Gewicht als der sozialen Herkunft des Richters zu. Es sei jedoch nicht auszuschließen, daß die Entscheidung auch »irgendwie« durch die Herkunft beeinflußt werde.

Fraglich ist, welche Konsequenzen sich aus diesen Befunden ergeben. *Lautmann/D. Peters* (1973, 54) meinen, die Gerichte müßten durch **Privilegierung der Benachteiligten** kompensatorisch judizieren. Unter rechtsstaatlichen Aspekten läßt sich eine solche Forderung jedoch nicht verwirklichen. Realistischer sind daher die Folgerungen, die *Schünemann* (1974) in seinem Aufruf zur **kompensatorischen Verhandlung** zieht (Selektionsverhinderung im Strafverfahren, Ausbau der Beschwerdemacht, häufigere Bestellung von Pflichtverteidigern, Überwindung von Sprachbarrieren). Freilich wird *Schünemann*, obwohl selbst Praktiker, in der Praxis kaum Gehör finden, weil seine Überlegungen die Bereitschaft voraussetzen, das eigene Rollenverhalten und das eigene Vorverständnis zu erkennen und infrage zu stellen.

Anzusetzen ist daher bei der Ausbildung junger Juristen, soll der Praktiker in Zukunft über ein entsprechendes Problembewußtsein verfügen. Nur eine sowohl sozialwissenschaftlich als auch praxisorientierte Juristenausbildung wird den künftigen Richter in die Lage versetzen, den Einfluß der persönlichen Sozialisation auf Wahrnehmungsfähigkeit und Sprachverhalten erkennen und das Interaktionsgeschehen in der Hauptverhandlung aufarbeiten zu können.

Ein entsprechend ausgebildeter Jurist wird gleichzeitig als Repräsentant der Öffentlichkeit für eine rationale(re), schon auf der Gesetzgebungsebene soziale Ungleichheiten vermeidende Kriminalpolitik eintreten.

Damit schließt sich der Kreis zu den eingangs erörterten Fragen des Entstehens von Strafrechtsnormen (oben LE 2).

LS 7: Erfolgskontrolle

Grundfragen des Strafrechts (vgl. LS 2) sind in der Diskussion um die Verfassungswidrigkeit der lebenslangen Freiheitsstrafe angesprochen worden.

Das **LG Verden** hatte die in § 211 I StGB angedrohte lebenslange Freiheitsstrafe für Mörder für verfassungswidrig gehalten, das konkrete Verfahren gem. Art. 100 I GG ausgesetzt und dem Bundesverfassungsgericht die Frage zur Entscheidung vorgelegt, ob die lebenslange Freiheitsstrafe für Mörder mit dem Grundgesetz vereinbar ist. Das Bundesverfassungsgericht hat diese Frage bejaht.

- Lesen Sie den Vorlegungsbeschluß des LG Verden NJW 1976, 980–984,
- stellen Sie die Argumente für die Verfassungswidrigkeit der lebenslangen Freiheitsstrafe in Stichworten schriftlich zusammen
- und vergleichen Sie sie kritisch mit den Ausführungen BVerfG (Urt. v. 21. 6. 1977 – 1 BvL 14/76 –) NJW 1977, 1525–1534
- o An welcher Stelle der Entscheidungen haben kriminologische Aspekte eine Rolle gespielt? Lesen Sie zum Vergleich:
- o *Kreuzer*, Kriminologische Aspekte zur Debatte um die lebenslange Freiheitsstrafe, ZRP 1977, 49–53.

LS 8: Motivationsversuch

zu LS 1
- ○ *Zipf,* Strafprozeßrecht, 2. Aufl., 1977, 144–202.
- ○ *Roxin,* Die Reform der Hauptverhandlung im deutschen Strafprozeß, in: *Lüttger (Hrsg.),* Probleme der Strafprozeßreform, 1975, 52–72

zu LS 2
- ● *Maurach-Zipf,* Strafrecht, Allg. Teil, 1. Hbd., 5. Aufl., 1977, 70–99 (= § 6: Die Straftheorien, § 7: Rechtfertigung und Funktion von Strafe und Maßregel)
- ● *Naucke,* Strafrecht, 2. Aufl., 1977, 99–117 (= § 3: Die Maßregeln der Besserung und Sicherung als Prüfstein für den Stand strafjuristischen Denkens)
- ● *Roxin,* Sinn und Grenzen staatlicher Strafe, JuS 1966, 377–387 (auch in: *Roxin,* Strafrechtliche Grundlagenprobleme, 1973, 1–31)
- ○ *Hassemer,* Strafzumessung, Strafvollzug und die »Gesamte Strafrechtswissenschaft«, in: *A. Kaufmann (Hrsg.),* Die Strafvollzugsreform, 1971, 53–65 und in: *Lüderssen/Sack (Hrsg.),* Seminar: Abweichendes Verhalten III, 1977, 243–256
- ○ *Roxin,* Franz von Liszt und die kriminalpolitische Konzeption des Alternativentwurfs, ZStW 81 (1969), 613 ff. (auch in: Roxin, Strafrechtliche Grundlagenprobleme, 1973, 32–71)
- ○ *Schmidhäuser,* Vom Sinn der Strafe, 2. Aufl., 1971
- ○ *Stratenwerth,* Tatschuld und Strafzumessung, 1972
- ● *Calliess/Müller-Dietz,* Strafvollzugsgesetz, 1977, Rn 1–12 zu § 3

zu LS 4 ○ *Göppinger,* Kriminologie, 3. Aufl., 1976, 248–275

zu LS 5 ○ *Kaiser,* Jugendstrafrecht oder Jugendhilferecht?, ZRP 1975, 212–217

zu LS 6 ○ *Raiser,* Einführung in die Rechtssoziologie, 2. Aufl., 1973, 20–37 (= Das Sozialprofil der Juristen)

1 Vgl. auch Art. 6 II MRK: »Bis zum gesetzlichen Nachweis seiner Schuld wird vermutet, daß der Angeklagte unschuldig ist«.
2 Lesenswert ist der Beitrag von B. Schünemann, JA 1972, StR S. 169–176, 195–202, 219–230, der einen Einzelfall fächerübergreifend (Zivilrecht + Strafrecht + Öffentliches Recht) unter allen drei genannten Aspekten erörtert.
3 jetzt in veränderter Fassung: § 20 StGB.
4 inzwischen in § 17 StGB geregelt.
5 Gemeint ist die Diskussion, ob bei fehlender **Tatschuld** auf eine Lebensführungsschuld zurückgegriffen werden dürfe, mit der dem Täter zum Vorwurf gemacht wird, daß er im Laufe seines (insoweit »verfehlten«) Lebens nicht die Fähigkeit entwickelt habe, sich an den bestehenden Normen zu orientieren (*Rudolphi* in SK StGB Rn 3 vor § 19).
6 § 13 I 2 StGB jetzt = § 46 I 2 StGB, § 14 I StGB jetzt = § 47 I StGB, § 23 I StGB jetzt = § 56 I StGB.
7 Unter dem Titel »Der Zweckgedanke im Strafrecht« entwickelte **Franz von Liszt** im Jahre 1882 ein Konzept zur Reform des Strafrechts, das als Marburger Programm bekannt geworden ist und die Grundlage der modernen (soziologischen) Strafrechtsschule bildet.
8 Ein Beispiel soll das verdeutlichen: Der Anstieg der Trunkenheitsdelikte im Straßenverkehr nach Inkrafttreten des 1. StrRG ist wiederholt auf die Einschränkung der kurzzeitigen Freiheitsstrafe und ihre Ersetzung durch Geldstrafe (§ 47 StGB) zurückgeführt worden (vgl. zum gesamten Problembereich *Kaiser* 1976, 324–334). Nach der Untersuchung von *Schöch* (1973) ergeben sich jedoch keine Anhaltspunkte für eine schlechtere generalpräventive Wirkung der Geldstrafenandrohung.
Im Bereich der Straßenverkehrsdelikte dürfte ohnehin der drohenden Entziehung der Fahrerlaubnis (Maßregel!) eine größere generalpräventive Wirkung als der eigentlichen Strafandrohung zuzumessen sein.
9 § 46 I 1 StGB enthält damit eine Absage an rein spezialpräventiv orientierte Strafrechtskonzepte, wie sie z. B. in Form der Neuen Sozialverteidigung von *Ancel* (1970) und *Melzer* (1970) vertreten werden (»defense sociale nouvelle«).
10 Die Spielraumtheorie geht davon aus, daß sich wegen der begrenzten menschlichen Erkenntnismöglichkeiten die schuldangemessene Strafe nicht exakt bestimmen läßt. Es gebe nicht nur eine einzige »richtige« Strafe (»Punktstrafe«), sondern innerhalb des weiten gesetzlichen Strafrahmens einen engeren Rahmen. Alle innerhalb dieses Rahmens liegenden Strafgrößen seien schuldangemessen (*Schaffstein* 1973).
11 Anders als bei den relativen Revisionsgründen entfällt bei den in § 338 StPO abschließend aufgezählten absoluten Revisionsgründen die Prüfung, ob das angefochtene Urteil auf der Verletzung des Gesetzes **beruht** (§ 337 I StPO).
12 vgl. z. B. OLG Hamm NJW 1977, 1498.

Lektüreplan und Literaturverzeichnis

1. Bei dem vorliegenden Versuch einer integrierten Einführung in Strafrecht und Kriminologie konnten zwar viele Probleme angeschnitten, aber nur wenige exemplarisch vertieft werden. Um den Studenten, der sich entweder erstmals mit strafrechtlich-kriminologischen Fragen beschäftigt (Grundstudium) oder aber unmittelbar vor einer Entscheidung für die kriminologische Wahlfachgruppe steht (Hauptstudium), nicht zu überfordern, mußten Problembereiche ausgeklammert werden, für die der Aktenfall keinen Aufhänger bieten konnte. Hier wird der Student mit Hilfe eines individuellen Lektüreplans Lücken schließen müssen. Anregungen dazu bieten ihm die im Rahmen der Erfolgskontrolle bzw. des Motivationsversuchs zum selbständigen forschenden Lernen gegebenen Hinweise, denen unbedingt nachzugehen ist, wenn die Lernziele erreicht werden sollen.

2. Die Notwendigkeit der »Doppelintegration« sowohl von Rechts- und Sozialwissenschaften (exemplarisch im strafrechtlich-kriminologischen Bereich) als auch von Theorie und Praxis dürfte deutlich geworden sein. Dieses Leitprinzip der »Doppelintegration« liegt auch den von *Lüderssen* und *Sack* herausgegebenen Arbeitsmaterialien und der von *Schünemann* verfaßten Einführung für Praktiker »Sozialwissenschaften und Jurisprudenz« zugrunde.
Eine durchgängige Einbeziehung der Sozialwissenschaften im strafrechtlich-kriminologischen Bereich ist gewährleistet, wenn der Student im **Grundstudium** die hier vorliegende Einführung zur Arbeitsgrundlage macht und sie im **Hauptstudium** um die Arbeitsmaterialien »Seminar: Abweichendes Verhalten« und in der **Referendarausbildung** um den Band von *Schünemann* ergänzt.

o *Lüderssen/Sack* (Hrsg.), Seminar: Abweichendes Verhalten I, Die selektiven Normen der Gesellschaft, 1975, Seminar: Abweichendes Verhalten II, Die gesellschaftliche Reaktion auf Kriminalität, Band 1: Strafgesetzgebung und Strafrechtsdogmatik, 1975, Seminar: Abweichendes Verhalten II, Die gesellschaftliche Reaktion auf Kriminalität, Band 2: Strafprozeß und Strafvollzug, 1977

o *H. W. Schünemann*, Sozialwissenschaften und Jurisprudenz, Eine Einführung für Praktiker, 1976

3. Da im übrigen integriert strafrechtlich-kriminologische Darstellungen (weitgehend) fehlen, muß sich der Student die Grundlage für eine Vertiefung der hier erörterten Probleme über Lehrbücher verschaffen, die ihren Schwerpunkt entweder im Strafrecht oder in der Kriminologie haben. Zu nennen sind hier vor allem:

a) **Strafrecht**

Baumann, Strafrecht, Allgemeiner Teil, 8. Aufl., 1977; *Blei*, Strafrecht I, Allgemeiner Teil, 17. Aufl., 1977; *Bockelmann*, Strafrecht, Allgemeiner Teil, 2. Aufl., 1975;

Jescheck, Lehrbuch des Strafrechts, Allgemeiner Teil, 2. Aufl., 1972; *Kienapfel*, Strafrecht, Allgemeiner Teil, 1975; *Maurach/Zipf*, Deutsches Strafrecht, Allgemeiner Teil, 5. Aufl., 1976; *Naucke*, Strafrecht, Eine Einführung, 2. Aufl., 1977; *Roxin/Stree/Zipf/Jung*, Einführung in das neue Strafrecht, 2. Aufl., 1975; *Schmidhäuser*, Strafrecht, Allgemeiner Teil, 2. Aufl., 1975; *ders.*, Einführung in das Strafrecht, 1972; *Stratenwerth*, Strafrecht, Allgemeiner Teil I, 2. Aufl., 1976; *Welzel*, Das deutsche Strafrecht, 11. Aufl., 1969; *Wessels*, Strafrecht, Allgemeiner Teil, 6. Aufl., 1976.

b) **Kriminalpolitik**

Hassemer, Strafrechtsdogmatik und Kriminalpolitik, 1974; *Zipf*, Kriminalpolitik, 1973.

c) **Kriminologie**

Brauneck, Allgemeine Kriminologie, 1974; *Eisenberg*, Einführung in die Probleme der Kriminologie, 1972; *Göppinger*, Kriminologie, 3. Aufl., 1976; *Kaiser*, Kriminologie, 3. Aufl., 1976; *Kaiser/Sack/Schellhoss (Hrsg.)*, Kleines Kriminologisches Wörterbuch, 1974; *H. Kaufmann*, Kriminologie I, 1971; *Mannheim*, Vergleichende Kriminologie, 2 Bände, 1974; *Schneider*, Kriminologie, 2. Aufl., 1977.

d) **Jugendstrafrecht, Jugendkriminalität**

Böhm, Einführung in das Jugendstrafrecht, 1977; *Hellmer*, Jugendkriminalität, 3. Aufl., 1975; *Kaiser*, Jugendrecht und Jugendkriminalität, 1973; *ders*. Gesellschaft, Jugend und Recht, 1977; *ders*. Jugendkriminalität, 1977; *Schaffstein*, Jugendstrafrecht, 6. Aufl., 1977; *Schneider*, Jugendkriminalität im Sozialprozeß, 1974.

e) **Strafverfahrensrecht**

Kern/Roxin, Strafverfahrensrecht, 14. Aufl., 1976; *G. Schäfer*, Die Praxis des Strafverfahrens, 1976; *Zipf*, Strafprozeßrecht, 2. Aufl., 1977.

4. Den Zugang zu einer vertieften Auseinandersetzung mit Einzelfragen ermöglicht das Literaturverzeichnis, das sich auf das im Text **zitierte** Schrifttum beschränkt. (Ein umfangreiches Schrifttumsverzeichnis findet sich z. B. bei *Kaiser*, 1976, 335–395).

Literaturverzeichnis

Aich (Hrsg.), Da weitere Verwahrlosung droht ..., 1973
Allen, Der Strafprozeß – Unterschiede zwischen dem anglo-amerikanischen und dem kontinental europäischen Recht, RuG 1974, 169–171.
Ancel, Die neue Sozialverteidigung, 1970.
Arbeitskreis Junger Kriminologen (AJK), Zu einem Forschungsprogramm für die Kriminologie, KrimJ 1973, 241–259;
– Kritische Kriminologie, 1974.
– Die Polizei. Eine Institution öffentlicher Gewalt, 1975.
– Bericht über das von 1973 bis 1976 vom AJK durchgeführte Arbeitsprogramm zum Thema »Ungleichheit und Kriminalität«, KrimJ 1976, 161–183.
Arzt, Die Strafrechtsklausur, 2. Aufl., 1975.
Baumann, Der Begriff der »schädlichen Neigungen ...«, Bewährungshilfe 1967, 177–183;
– Grabgesang für das Legalitätsprinzip, ZRP 1972, 273–275;
– Eine Bagatelle?, ZRP 1976, 268–270;
– Strafrecht, Allgemeiner Teil, 8. Aufl. 1977.
Becker, H. S., Außenseiter, 1973.
Berckhauer, Kriminologie der Wirtschaftsdelinquenz, in: *Jung* (Hrsg.), Fälle zum Wahlfach Kriminologie, Jugendstrafrecht, Strafvollzug, 1975, 136–145.
Best, Die Rolle des Jugendstaatsanwalts im Kriminalisierungsprozeß, KrimJ 1971, 167–184.
Blankenburg, Die Staatsanwaltschaft im Prozeß sozialer Kontrolle, KrimJ 1973, 181–196.
Blankenburg (Hrsg.), Empirische Rechtssoziologie, 1975.
Blankenburg/Steffen, Der Einfluß sozialer Merkmale von Tätern und Opfern auf das Strafverfahren, in: *Blankenburg* (Hrsg.), Empirische Rechtssoziologie, 1975, 248–268.
Blei, Strafrecht I, Allgemeiner Teil, 17. Aufl., 1977.
Bockelmann, Strafrecht, Allgemeiner Teil, 2. Aufl. 1975.
Böhm, Einführung in das Jugendstrafrecht, 1977.
Bonstedt, Organisierte Verfestigung abweichenden Verhaltens, 1972.
Brauneck, Die Entwicklung jugendlicher Straftäter, 1961.
– Allgemeine Kriminologie, 1974.
Breland, Prävention durch Strafdrohung, ZRP 1972, 183–186.
Bruckmann, Vorschlag zur Reform des Strafzumessungsrechts, ZRP 1973, 30–34.
Brunner, Schwerpunkte der Jugendkriminalität. Erscheinungsformen und Bedingungen, ZBl 1974, 378–389;
– Jugendgerichtsgesetz, 4. Aufl., 1975.
Bruns, Strafzumessungsrecht, 2. Aufl., 1974.

Brusten, Anzeigenerstattung als Selektionsinstrument im Kriminalisierungsprozeß, KrimJ 1971, 248–259;
– Polizei – Staatsanwaltschaft – Gericht, MschrKrim, 1974, 129–149;
– Dokumente formeller Kontrolle – zur quantitativen Analyse von Jugendamtsakten, in: *Blankenburg* (Hrsg.), Empirische Rechtssoziologie, 1975, 199–218.
Brusten/Hurrelmann, Abweichendes Verhalten in der Schule, 1973.
Buchholz/Hartmann/Lekschas/Stiller, Sozialistische Kriminologie, 2. Aufl., 1971.
Bundesminister für innerdeutsche Beziehungen (Hrsg.), Materialien zum Bericht zur Lage der Nation 1972.
Calliess, Der Begriff der Gewalt im Systemzusammenhang der Straftatbestände, 1974;
– Theorie der Strafe im demokratischen und sozialen Rechtsstaat, 1974 a.
Calliess/Müller-Dietz, Strafvollzugsgesetz, 1977.
Chilian, Die individuelle Frühprognose bei günstig beurteilten Tätern, MschrKrim 1974, 349–354.
Claessens, Familie und Wertsystem, 3. Aufl., 1972.
Clark/Gibbs, Soziale Kontrolle: Eine Neuformulierung (1964/1965), in: *Lüderssen/Sack* (Hrsg.), Seminar: Abweichendes Verhalten I, Die selektiven Normen der Gesellschaft, 1975, 153–185.
Cohen, Delinquent Boys, 1955 (deutsch: Kriminelle Jugend, 1961).
Colla, Der Fall Frank, 1973.
Cramer, Das Strafensystem des StGB nach dem 1. April 1970, JurA 1970, 183–217.
Deutsche Vereinigung für Jugendgerichte und Jugendgerichtshilfen, Denkschrift über die kriminalrechtliche Behandlung junger Volljähriger, 1977.
Dreher, Das 3. Strafrechtsreformgesetz und seine Probleme, NJW 1970, 1153–1161;
– Die Neuregelung des Sexualstrafrechts –
eine geglückte Reform?, JR 1974, 45–57.
– StGB, 37. Aufl., 1977.
Dürkop/Hardtmann, Frauenkriminalität, KJ 1974, 219–236.
Durkheim, Kriminalität als gesellschaftliches Phänomen, in: *Sack/König* (Hrsg.), Kriminalsoziologie, 1968, 3–8.
Eisenberg, Einführung in die Probleme der Kriminologie, 1972.
Engisch, Auf der Suche nach Gerechtigkeit, 1971.
Ennis, Criminal Victimization in the United States, 1967.
Enzensberger, Deutschland, Deutschland unter anderem, 1967.
Feest, Idee einer Kommentierung des Strafgesetzbuches in sozialwissenschaftlicher Absicht, KJ 1970, 457–461 und KrimJ 1970, 259–262.
– Polizeiwissenschaft und Kriminalistik in: KKW 1974, 248–250.
Feest/Blankenburg, Die Definitionsmacht der Polizei, 1972.
Feest/Haferkamp/Lautmann/Schumann/Wolff, Kriminalpolitik und Sozialstruktur, KrimJ 1977, 1–9.
Feest/Lautmann (Hrsg.), Die Polizei, 1971
Freud, Anna, Einführung in die Psychoanalyse für Pädagogen, Aufl. 1971.
Frisch, Ermessen, unbestimmter Rechtsbegriff und »Beurteilungsspielraum« im Strafrecht, NJW 1973, 1345–1349.
Genser-Dittmann, Ungeregelte Lebensführung als Strafzumessungsgrund?, KrimJ 1975, 28–35.
Glueck, Sh. u. E., Physique and Delinquency, 1956;
– Predicting Delinquency and Crime, 1959

- Family Environment and Delinquency, 1962;
- Unraveling Juvenile Delinquency, 1950;
- Delinquents and Nondelinquents in Perspective, 1968;
- Toward a Typology of Juvenile Offenders, 1970.

Göppinger, Kriminologie, 3. Aufl., 1976.
Görgen, Strafverfolgungs- und Sicherheitsauftrag der Polizei, ZRP 1976, 59–63.
Haferkamp, Zu einem Forschungsprogramm für die Kriminologie, KrimJ 1973, 243–264;
- Zur Schichtverteilung der Kriminalität, KrimJ 1975, 48–53.

Hanack, Die Reform des Sexualstrafrechts und der Familiendelikte, NJW 1974; 1–9;
- in: Deutscher Bundestag, 6. Wahlperiode, Öffentliche Anhörung von Sachverständigen zum Entwurf eines Vierten Gesetzes zur Reform des Strafrechts durch den Sonderausschuß für die Strafrechtsreform, Ausschußprotokoll des Sten. Dienstes, 1108–1118.

Hartmann, K., Theoretische und empirische Beiträge zur Verwahrlosungsforschung, 1970.
Hassemer, Strafzumessung, Strafvollzug und die »Gesamte Strafrechtswissenschaft«, in: *A. Kaufmann (Hrsg.)*, Die Strafvollzugsreform, 1971, 53–65, **und** in: *Lüderssen/Sack (Hrsg.)*, Seminar: Abweichendes Verhalten III, 1977, 243–256.
- Theorie und Soziologie des Verbrechens, 1973;
- Strafrechtsdogmatik und Kriminalpolitik, 1974.

Heinitz, Zweiteilung der Hauptverhandlung?, in: Festgabe für U. von Lübtow, 1970, 835 ff.
Heinz, Kriminalitätstheorien, **in**: Jung (Hrsg.), Fälle zum Wahlfach Kriminologie, Jugendstrafrecht, Strafvollzug, 1975, 16–51.
Hellmer, Jugendkriminalität, 3. Aufl., 1975.
Hess/Mechler, Ghetto ohne Mauern, 1973.
Hirschi, Causes of Delinquency, 1969.
von Hippel, Reform der Strafrechtsreform, 1976.
Hochheimer, Zur Psychologie von strafender Gesellschaft, KJ 1969, 27–49.
Höbbel, Bewährung des statistischen Prognoseverfahrens im Jugendstrafrecht, 1968.
Hoffmann-Riem, Rechtsanwendung und Selektion, JZ 1972, 297–302.
Jäger, Psychologie des Strafrechts und der strafenden Gesellschaft, Beitrag in der Neuherausgabe von Reiwald, Die Gesellschaft und ihre Verbrecher, 1973, 20–42.
Jagusch, Strafzumessungsempfehlungen von Richtern im Bereich der Straßenverkehrsgefährdung?, NJW 1970, 401–403.
- Gegen Strafzumessungskartelle im Straßenverkehrsrecht, NJW 1970, 1865–1869.

Jescheck, Lehrbuch des Strafrechts, Allgemeiner Teil, 2. Aufl., 1972.
Jung (Hrsg.), Fälle zum Wahlfach Kriminologie, Jugendstrafrecht, Strafvollzug, 1975;
- 14. Strafrechtsänderungsgesetz, JuS 1976, 477–478.

Kaiser, Strategien und Prozesse strafrechtlicher Sozialkontrolle, 1972;
- Jugendrecht und Jugendkriminalität, 1973;
- Die Fortentwicklung der Methoden und Mittel des Strafrechts, ZStW (1974), 349–375;
- Verbrechensbegriff, **in**: KKW 1974, 366–370.
- Jugendstrafrecht oder Jugendhilferecht?, ZRP 1975, 212–217.
- Kriminologie, 3. Aufl., 1976;

- Gesellschaft, Jugend und Recht, 1977 a;
- Jugendkriminalität, 1977.

Kaiser/Sack/Schellhoss, Kleines Kriminologisches Wörterbuch, (KKW), 1974.

Kaiser/Villmow, Empirisch gesicherte Erkenntnisse über Ursachen der Kriminalität, 1973, in: Der Regierende Bürgermeister von Berlin (Hrsg.), Verhütung und Bekämpfung der Kriminalität, 1974.

Kaiser, E., Zuständigkeitsprobleme zwischen Staatsanwaltschaft und Polizei bei der Verbrechensbekämpfung, NJW 1972, 14–16.

Kaufmann, H., Steigt die Jugendkriminalität wirklich?, 1965;
- Kriminologie I, 1971.

Kaupen, Klassenjustiz in der Bundesrepublik? Vorgänge 1/1973, 32–44.

Kern/Roxin, Strafverfahrensrecht, 14. Aufl., 1976.

Kerner, Verbrechenswirklichkeit und Strafverfolgung, 1973;
- Kriminalstatistik, in: KKW 1974, 189–196;
- Kriminalitätsentwicklung und Kriminalstatistik, in: *Jung* (Hrsg.), Fälle zum Wahlfach Kriminologie, Jugendstrafrecht, Strafvollzug, 1975, 91–103.

Kienapfel, Strafrecht. Allgemeiner Teil, 1975;
- Strafrechtsfälle, 3. Aufl., 1976.

Kleinknecht, StPO, 33. Aufl., 1977.

Klug, Die rechtspolitische Bilanz der Freien Demokraten, ZRP 1976, 218–221.

Klussmann, Der Straf- und Strafvollzugszweck, MDR 1973, 894 ff.

König, Das Recht im Zusammenhang der sozialen Normensysteme, KZfSS 1967, 36–53 **und** in: *Lüderssen/Sack* (Hrsg.), Seminar: Abweichendes Verhalten I, Die selektiven Normen der Gesellschaft, 1975, 186–207.

Kretschmer, Körperbau und Charakter, 1921.

Krey, Der Münchner Schießbefehl – Grenzen des staatsanwaltschaftlichen Weisungsrechts gegenüber der Polizei, ZRP 1971, 224–227.

Krey/Meyer, W., Zum Verhalten von Staatsanwaltschaft und Polizei bei Delikten mit Geiselnahme, ZRP 1973, 1–5.

Kreuzer, Schülerbefragung zur Delinquenz, RdJ 1975, 229–244.
- Kriminologische Aspekte zur Debatte um die lebenslange Freiheitsstrafe, ZRP 1977, 49–53.

Kürzinger, Gewaltkriminalität und Delikte gegen die Person, in: KKW 1974, 116–122;
- Private Strafanzeigen und polizeiliche Reaktion, 1976.

Kupffer, Erziehung als Strafform, KrimJ 1974, 249–260.

Lackner, Die Neuregelung des Schwangerschaftsabbruchs, NJW 1976, 1233 ff.;
- StGB, 11. Aufl., 1977.

Lautmann/D. Peters, Ungleichheit vor dem Gesetz: Strafjustiz und soziale Schichten, Vorgänge 1/1973, 45–54.

Lautmann/Schumann, Zu einem Forschungsprogramm für die Kriminologie, KrimJ 1973, 246–248.

Leferenz, Die Kriminalprognose, in: *Göppinger/Witter* (Hrsg.), Handbuch der forensischen Psychiatrie, II, 1347–1384.

Lemert, Der Begriff der sekundären Devianz, in: *Lüderssen/Sack (Hrsg.)*, Seminar: Abweichendes Verhalten I, Die selektiven Normen der Gesellschaft, 1975, 433–476.

von Liszt, Der Zweckgedanke im Strafrecht, 1882.

Lombroso, Der Verbrecher in anthropologischer, ärztlicher und juristischer Beziehung, 1876.

Lüderssen, Strafrecht und Dunkelziffer, 1972 und in: *Lüderssen/Sack* (Hrsg.), Seminar: Abweichendes Verhalten I, Die selektiven Normen der Gesellschaft, 1975, 244–267.
Lüderssen/Sack (Hrsg.), Seminar: Abweichendes Verhalten I, Die selektiven Normen der Gesellschaft, 1975;
– Seminar: Abweichendes Verhalten II, Die gesellschaftliche Reaktion auf Kriminalität 1: Strafgesetzgebung und Strafrechtsdogmatik, 1975;
– Seminar: Abweichendes Verhalten III, Die gesellschaftliche Reaktion auf Kriminalität 2: Strafprozeß und Strafvollzug, 1977.
Lüttger (Hrsg.), Probleme der Strafprozeßreform, 1975;
– »Der genügende Anlaß« zur Erhebung der öffentlichen Klage, GA 1975, 193–318 und (teilweise) in: *Lüderssen/Sack* (Hrsg.), Seminar: Abweichendes Verhalten III, Die gesellschaftliche Reaktion auf Kriminalität 2, 1977, 119–137.
Maisch, Methodische Aspekte psychologisch-psychiatrischer Täterbegutachtung – Zur Rolle des Sachverständigen im Strafprozeß, MschrKrim 1973, 189–197.
Malinowski/Brusten, Strategie und Taktik der polizeilichen Vernehmung – Zur soziologischen Analyse selektiver Kriminalisierung, KrimJ 1975, 4–16.
Mannheim, Vergleichende Kriminologie, 2 Bde, 1974.
Mattig, Rollen und Rollenkonflikte des Jugendgerichtshelfers, in: Jugendgerichtsbarkeit und Sozialarbeit (Bericht über die Verhandlungen des 16. Deutschen Jugendgerichtstages) 1975, 102–112.
Maurach/Zipf, Deutsches Strafrecht, Allgemeiner Teil, 5. Aufl., 1976.
Mechler, Der Verbrecher als Sündenbock der Gesellschaft, ZRP 1971, 1–3.
Melzer, Die Neue Sozialverteidigung und die deutsche Strafrechtsreformdiskussion, 1970.
– Die Neue Sozialverteidigung – ein neuer Begriff in der deutschen Strafrechtsdiskussion?, JZ 1970, 764–767.
Merton, Sozialstruktur und Anomie, in: *Sack/König* (Hrsg.), Kriminalsoziologie 1968, 283–313.
Mezger, Kriminologie, 1951.
Miller, Die Kultur der Unterschicht als ein Entstehungsmilieu für Bandendelinquenz in: *Sack/König* (Hrsg.), Kriminalsoziologie, 1968, 339–359.
Moser, Repressive Kriminalpsychiatrie, 1971;
– Jugendkriminalität und Gesellschaftsstruktur, 1975 (Neudruck)
Müller, S., Das Aktenleben des Jugendlichen Peter S., Vorgänge 1/1973, 90–98.
Müller-Dietz, Zur Entwicklung des strafrechtlichen Gewaltbegriffs, GA 1974, 33;
– Strafzwecke und Vollzugsziel, 1973;
– Jugendgerichtsbarkeit und Sozialarbeit, MschrKrim 1975 a, 1–25.
– Jugendhilferecht oder Jugendkriminalrecht?, GA 1975, 193–208.
Naucke, Strafrecht. Eine Einführung, 2. Aufl., 1977.
Opp, Soziologie im Recht, 1973.
– Soziologie der Wirtschaftskriminalität, 1975.
Ostermeyer, Die Sündenbockprojektion in der Rechtsprechung, ZRP 1970, 241–244;
– Strafunrecht, 1971.
– Strafrecht und Psychoanalyse, 1972;
– Justizreform – Quadratur des Kreises, Vorgänge 1/1973, 61–74.
Ott, Lex Heinrich Böll? Vorgänge 22 = 4/1976, 19–23.
Otto, Grundkurs Strafrecht, Allgemeine Strafrechtslehre, 1976.
Peters, D., Die soziale Herkunft der von der Polizei aufgegriffenen Täter, in:

Feest/Lautmann (Hrsg.), Die Polizei, 1971, 93–106.
und in: *Lüddersen/Sack* (Hrsg.), Seminar: Abweichendes Verhalten I, Die selektiven Normen der Gesellschaft, 1975, 274–290:
– Richter im Dienst der Macht, 1973.
Peters, D. u. H., Zu einem Forschungsprogramm für die Kriminologie, KrimJ 1973, 249–251.
Peters, H., Keine Chancen für die Soziologie? KrimJ 1973, 197–212.
Peters, H./Cremer-Schäfer, Die sanften Kontrolleure, 1975.
Peters, K., Fehlerquellen im Strafprozeß, 3 Bände, 1972–1974.
Peuckert, Kritik einiger Thesen zum Verhältnis von Kapitalismus und Kriminalität, MschrKrim 1976, 123–132.
Pongratz/Hübner, Lebenswährung nach öffentlicher Erziehung, 1959.
Popitz, Über die Präventivwirkung des Nichtwissens, 1965.
Quensel, Wie wird man kriminell? KJ 1970, 375–382.
Quinney, Ansätze zu einer Soziologie des Strafrechts (1969), **in:** *Lüderssen/Sack* (Hrsg.), Seminar: Abweichendes Verhalten II, Die gesellschaftliche Reaktion auf Kriminalität 1, 1975, 44–86.
Radbruch, Der Mensch im Recht, 2. Aufl., 1961.
Raiser, Einführung in die Rechtssoziologie, 2. Aufl., 1973.
Rasehorn, Rechtlosigkeit als Klassenschicksal, Vorgänge 1/1973, 5–25;
– Recht und Klassen, 1974.
Der Regierende Bürgermeister von Berlin (Hrsg.), Verhütung und Bekämpfung der Kriminalität, 1974.
Richter, W., Zur Bedeutung der Herkunft des Richters für die Entscheidungsbildung, 1973.
Rieß, Gesamtreform des Strafverfahrensrechts – eine lösbare Aufgabe? ZRP 1977, 67–77.
Reiwald, Die Gesellschaft und ihre Verbrecher, 1948.
Roth, Recht, Politik, Ideologie in der Rechtsprechung – Rechtssoziologische Bemerkungen aus Anlaß des Bundesverfassungsgerichtsurteils zu § 218 StGB, JuS 1975, 617–621.
Roxin, Sinn und Grenzen staatlicher Strafe, JuS 1966, 377–387;
– Kriminalpolitik und Strafrechtssystem, 2. Aufl., 1973;
– Die Reform der Hauptverhandlung im deutschen Strafprozeß, **in:** *Lüttger*, Probleme der Strafprozeßreform, 1975, 52–72.
– Franz von Liszt und die kriminalpolitische Konzeption des Alternativentwurfs, ZStW 81 (1969), 613 ff., **auch in:** *Roxin*, Strafrechtliche Grundlagenprobleme, 1973, 32–71.
– Strafprozeßrecht (Prüfe Dein Wissen), 7. Aufl., 1977.
Roxin/Schünemann/Haffke, Strafrechtliche Klausurenlehre, 2. Aufl., 1975.
Roxin/Stree/Zipf/Jung, Einführung in das neue Strafrecht, 2. Aufl., 1975.
Rudolphi/Horn/Samson/Schreiber, Systematischer Kommentar zum Strafgesetzbuch, Band 1, Allg. Teil, 2. Aufl., 1977.
Rupp v. Brünneck/Simon, Abweichende Meinung zum Urteil des Bundesverfassungsgerichts vom 25. 2. 1975, NJW 1975, 582–587.
Sack, Neue Perspektiven in der Kriminologie, **in:** *Sack/König* (Hrsg.), Kriminalsoziologie, 1968, 431–475;
– Definition von Kriminalität als politisches Handeln: Der labeling approach, KrimJ 1972, 3–32 **und in:** AJK (Hrsg.), Kritische Kriminologie, 1974, 18–43;
– Klassenjustiz und Selektionsprozesse, Vorgänge 1/1973, 55–61;

- Dunkelfeld, in: KKW 1974, 64–70;
- Familie, in: KKW 1974, 84–89;
- Recht und soziale Kontrolle, in: KKW 1974, 263–267;
- Schicht und Klasse, in: KKW 1974, 284–290.

Sack/König (Hrsg.), Kriminalsoziologie, 1968.

Sagebiel, Das Definitionspotential der Jugendgerichtshilfe beim Kriminalisierungsprozeß, KrimJ 1974, 232–235.

Sarstedt, Die Revision in Strafsachen, 4. Aufl. 1962, 239 ff.;
- Beweisregeln im Strafprozeß, in: Berliner Festschrift für Ernst Hirsch, 1968, 171–186.

und in:
Lüderssen/Sack (Hrsg.), Seminar: Abweichendes Verhalten III, Die gesellschaftliche Reaktion auf Kriminalität 2, 1977, 224–241.

Schaffstein, Schädliche Neigungen und Schwere der Schuld als Voraussetzungen der Jugendstrafe, in: Festschrift für Ernst Heinitz, 1972, 461–476;
- Spielraumtheorie, Schuldbegriff und Strafzumessung nach den Strafrechtsreformgesetzen, in: Gallas – Festschrift, 1973, 99 ff.
- Die strafrechtliche Verantwortlichkeit Heranwachsender, MschrKrim 1976, 92–103
- Jugendstrafrecht, 6. Aufl., 1977.

Schäfer, G., Die Praxis des Strafverfahrens, 1976.

Schellhoss, White-Collar-Crime, in: KKW 1974, 390–394.

Schiedt, Ein Beitrag zum Problem der Rückfallprognose, 1936.

Schmidhäuser, Vom Sinn der Strafe, 2. Aufl., 1971;
- Einführung in das Strafrecht, 1972;
- Strafrecht, Allgemeiner Teil, 2. Aufl. 1975.

Schmidt, Eb., Anklageerhebung, Eröffnungsbeschluß, Hauptverfahren, Urteil, NJW 1963, 1081–1089;
- Deutsches Strafprozeßrecht, 1967 (mit Nachtrag 1968).

Schneider, Kriminalitätsentstehung und -behandlung als Sozialprozesse, JZ 1972, 191–199;
- Die gegenwärtige Lage der deutschsprachigen Kriminologie, JZ 1973, 569–583
- Jugendkriminalität im Sozialprozeß, 1974;
- Viktimologie, 1975;
- Kriminologie, Jugendstrafrecht, Strafvollzug, 1976;
- Kriminologie, 2. Aufl., 1977.

Schöch, Strafzumessungspraxis und Verkehrsdelinquenz. Kriminologische Aspekte der Strafzumessung am Beispiel einer empirischen Untersuchung zur Trunkenheit im Verkehr, 1973.

Schroeder, Fr.-Chr., Die Entwicklung der Sexualdelikte nach dem 4. StrRG, MschrKrim 1976, 108–115.

Schünemann, H.-W., Selektion durch Strafverfahren? DRiZ 1974, 278–285;
- Sozialwissenschaften und Jurisprudenz 1976.

Schwartz, Wirtschaftskriminalität und labeling approach, KrimJ 1977, 43–47.

Schwind, Dunkelfeldforschung in Göttingen 1973/74, 1975.

Sellin, Die Bedeutung von Kriminalitätsstatistiken, in: *Sack/König* (Hrsg.), Kriminalsoziologie, 1968, 41–59.

Sessar, Empirische Untersuchungen zu Funktion und Tätigkeit der Staatsanwaltschaft, ZStW 87 (1975), 1033–1062.

Sonnen, Öffentliche Erziehung und Jugendkriminalität, RdJ 1975, 378–381;

- Die Bedeutung sozialtherapeutischer Maßnahmen für die Sozialprognose, JuS 1976 a, 364-368;
- Die Folgen einer Entkriminalisierung des Ladendiebstahls für Jugendliche, ZBl 1976 b, 369-374;
- Die Anrechnung unschuldig erlittener Untersuchungshaft im Spannungsfeld zwischen Gnade, Gesetz und Recht, ZStrVollz 1976 c, 115-118.
- Die zeitlichen Voraussetzungen der Aussetzung des Strafrestes zur Bewährung bei mehreren selbständigen Freiheitsstrafen, NJW 1977, 614-617.

Specht, Sozialpsychiatrische Gegenwartsprobleme der Jugendverwahrlosung, 1976.

Spendel, Die Begründung des richterlichen Strafmaßes, NJW 1964, 1758-1765.

Stallberg, Buchbesprechung: *Peters, H./Cremer-Schäfer*, Die sanften Kontrolleure, KrimJ 1976, 306-309.

Stasik, Ottos Leben – Aktenleben, KrimJ 1974, 190-200.

Steffen, Bericht über das Kolloquium »Staatsanwaltschaft«, ZStW 87 (1975), 1063-1078;
- Analyse polizeilicher Ermittlungstätigkeit aus der Sicht des späteren Strafverfahrens, 1976.

Stephan, Dunkelfeld und registrierte Kriminalität, KrimJ 1972, 115-120.

Stratenwerth, Tatschuld und Strafzumessung, 1972;
- Strafrecht, Allgemeiner Teil I, 2. Aufl., 1976.

Streit, Nur ums Strafen geht es nicht, 1976.

Sutherland, Die Theorie der differentiellen Kontakte, in: *Sack/König* (Hrsg.), Kriminalsoziologie, 1968, 395-399;
- White-collar Kriminalität (1940), in: *Sack/König* (Hrsg.), Kriminalsoziologie, 1968, 187-200.

Sutherland/Cressey, Criminology, 9. Aufl., 1974.

Theen, Die Statistik und Rückfallstatistik der unbestimmt Verurteilten des Landes Bremen seit Inkrafttreten des JGG vom 4. 8. 1953, 1970.

Tiedemann, Welche strafrechtlichen Mittel empfehlen sich für eine wirksamere Bekämpfung der Wirtschaftskriminalität? Gutachten zum 49. Deutschen Juristentag, 1972;
- Die Fortentwicklung der Methoden und Mittel des Strafrechts unter besonderer Berücksichtigung der Entwicklung der Strafgesetzgebung, ZStW 86 (1974) 303-348;
- Plädoyer für ein neues Wirtschaftsstrafrecht, ZRP 1976, 49-54.

Triffterer, Analyse des kontinental-europäischen Strafverfahrens, RuG 1974, 165-169.

Villmow/Kaiser, Empirisch gesicherte Erkenntnisse über Ursachen der Kriminalität, 1973, in: Der Regierende Bürgermeister von Berlin (Hrsg.), Verhütung und Bekämpfung der Kriminalität, 1974.

Volk, In dubio pro reo und Alibibeweis – BGHSt 25, 285, JuS 1975, 25-27.

Wach, Die Reform der Freiheitsstrafe, 1890.

Wagner, H., Das Strafverfahren erster Instanz, RuG 1972, 368-373.

Walter, Die ermittelnden, berichtenden und beratenden Aufgaben der Jugendgerichtshilfe, ZBl 1973, 485 ff.
- Zum Diskussionsentwurf eines Jugendhilfegesetzes, ZBl 1974, 41-53.

Wassermann, Gedanken zur Wirtschaftskriminalität, Vorgänge 1/1973, 26-31;
- Justiz im sozialen Rechtsstaat, 1974.

Weis/Müller-Bagehl, Private Strafanzeigen, KrimJ 1971, 185-194.

Welzel, Das deutsche Strafrecht, 11. Aufl., 1969.

Werkentin/Hofferbert/Baurmann, Kriminologie als Polizeiwissenschaft oder: Wie alt ist die neue Kriminologie? KJ 1972, 221–252.
Wessels, Strafrecht, Allgemeiner Teil, 6. Aufl., 1976.
Wiethölter, Rechtswissenschaft, 1968.
Wolff, J., Die Prognose in der Kriminologie, 1971;
– Der Standort der Kriminologie in der Juristenausbildung, GA 1972, 257–271;
– Die benachteiligende Funktion der Untersuchungshaft, KrimJ 1975, 17–27.
Zipf, Kriminalpolitik, 1973;
– Strafprozeßrecht, 2. Aufl., 1977.

Sachregister

Anklageschrift 119 ff
Anklagesatz 119
Anklagezwang 110
Anomietheorie 145 ff
Anzeigebereitschaft 104
Anzeigeerstattung 104
Anwendung von Jugendstrafrecht auf Heranwachsende 183 f
Arbeitskreis deutscher und schweizerischer Strafrechtslehrer 28 f
Aufgaben von Polizei und Staatsanwaltschaft 105 ff
Aufgabe des Strafrechts 26 ff
Ausfilterungsprozeß 51 ff
Aufklärungsquote 42

Begründungen strafrechtlicher Sanktionen 172 ff
Beweiswürdigung 164 ff

Definitionsproblem 45, 51
Dunkelfeld 13 f, 36 ff

Entkriminalisierung durch das 5. StRG 21 ff
Entstehen von Strafrechtsnormen 19 ff
Entstehungsbedingungen von Kriminalität
– Berufstätigkeit der Mutter 134 f
– Erziehungsstil ,135
– Familie 131 ff
– Häufiger Wechsel der Bezugsperson 135
– Schichtzugehörigkeit 138 f
– Schul- und Berufsausbildung 137 f
– Wohnbereich 136 f
Entwicklungstendenzen der Gewaltkriminalität 45 ff
Erklärungsansätze zur Entstehung von Kriminalität 141 ff

Familie 131 ff
– funktional unvollständig 133
– strukturell unvollständig 131 f
Festnahme 106 f
Frauenkriminalität 55
Freiburger Staatsanwaltschaftsuntersuchung 124 f
Fristenlösung 21 ff

Generalprävention 177
Gerichtshilfe 128
Gesamtsystem sozialer Kontrolle 24
Gewaltkriminalität 45 ff
Gleichheit im Unrecht 53, 104
Gleichheit vor dem Gesetz 25

Häufigkeitszahlen 42
Haftbefehl 107 f
Hauptverhandlung 162 f

Instanzen sozialer Kontrolle
– Gericht 161 ff
– Jugendgerichtshilfe 128 ff
– Polizei und Staatsanwaltschaft 103 ff

Jugendgerichtshilfe 128 ff
Jugendhilferechtsreform 198 f
Jugendkriminalität 47 f
Jugendstrafe 188 ff
– Doppelnatur 188
Jugendstrafrechtliche Sanktionen 155 f
Junge Volljährige im Kriminalrecht 184
Juristenausbildung 9 f, 33, 203

Konflikt-Modell 20
Konsensus-Modell 20
Kriminalität
– formeller Begriff 14

- materieller Begriff 14 f
- als negatives Gut 32
- als soziale Erscheinung 13 ff
- als Teilausschnitt abweichenden Verhaltens 13 ff
- Umfang, Erscheinungsformen und Entwicklungstendenzen 36 ff

Kriminalitätsindex 41
Kriminalitätstheorien 141 ff
- Anomietheorie 145 ff
- Kulturkonflikttheorie 144 f
- labeling approach 149
- Marxistischer Ansatz 150 ff
- Mehrfaktorenansatz 152 ff
- Sündenbocktheorie 148 f
- Theorie der unterschiedlichen Kontakte 143 f
- Theorie der unterschiedlichen Sozialisation 144

Kriminalstatistik 39 ff
Kriminologie als strafrechtliche Hilfswissenschaft 14
Kriminologische Grundformel 128

labeling approach 149 f
Legalitätsprinzip 110 f

Maßregeln der Besserung und Sicherung 169
Mehrfaktorenansatz 152 ff
Methodik der Fallbearbeitung 113 ff
Mittäterschaft 116 f, 126

Negativer Ausleseprozeß 51 ff

Öffentliche Klage 111 f
Opportunitätsprinzip 110 f

Persönlichkeitserforschung 128 f
Polizei 104 f
Polizeiliche Kriminalitätsstatistik 13, 39 ff
Prognose
- Arten und Anwendungsmöglichkeiten 192 f
- Behandlungsprognose 193
- intuitive Prognose 193 f
- klinische Prognose 194
- Methoden 193 ff
- prozessuale Prognose 112
- beim Schwangerschaftsabbruch 29
- statistische Prognose 194 f

Prognosetafeln 194 ff

Rechtsfolgen der Tat 166 ff
Rechtsgüterschutz 27
Rechtspflegestatistik 43
Recht und soziale Kontrolle 19 f
Reform
- des Allgemeinen Teils 29
- Bekämpfung des Terrorismus 31
- des Demonstrationsstrafrechts 29
- des § 218 21 ff, 30 f
- des Sexualstrafrechts 29 f
- des Verkehrsstrafrechts 31

Revision 185 ff
Rolle des Richters 199 f
Rollenkonflikt des Jugendgerichtshelfers 159 f

Sanktionen
- außerstrafrechtliche 20
- jugendstrafrechtliche 155 f
- strafrechtliche 20

Sanktionsgerechtigkeit 103
Schädliche Neigungen 157 ff
Schichtenmodell 53
Schuld 169 ff
Schwangerschaftsabbruch 21 ff
- Zahlenmaterial 25 f

Schwere der Schuld 157 ff, 197 f
Selektion 51
Selektionsfunktion der Staatsanwaltschaft 123 ff
Selektivität der Strafverfolgung 53
Soziale Kontrolle 19 f
Soziale Normen 19
Soziale Ungleichheit 25
Sozialisation 19, 144
Sozialisationsfunktion der Jugendstrafe 188
Spielraumtheorie 177
Staatsanwaltschaft 110 ff
- Rolle im Kriminalisierungsprozeß 121 ff

Stellenwerttheorie 177
Strafgewalt 27
Strafrecht
- Aufgabe 26 ff

215

- Subsidiarität 28
- als ultima ratio 27
- Verhältnis zur Sozialethik 27

Strafrechtliches Gutachten 112 ff

Strafrechtliche Sanktionen
- mögliche Begründungen 172 ff
- und Schuldprinzip 170 f

Strafrechtsnormen
- Einfluß auf Wertvorstellungen und Verhalten der Bevölkerung 24
- Entstehen 19 ff
- Konflikt-Modell 20
- Konsensus-Modell 20, 25
- Pflicht des Gesetzgebers zum Erlaß 28

Strafrechtsreform und Grundgesetz 28, 32 f

Straftat 16 f

Strafverfahren
- Einleitung 104 f
- Ziele 103 f

Strafverfolgungsstatistik 43

Strafzumessung 177 ff
- und Ermessensspielraum 187
- auf kriminologischer Grundlage 182

Strafzumessungsregel des § 18 II JGG 185

Sündenbocktheorie 148 f

Täterschaft und Teilnahme 116 f, 126

Unterschicht 53
Untersuchungshaft 106 ff
Urteil 163 f

Verfahrensrüge 185
Vergeltung 177
Vernehmungsmethoden 109 f
Verwahrlosung 157 f
Viktimologie 183
Vollzugsziel 178 f

White-collar crime 33, 35
Wirtschaftskriminalität 32 f

Zeugnisverweigerungsrecht 185 f
Zweck der Strafe 175 ff